权威·前沿·原创

皮书系列为
"十二五""十三五""十四五"时期国家重点出版物出版专项规划项目

智库成果出版与传播平台

广州蓝皮书

广州市社会科学院 / 研创

广州城市国际化发展报告（2022）

ANNUAL REPORT ON CITY INTERNATIONALIZATION OF GUANGZHOU (2022)

国际人才高地

主　编／尹　涛
执行主编／伍　庆
执行副主编／胡泓媛

社会科学文献出版社
SOCIAL SCIENCES ACADEMIC PRESS (CHINA)

图书在版编目(CIP)数据

广州城市国际化发展报告.2022：国际人才高地/尹涛主编.—北京：社会科学文献出版社，2022.7
（广州蓝皮书）
ISBN 978-7-5228-0455-2

Ⅰ.①广… Ⅱ.①尹… Ⅲ.①城市建设-国际化-研究报告-广州-2022　Ⅳ.①F299.276.51

中国版本图书馆CIP数据核字（2022）第129342号

广州蓝皮书
广州城市国际化发展报告（2022）
——国际人才高地

主　　编／尹　涛
执行主编／伍　庆
执行副主编／胡泓媛

出 版 人／王利民
责任编辑／丁　凡
责任印制／王京美

出　　版／社会科学文献出版社·城市和绿色发展分社（010）59367143
　　　　　地址：北京市北三环中路甲29号院华龙大厦　邮编：100029
　　　　　网址：http://www.ssap.com.cn
发　　行／社会科学文献出版社（010）59367028
印　　装／天津千鹤文化传播有限公司

规　　格／开　本：787mm×1092mm　1/16
　　　　　印　张：19.5　字　数：291千字
版　　次／2022年7月第1版　2022年7月第1次印刷
书　　号／ISBN 978-7-5228-0455-2
定　　价／128.00元

读者服务电话：4008918866

▲ 版权所有 翻印必究

广州城市国际化蓝皮书编辑委员会

主　　　编　尹　涛

执 行 主 编　伍　庆

执行副主编　胡泓媛

编　　　委　（按姓氏笔画排序）
　　　　　　李冬蓓　杨代友　杨泽亮　何伟波　陈　杰
　　　　　　陈　剑　罗谷松　姚　宜　鲍　雨

编辑部成员　（按姓氏笔画排序）
　　　　　　王　宁　李进芳　陈浩然　赵陈双　徐万君

欢迎关注本蓝皮书微信公众号

主要编撰者简介

尹　涛　博士，经济学研究员。现任广州市社会科学院党组成员、副院长。美国印第安纳大学环境事务与公共政策学院访问学者（2004年1月至2005年3月），主要研究方向：城市与产业经济、企业战略管理研究。先后主持和完成国家、省市社科课题和软科学课题10余项，主持决策咨询课题50余项，在各类刊物发表论文30余篇，科研成果获省部级奖近10项。获评广州高层次人才优秀专家、广东省和广州市宣传思想文化优秀人才培养对象。获聘广州市人民政府决策咨询专家、广州市人大经济咨询专家等。兼广州市重点建设新型智库平台——广州城市战略研究院院长，广州市人文社会科学重点研究基地——超大城市现代产业体系与广州实践基地主任，广州市宣传思想文化优秀团队——广州产业创新研究团队负责人。广东省第十二、十三届人大代表、财经委委员。

伍　庆　博士，研究员。现任广州市社会科学院城市国际化研究所所长、广州国际城市创新研究中心执行主任、广州市宣传思想文化优秀团队——广州城市国际交往创新团队负责人。主要研究领域为全球城市、国际交往。主持国家社会科学基金项目1项，广州市哲学社会科学规划立项课题4项，智库课题1项，其他各类课题30余项。出版专著3部，发表各类论文30余篇。

胡泓媛　荷兰格罗宁根大学法学硕士，现为广州市社会科学院城市国际化研究所副研究员。研究领域为城市国际化、城市国际传播、版权贸易。主持广州市哲学社会科学规划立项课题2项，广州市人文社会科学世界文化名城建设和文化产业重点研究基地课题1项，主要参加广州市哲学社会科学规划课题4项，执笔撰写其他各类课题30余项。出版专著1部，发表各类论文10余篇。

摘　要

2021年是中国共产党成立100周年，也是全面建设社会主义现代化国家新征程起步之年。我国经济发展保持全球领先地位，"十四五"实现了良好开局。新冠肺炎疫情影响之下，国际合作为全球发展注入强大动力，尤其是全球城市显示出强大的发展韧性，成为世界经济复苏的"领头羊"。由广州市社会科学院城市国际化研究所编辑的"广州蓝皮书"系列之《广州城市国际化发展报告》已出版十个年头，见证和记录了广州十年来不断奋进、迈进并在"世界一线城市"行列中站稳脚跟的全过程；也以广州为典型样本，搭建起常态化的中国城市国际化发展研究的学术交流平台。研究显示，2021年广州积极服务和融入新发展格局，有效应对疫情波动等多种不利因素的影响，经济运行总体平稳，外贸持续回稳向好，使用外资质量持续提升，对外投资加速推进，综合立体交通网络日趋完善，高端国际会议活动持续集聚，友城"百城计划"圆满达成，国际组织交流协作多元开展，城市传播渠道全面铺开，文体节庆品牌走向世界，城市综合竞争力、国际影响力跃上新台阶，广州正在主动谋划国际化转型、建设国际大都市的宏伟蓝图。

本书设总报告、专题篇、城市评价篇、国际经贸篇、交往与传播篇、国际化案例篇等六大板块内容。另外，本书还设有"2021年中国城市国际化十大关注"前序，就2021年中国城市国际化重大事件进行梳理总结，把握中国城市国际化实践及研究动态。

总报告总结了2021年广州城市国际化发展现状，包括对外贸易、招商引资、对外投资合作、国际交通枢纽、高端国际会议活动、国际交往伙伴、国际组织交流、国际传播能力建设、人文交流活动等维度的发展现状与成绩，通过广州在权威全球城市评价排名中的表现客观研判广州发展水平，并展望2022年国内外发展环境，结合广州主要发展任务，提出未来一段时间推动广州城市国际化发展的建议。

专题篇：国际人才高地，紧密围绕中央"加快建设世界重要人才中心和创新高地"的目标，立足广州建设人才友好型城市的定位，结合广州国际人才集聚的发展优势，从营造创业创新生态、优化国际化生活环境、提升"留学广州"吸引力等角度，探讨广州完善政策、加强服务，吸引和用好国际人才，助力粤港澳大湾区国际人才高地建设的路径。

城市评价篇以全球城市指数、全球潜力城市指数、全球实力城市指数、全球金融中心指数、全球创新指数创新集群排名为重点，分析国际权威全球城市的评价排名最新结果和全球城市表现变化，总结全球城市发展趋势及中国城市在全球城市体系中的发展态势，为新冠肺炎疫情下全球城市发展复苏提供路径参考。

国际经贸篇分别从广州企业对外投资合作发展情况、新贸易环境下加快外贸创新发展对策、南沙综合保税区高水平开放等经贸重点领域展开国际化发展的探讨。

交往与传播篇从促进交往的角度，对广州国际语言环境的建设进行探讨；从加强传播的角度，通过对在穗外国人的调查评估广州国际传播力建设效果并提出发展对策。

国际化案例篇聚焦广州国际创新中心建设，甄选了各类民间主体推动国际化的案例进行研究，包括天英汇平台创新创业服务平台构建的"雨林式"创新生态体系，广东—独联体国际科技合作联盟推动国际科技合作增效升级，广药集团推动中药国际化创新发展，广州归谷科技园构建"哑铃式"孵化载体服务国际科技人才创新创业等。

关键词： 城市国际化　全球城市　国际人才　人才友好型城市　广州

2021年中国城市国际化十大关注

一 中央人才工作会议提出建设高水平人才高地

2021年9月27~28日,中央人才工作会议在北京召开,习近平总书记出席会议并发表重要讲话,强调要坚持党管人才,深入实施新时代人才强国战略,全方位培养、引进、用好人才,加快建设世界重要人才中心和创新高地,为2035年基本实现社会主义现代化提供人才支撑,为2050年全面建成社会主义现代化强国打好人才基础。此次中央人才工作会议是继2003年、2010年先后两次召开的全国人才工作会议之后,首次以中央名义召开的人才工作会议,擘画我国新时代人才工作新蓝图。会议提出:"加快建设世界重要人才中心和创新高地,需要进行战略布局。综合考虑,可以在北京、上海、粤港澳大湾区建设高水平人才高地,一些高层次人才集中的中心城市也要着力建设吸引和集聚人才的平台。"

创新是第一动力,人才是第一资源。城市的创新发展离不开人才的支撑,人才的发展也离不开城市和区域平台的聚合。北京、上海和粤港澳大湾区是产业和人才集聚的中心,在世界人才竞争格局中也占有一席之地,能够在人才强国雁阵格局中扮演"领头雁"角色。围绕建设高水平人才高地,北京、上海和粤港澳大湾区城市先行先试进行人才工作战略部署。北京市委人才工作会议强调要以建设国家战略人才力量为主线,以首善标准抓好人才工作,力争率先建成高水平人才高地,为我国建设世界重要人才中心和创新高地提供战略支撑。上海市人才工作会议提出要举全市之力加快推进高水平人才高地建设，努力打造我国建设世界重要人才中心和创新高地的重要战略支点，重点彰显国际化的人才导向，构筑世界级的人才平台，实行更开放的人才政策，造就战略性的人才力量，构建金字塔形的人才结构，营造高品质的人才生态。广州市委人才工作会议提出要着力建设具有全球影响力的高水平人才强市，打造粤港澳大湾区高水平人才高地重要战略支点。深圳市委强调要以深圳先行示范区的担当作为，努力在粤港澳大湾区高水平人才高地建设中发挥核心引擎作用。

北京、上海、广州、深圳等城市通过建设高水平人才高地，形成"以点带面"和"点、线、面结合"的人才发展体系，为我国开展人才发展体制机制综合改革配套试点，加快形成一批国家人才发展战略支撑点，构建中心性人才强市雁阵布局树立典范，对国内其他城市具有广泛的借鉴意义，也将为我国打造"聚天下英才而用之"的世界重要人才中心和创新高地发挥强大驱动力。

二 浦东新区高水平改革开放打造社会主义现代化建设引领区

2021年4月，中共中央、国务院发布《关于支持浦东新区高水平改革开放打造社会主义现代化建设引领区的意见》（以下简称《意见》），决定支持浦东打造社会主义现代化建设引领区，要求浦东通过更高水平改革开放，为顺利实现第二个百年奋斗目标和更好应对百年未有之大变局勇挑重担、开路冲锋、引领示范。支持浦东新区打造社会主义现代化建设引领区，有利于在推动形成高质量发展的动力源、促进实现高水平自立自强和经济循环畅通、提供高水平制度供给、更好践行以人民为中心的发展思想四个方面发挥引领作用。

浦东的开发开放在我国对外开放历程中具有重要地位。1990年4月，中共中央、国务院同意上海加快浦东地区的开发，在浦东实行经济技术开发区和某些经济特区的政策，成为我国深入改革、扩大开放的一个重大部署。在上海各种优势条件的支撑下，浦东新区依托现有大城市的开放策略，体现国家全面高水平开放的要求，为中国特色社会主义制度优势提供了最鲜活的现实明证，为改革开放和社会主义现代化建设提供了最生动的实践写照。面向现代化新征程，浦东提出打造社会主义现代化建设引领区，继续高举对外开放旗帜，被赋予更高水平改革开放的开路先锋、自主创新发展的时代标杆、全球资源配置的功能高地、扩大国内需求的典范引领、现代城市治理的示范样板五大战略定位。《意见》明确提出"到2035年，浦东现代化经济体系全面构建，现代化城区全面建成，现代化治理全面实现，城市发展能级和国际竞争力跃居世界前列。到2050年，浦东建设成为在全球具有强大吸引力、创造力、竞争力、影响力的城市重要承载区，城市治理能力和治理成效的全球典范，社会主义现代化强国的璀璨明珠"两个阶段性发展目标。可以预见，在浦东新区建设社会主义现代化建设引领区的过程中，将进一步协同提升上海乃至东部沿海地区城市的现代化国际化水平，为推动上海全面建成卓越的全球城市和具有世界影响力的社会主义现代化国际大都市提供重要抓手。

立足新发展阶段、贯彻新发展理念、构建新发展格局，不仅是贯穿浦东新区一系列使命任务的主线脉络，也是新形势下各地发展遵循的内在逻辑。浦东新区将积极承载新时代发展使命，不断发挥对外开放引领效能，打造城市现代化国际化高质量发展的示范样本，推动长三角高质量一体化发展，更好服务全国改革发展大局。

三　六城市列入营商环境创新试点

2021年11月25日，国务院出台了《关于开展营商环境创新试点工作的意见》，明确在北京、上海、重庆、杭州、广州、深圳6个城市开展营商环境创新试点，试点工作全面贯彻《优化营商环境条例》，紧扣市场主体所需所盼，对接国际通行规则，着力破除阻碍市场主体投资兴业的体制机制障碍，稳定市场预期，促进经济平稳运行。《关于开展营商环境创新试点工作的意见》提出了十方面百余项改革试点举措，为各地深化营商环境改革、着力打造制度创新高地、促进我国营商环境不断迈向更高水平提供指引。

开展营商环境创新试点是落实党中央、国务院进一步优化营商环境、激发市场主体活力的重要举措。近年来，许多城市坚持把优化营商环境作为推动高质量发展的重要抓手，出台了一大批利企便民的措施。北京对标国际高标准经贸规则，开启"创新+活力"北京营商环境5.0版改革，于2021年8月出台全国省级首个"十四五"优化营商环境规划，11月印发《北京市培育和激发市场主体活力持续优化营商环境实施方案》。上海于2021年12月29日公布了《上海市营商环境创新试点实施方案》，围绕市场环境、政务环境、投资环境、涉外营商环境、创新环境、监管环境、企业全生命周期服务、创新引领高地、区域合作、法治环境等十方面提出了172项改革举措，打造优化营商环境5.0版。重庆作为中西部地区唯一的试点城市，于2021年3月通过了《重庆市优化营商环境条例》，5月公布《重庆市2021年深化"放管服"改革优化营商环境实施方案》，优化市场化法治化国际化营商环境。杭州对标优化营商环境重点任务，健全更加开放透明、规范高效的市场主体准入和退出机制，持续提升投资和建设便利度，更好支持市场主体创新发展，维护公平竞争秩序。广州从构建改革落实体系、数据赋能审批流程再造、制定完善事前事中事后监管举措、拿出地方特色改革硬招实招四个方面着手，打造全国优化营商环境的"策源地"和"试验田"。深圳推出一批引领型、创新型的关键性改革，2021年6月发布营商环境4.0改革政策，围绕构建要素高效配置的市场体系、打造创新驱动的产业发展生态、营造更加公平公正的法治环境等五大方面提出26个领域共计222项改革任务。

营商环境是企业投资兴业的土壤，也是考察城市国际竞争力的重要指标，优化营商环境有利于从更大程度上激发市场活力、增强内生动力、释放内需潜力，进一步解放和发展社会生产力，创造城市竞争新优势。在现有基础上，六大入选城市通过全面提升政府治理效能、增强在全球范围内集聚和配置各类资源要素的能力，形成一系列可复制可推广的制度创新成果,为全国各地营商环境建设做出先行示范,促进我国营商环境迈向更高水平。

四 《北京市国际交往语言环境建设条例》出台

2021年11月26日,北京市第十五届人民代表大会常务委员会第三十五次会议表决通过《北京市国际交往语言环境建设条例》(以下简称《条例》),并将该《条例》纳入《北京市"十四五"时期加强国际交往中心功能建设规划》,自2022年1月1日起施行。作为我国首部关于语言环境建设的地方性法规,《条例》立足北京城市功能战略定位,坚持"小切口"立法,以语言服务便利化为切入点,聚焦外语设施和服务,旨在创建有利于对外开放和交流交往的优良语言环境,推进高水平开放和高质量发展。

打造国际交往语言环境是城市涉外服务环境和国际交往中心功能建设的重要内容,对于促进开放交流、提升城市国际化水平具有重要的支撑作用。近年来,北京市高度关注国际交往语言环境建设工作,在推进国际交往语言环境建设方面做了大量工作,例如出台《北京市公共场所外语标识管理规定》,发布《公共场所中文标识英文译写规范通则》地方标准,规范外语标识的设置、管理工作,加强政府外语版门户网站建设,提高窗口部门和服务行业的外语服务水平等。随着北京国际交往中心功能建设的深入推进,将语言环境建设上升到立法高度,成为城市国际交往能力和精细化治理水平进一步提升的客观要求。为进一步提高城市外语设施和服务的供给能力,《条例》提出五个方面内容,包括明确国际交往语言环境建设目标和工作责任体系、明确外语公共服务的内容、规范公共场所外语标识设置使用、鼓励社会主体参与国际交往语言环境建设以及规定相关违法行为的法律责任。同时,围绕2022年北京冬奥会、冬残奥会筹办和建设体育强国等目标,《条例》推动政府分行业出台科教文卫、旅游商业、住宿餐饮等方面语言标准体系,以提升重大活动服务能力作为优化城市良好国际语言环境的有利契机。

《条例》的颁布实施有助于加快北京国际交往语言环境建设，充分展现开放、包容、友好、文明的城市形象，也为我国城市语言环境建设的依法治理树立了新标杆，有利于促进其他城市塑造标准化规范化国际化语言环境，进一步推动我国城市国际化发展进程。

五 多地围绕城市国际化发展制定"十四五"时期专项规划

"十四五"规划将高水平对外开放置于重要地位，明确了以开放求共赢是中国坚持的基本方向。在两个大局交织碰撞的背景之下，未来五年将成为我国实现对外开放转型升级的重要节点，持续推进中国特色大国外交，构建更高层次、更高水平、更加深化的对外开放格局才能促进中国有效应对复杂的国际环境，实现高质量发展。

2021年，国内多地将国际化建设提到城市发展的重要位置，先后围绕城市国际化主题，聚焦对外交往、开放型经济等领域，制定"十四五"时期的城市国际化发展专项规划，以全球思维、世界眼光、国际标准塑造城市。《北京市"十四五"时期加强国际交往中心功能建设规划》围绕加强国际交往中心功能建设目标，聚焦服务国家总体外交和首都高质量发展两条主线，首次编制了七大方面151项重点任务清单、78个重大项目清单和31条创新政策清单，走出一条具有鲜明时代特征、中国特色、北京特点的国际交往中心建设之路。《广州建设国际交往中心"十四五"规划》提出六大领域24项具体任务，明确未来五年广州要打造国际高端资源要素集聚地、国际交流合作重要承载地、引领全球城市治理创新示范地、展现开放包容魅力重要窗口。宁波市印发的《宁波市城市国际化发展"十四五"规划》重点凸显门户节点优势、开放合作发展和国家战略导向，强调建设好国内国际双循环枢纽城市、"一带一路"枢纽城市，使宁波成为中国—中东欧双边贸易首选之地、产业合作首选之地和人文交流首选之地。此外，《成都市"十四五"国际对外交往中心建设规划》《杭州市推进"一带一路"建设和城市国际化"十四五"规划》《哈尔滨市提升城市国际影响力"十四五"发展规划》等规划分别出台,既贯彻了开创新时代中国特色大国外交新局面的指导方针,也体现了各地发展新的战略定位。

在两个大局的时代背景下,中国城市国际化将不断迎来新的有利机遇。各地以政策规划为牵引,在全球宏观背景下制定创新开放的城市发展路径,走出具有鲜明时代特征、中国特色、地方特点的国际化建设道路,有利于构建起高水平、可持续的城市国际化新发展格局。

六　2021年全球市长论坛系列活动在广州召开

2021年11月8~13日,2021年全球市长论坛、世界大都市协会第十三届世界大会及第五届广州国际城市创新奖(简称"2021年全球市长论坛系列活动")在广州召开。此次系列活动以"结伴同行,推动全球城市治理现代化"为主题,由中国人民对外友好协会、广州市人民政府、世界城市和地方政府组织、世界大都市协会共同主办。来自全球80个国家126个城市及9个国际组织的代表和嘉宾线上线下参会,系统探讨城市转型发展与创新合作之路。

2021年全球市长论坛、世界大都市协会第十三届世界大会及第五届广州国际城市创新奖三个大型活动同时举行,议程内容丰富、形式多样,六天会期中共设活动24场。其中,2021年全球市长论坛设置全体大会和六个分论坛,议题包括"城市气候适应与生物多样性保护""科技与新基建赋能城市治理能力现代化""健康城市——机遇与挑战""多元包容韧性的城市治理体系""脱贫攻坚的城市担当""联合国可持续发展目标与城市治理"等。世界大都市协会世界大会是协会三年一届、层次最高、意义最重大的国际会议,此次会议由2020年成功当选世界大都市协会主席城市的广州首次承办。大会围绕"转型中的都市——重新思考共同的未来"这一命题,成功举办政策讨论会、地方和城市系统研讨会、城市更新政策研讨会等相关会议。广州国际城市创新奖(简称"广州奖")由广州在与世界城地组织、世界大都市协会多年良好合作基础上创设的，每两年举办一届，至今已成功举办五届，收录全球1300余个城市治理创新案例，初步形成了"论坛+奖项+智库+项目"四位一体运作格局。第五届"广州奖"评审小组共收到来自60个国家和地区175个城市的273个项目申报，最终中国重庆、黎巴嫩丹尼区、厄瓜多尔基多、奥地利维也纳、塞内加尔圣路易斯等5个城市获奖，印度奥里萨邦摘得"网络人气城市"奖。

在新冠肺炎疫情影响下，全球城市发展正在经历重大考验，城市治理及地方可持续发展亟须借鉴参考更多经验。2021年全球市长论坛系列活动为国际社会深入探讨城市转型发展与携手合作的现实路径搭建了重要平台，广州在国际城市治理创新领域的影响力和号召力也进一步彰显，为推动构建人类命运共同体贡献了"中国方案"与"广州智慧"。

七 国家发展改革委批复南京、福州、成都都市圈发展

培育发展现代化都市圈是提升城市群一体化发展水平的重要抓手，也是推动超大、特大城市及省会城市等发挥辐射带动作用、破解"大城市病"的重要着力点。自2019年2月国家发展改革委印发《关于培育发展现代化都市圈的指导意见》以来，我国都市圈建设发展进入快车道。2021年，国家发展改革委先后批复《南京都市圈发展规划》《福州都市圈发展规划》《成都都市圈发展规划》，中国的城市化进程全面开启都市圈、城市群时代。

近年来，南京、福州、成都注重发挥带动周边城市协调发展的辐射作用，加快建设以轨道交通为骨架的基础设施网络，推进区域产业创新分工协作不断深化，成为全国都市圈先行者。2021年2月，由江苏和安徽两省政府联合印发的《南京都市圈发展规划》成为全国首个由国家发展改革委正式复函同意的都市圈发展规划。该《规划》提出深入实施共建"一带一路"、长江经济带发展和长江三角洲区域一体化发展战略，深化开放合作，优化营商环境，塑造开放新优势，在更大范围提高资源配置能力和效率，共同打造"开放都市圈"。《福州都市圈发展规划》以推动福州与周边城市协

调联动、提升都市圈整体发展水平为方向，提出深度融入共建"一带一路"，高质量建设 21 世纪海上丝绸之路核心区，高水平共建福建自由贸易试验区，共建有福同享的海上丝绸之路文化圈。《成都都市圈发展规划》是我国首个中西部都市圈规划，以同城化发展为导向，强化成都作为中心城市的辐射带动作用，积极融入"一带一路"建设、长江经济带发展、新时代推进西部大开发形成新格局等重大战略，主动服务新发展格局，深化开放合作，共建连接全球的内陆改革开放新高地。

随着中国进入城市化加速阶段，培育都市圈、推动城市群一体化已经成为必然趋势。从区域经济发展来看，中心城市与周边城市加快协同构建都市圈也成为提升竞争力的新手段。都市圈能够极大地增加城市经济承载力，扩张城市经济腹地，集聚更多国际高端资源要素，深度参与国际分工合作，在全球市场中发挥更大作用。不断培育壮大都市圈，发挥城市枢纽功能，打造一批引领区域发展的增长极，将为推动我国高质量发展注入多点支撑、多元发展的新动力。

八　横琴粤澳深度合作区和前海深港现代服务业合作区方案出台

2021 年 9 月，《横琴粤澳深度合作区建设总体方案》和《全面深化前海深港现代服务业合作区改革开放方案》正式出台，成为新形势下深入实施《粤港澳大湾区发展规划纲要》的重点举措，为推进粤港澳深度合作提供新指引。在粤港澳大湾区"一个国家、两种制度、三个关税区、三种货币"的背景下，坚持全面提升开放合作层次和水平，是实现跨越发展和区域协同的必然要求，建设横琴粤澳深度合作区和前海深港现代服务业合作区为此提供了重要平台。

新形势下做好横琴粤澳深度合作区开发开放，是粤澳培育新优势、发挥新作用、实现新发展的重大机遇。《横琴粤澳深度合作区建设总体方案》包括六大部分 29 条内容，明确横琴粤澳深度合作区的战略定位是促进澳门经济适度多元发展的新平台，便利澳门居民生活就业的新空间，丰富"一国两制"实践的新示范，推动粤港澳大湾区建设的新高地。提出到2035年，"一国两制"强大生命力和优越性全面彰显，合作区经济实力和科技竞争力大幅提升，公共服务和社会保障体系高效运转，琴澳一体化发展体制机制更加完善，促进澳门经济适度多元发展的目标基本实现。开发建设前海深港合作区，是提升深港合作水平的重要举措，对于支持深圳建设中国特色社会主义先行示范区具有重要意义。《全面深化前海深港现代服务业合作区改革开放方案》明确前海深港合作区将打造粤港澳大湾区全面深化改革创新试验平台，建设高水平对外开放门户枢纽，并进一步拓展前海深港合作区发展空间。提出到2035年，高水平对外开放体制机制更加完善，营商环境达到世界一流水平，建立健全与港澳产业协同联动、市场互联互通、创新驱动支撑的发展模式，建成全球资源配置能力强、创新策源能力强、协同发展带动能力强的高质量发展引擎，改革创新经验得到广泛推广。两份方案有利于充分激活粤港澳大湾区制度创新潜力，加快提升合作区综合实力和国际竞争力。

《粤港澳大湾区发展规划纲要》实施以来，在以基础设施建设为内涵的"硬联通"和以规则机制对接为内涵的"软联通"两大领域不断取得新突破、新进展，经济要素的流动日益顺畅，科技融合、人才融合、产业融合更加深入广泛，粤港澳大湾区建设进入融合发展新阶段。打造横琴粤澳深度合作区和前海深港现代服务业合作区两个重要平台，有利于高效连接香港—深圳、澳门—珠海两个极点，进一步推动区域经济协同发展，加快吸引集聚全球创新资源，在打造高质量增长动力源、塑造国际合作和竞争新优势上具有深远意义。

九 以昆明为起点的中老铁路全线开通运营

2021年12月3日，中老铁路全线开通运营，这是我国"一带一路"倡议与老挝"变陆锁国为陆联国"战略对接的重要项目，助力"一带一路"基础设施建设迈上新台阶。中老铁路的开通运营在中国和东盟间构建起一条便捷通道，为中国和东盟间经济贸易合作注入了新动能，推动中国—东盟关系不断提质升级。

中老铁路于2016年12月正式动工,线路全长1035公里,北起中国昆明市,经过中国磨憨铁路口岸和老挝磨丁铁路口岸,进入老挝北部地区,继续向南到达老挝首都万象市。中老铁路把东南亚大市场与中国大市场乃至整个亚欧大市场更紧密地联系在一起,对于推动相关城市特别是起点城市昆明的发展具有里程碑意义。铁路开通后,将大幅压缩昆明至东南亚地区的货物运输时间和成本,极大地便利沿线地区的人员往来,助推昆明"南出、北上、东连、西接"大通道建设,提升昆明作为枢纽城市的全球联通水平和辐射能级,为昆明打造区域性经济、文化、旅游交流中心构筑起新通道。同时,中老铁路使得中国与东盟地区的资金融通效能提高,有利于昆明搭建多层次、多币种的跨境结算渠道,为昆明建设区域性国际金融枢纽提供有力支撑。中老铁路的正式通车还为泛亚铁路的最终实现奠定了重要基础。随着老泰铁路换装工程、中老泰铁路连接线建设等项目的逐步推进,中老铁路有望与泰国、马来西亚和新加坡相连接,成为中国—中南半岛经济走廊的重要交通动脉,带动老挝成为中南半岛陆上枢纽,以及中国与东盟地区互联互通的关键节点,对中国—东盟自由贸易区、大湄公河次区域经济合作进一步产生积极影响。中老铁路开通、云南自由贸易试验区成立以及区域全面经济伙伴关系协定生效,几大效应的叠加将使昆明在对外开放中的作用日益凸显,面向南亚、东南亚辐射中心的建设将进入更高水平、更高层次的发展阶段。

在中国—东盟区域互联互通的进程中,中老铁路将发挥核心骨干和中枢神经作用。未来,中老铁路将成为中国与东盟地区互联互通的"加速器"和城市之间经贸合作的"新引擎",深入促进设施相连、民心相通。

十 南宁夺得国际花园城市全球总决赛城市类最高级别奖

2021国际花园城市全球总决赛于罗马时间2021年12月6日成功举办,来自30多个国家的50多个城市和项目参加了为期三天的年度论坛和线上决赛答辩。南宁从全球32个国家城市中脱颖而出,以第一名的成绩夺得2021

国际花园城市竞赛总决赛城市类最高级别 E 类金奖，同时获得艺术、文化和遗产管理，可持续规划和管理政策两个单项奖。

国际花园城市竞赛创办于 1997 年，由联合国环境规划署认可，联合国环境规划署与国际公园协会共同举办，是目前全球唯一涵盖城市与社区环境管理、生态建设、资源利用、人与自然、可持续发展等重要议题的国际竞赛活动，旨在发掘全球最宜居城市的最佳模式和范例，将各国城市的环境管理经验和最佳实践推广到全球。国际花园城市竞赛是世界城市建设与人居环境领域的最高规格竞赛之一，已成为城市宜居与绿色发展领域最具影响力的全球交流与学习平台，因其全球影响力与权威性，其金奖被誉为"绿色奥斯卡"。2021 年国际花园城市竞赛总决赛首次以线上方式举办，本年度的主题为"绿色城市化"：绿色复苏与环境管理。竞赛涉及景观改善与公共空间、艺术文化和遗产管理、环境保护与绿色经济、公众参与及授权、健康的生活方式、可持续的规划及管理政策共 6 项评审标准。南宁于 2021 年上半年提交了参赛申请，2021 年 9 月从中国多个报名参赛的大型城市中突围而出，成为全球首批拿到总决赛入场券的城市之一，与同组的西班牙首都马德里、韩国龙仁、阿尔巴尼亚首都地拉那、土耳其首都安卡拉（坎卡亚大区）、阿尔及利亚首都阿尔及尔等世界名城展开激烈竞争。南宁根据竞赛的六大评审标准，积极改善城市景观和公共空间规划，坚持"治水、建城、为民"，推进蓝天、碧水、净土行动，向国际社会展示了良好的城市形象和宜居环境，最终赢得该级别金奖，被国际花园城市竞赛委员会称为"最宜居的城市之一"。

世界各地比以往任何时候都急需宜居城市建设的最佳实践，共享应对全球性问题的城市解决方案，发掘城市环境管理的最优实践范例，共同推动全球城市"绿色复苏"与可持续发展。推动城市"绿色复苏"，实现城市发展碳达峰碳中和，要建立人与自然、人与社会和谐共处的绿色发展理念，通过减污降碳协同增效，推动经济、社会、环境可持续发展。

目 录

Ⅰ 总报告

B.1 2021年广州城市国际化发展状况与2022年形势分析
　　…………………………………… 广州市社会科学院课题组 / 001

Ⅱ 专题篇：国际人才高地

B.2 广州营造创业生态服务海归人才科技创新研究
　　………………………………………… 徐万君　陈浩然 / 052

B.3 优化国际化生活环境　建设人才友好型城市
　　………………………………………… 鲍　雨　赵陈双 / 072

B.4 提升"留学广州"吸引力　助力建设国际人才高地
　　……………………………………………………… 谢笑珍 / 084

Ⅲ 城市评价篇

B.5 2021年全球城市评价排名分析 ………… 胡泓媛　杨静萱 / 095

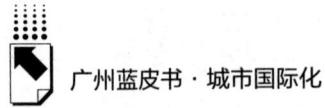

Ⅳ 国际经贸篇

B.6 广州对外投资合作的特征、成效与发展战略研究
　　　　　　　　　　　　……伍　庆　胡泓媛　吴子衿　罗世晴 / 122

B.7 新贸易环境下加快广州外贸创新发展的对策措施
　　　　　　　　　　　　…………………………………胡彩屏 / 142

B.8 加快推动南沙综合保税区高水平开放高质量发展的对策研究
　　　　　　　　　　　　……………………………曾玉娟　肖　凯 / 157

Ⅴ 交往与传播篇

B.9 营造优良的国际语言环境　助力广州国际交往中心建设
　　　　　　　　　　　　……………………………………刘　波 / 169

B.10 粤港澳大湾区战略背景下提升广州国际传播力研究
　　　——基于在穗外籍人士的调查
　　　　　　　　　　　　………佘世红　张鑫金　李春华 / 179

Ⅵ 国际化案例篇

B.11 天英汇平台构建"雨林式"创新生态体系服务国际创新中心建设
　　　　　　　　　　　　………………………………联合课题组 / 202

B.12 广东—独联体国际科技合作联盟推动国际科技合作增效升级
　　　　　　　　　　　　………郭凤志　张程紫　李进芳 / 222

B.13 广药集团加强科技合作推动中药国际化创新发展
　　　　　　　　　　　　………宁　娜　王楠楠　韩凝凝　王　宁 / 235

B.14 广州归谷科技园构建"哑铃式"孵化载体服务国际科技人才
创新创业 …………………………… 范　群　黄　腾　陈浩然 / 250

Abstract ……………………………………………………………… / 264
Contents ……………………………………………………………… / 267

皮书数据库阅读使用指南

总报告
General Report

B.1
2021年广州城市国际化发展状况与2022年形势分析

广州市社会科学院课题组*

摘　要： 2021年，广州有力有效应对疫情波动等多种不利因素的影响，经济运行总体平稳，城市核心竞争力持续强化；外贸持续回稳向好，贸易结构持续优化；多措并举稳外资，使用外资质量持续提升；对外投资加速推进，枢纽辐射作用日益增强；国际综合交通枢纽功能明显增强，综合立体交通网络日趋完善；高端国际会议活动持续集聚，知名会议目的地名片再擦亮；友城"百城计划"圆满

---

* 课题组组长：伍庆（统稿），广州市社会科学院城市国际化研究所所长、研究员、博士，研究方向：全球城市、国际交往。课题组成员：胡泓媛（执笔），广州市社会科学院城市国际化研究所副研究员，研究方向：城市形象、国际传播；鲍雨（执笔），广州市社会科学院城市国际化研究所助理研究员，研究方向：公共外交；徐万君（执笔），广州市社会科学院城市国际化研究所助理研究员，研究方向：国际经贸；李进芳（执笔），广州国际城市创新研究中心研究助理，研究方向：国际关系；陈浩然（执笔），广州国际城市创新研究中心研究助理，研究方向：人文地理；赵陈双（执笔），广州国际城市创新研究中心研究助理，研究方向：国际关系。

达成，国际交往伙伴迈上新台阶；国际组织交流协作多元开展，城市治理引领力进一步升级；城市传播渠道全面铺开，国际形象传播能力显著提高；人文交流活动多渠道开展，文体节庆品牌走向世界。在主要全球城市评价排名中，广州位次保持稳定和小幅进步。展望2022年，国际合作为全球发展注入强大动力，推动全球发展事业不断向前，广州融入新发展格局全面推进城市国际化转型。本报告提出未来一段时期广州城市国际化重点在于推动更加高水平的开放，积蓄国际大都市的核心内驱力；营造更加友好的国际人才发展环境，增强国际大都市的智力吸引力；构筑更加坚实的枢纽载体，夯实国际大都市的综合承载力；联动更加广泛的伙伴网络，强化国际大都市的交往辐射力；擦亮更加精彩的城市品牌，提升国际大都市的传播影响力。

关键词： 城市国际化　全球城市　广州

一　2021年广州城市国际化发展状况

2021年是中国共产党成立100周年，也是我国全面建设社会主义现代化国家新征程起步之年。我国经济发展继续保持全球领先地位，2021年全年经济总量超110万亿元，比2020年增长8.1%，经济总体保持恢复态势，"十四五"实现了良好开局。面对国内外环境复杂变化，广州市始终坚持以实现老城市新活力、"四个出新出彩"为指引，统筹推进"五位一体"总体布局，协调推进"四个全面"战略布局，全面贯彻新发展理念，坚持稳中求进工作总基调，城市经济实力、综合竞争力、国际影响力跃上新台阶。

（一）经济运行总体平稳，城市核心竞争力持续强化

"十三五"期间，广州的城市综合竞争力、辐射带动力、国际影响力大

幅跃升，在"十四五"的开局之年，广州有力有效应对疫情波动等多种不利因素的影响，持续巩固疫情防控和社会经济发展成果，全年经济运行总体平稳，服务构建新发展格局、赋能高质量发展取得新成效。

1. 主要经济指标稳居全国前列

2021年广州经济延续了2020年下半年以来的增长势头，主要经济指标稳居全国前列。全年地区生产总值为28231.97亿元，同比增长8.1%，两年（2020年、2021年，下同）平均增长5.4%，圆满完成了全年6%以上的经济发展预期目标。人均地区生产总值超过15万元，达到高收入经济体水平，经济发展既"快"又"好"。其中，第一产业增加值为306.41亿元，同比增长5.5%，两年平均增长7.6%；第二产业增加值为7722.67亿元，同比增长8.5%，两年平均增长5.9%；第三产业增加值为20202.89亿元，同比增长8.0%，两年平均增长5.1%。广州继续筑牢实体经济根基。全年完成规模以上工业企业总产值22567亿元、规模以上工业增加值5086亿元，分别同比增长7.0%、7.8%，分别首次突破2万亿元、5000亿元大关。高技术制造业领先增长，同比增长25.7%；高新技术产品占比提升，产值占规模以上工业总产值比重为51.9%。

2. 内需拉动战略助推经济增长

国际消费中心城市建设成为城市发展的重要牵引。2021年国务院确定培育上海、北京、广州、天津、重庆等五个国际消费中心城市，推动加快消费转型升级，增强消费对经济发展的基础作用。广州出台《加快培育建设国际消费中心城市实施方案》，锚定"国际"方向、"消费"核心功能，加快建成具有全球影响力的国际消费中心城市。2021年广州统筹疫情防控和经济社会发展，消费品市场恢复稳定，全年社会消费品零售总额10122.6亿元，首次突破万亿关口，同比增长13.5%，两年平均增长2.9%，彰显广州建设国际消费中心城市的实力和底气。抢抓数字经济发展机遇，传统商贸企业转型升级，数字经济与新技术成为拉动消费增长的强劲动力。2021年限额以上批发和零售业实物商品网上零售额2209.1亿元，占全市社会消费品零售总额的比重为21.8%，同比增长21.6%，两年平均增长22.1%，拉动全市社会消费品零售总额增长2.7个百分点。汽车消费增长稳定，2021年全市限额以上批发和零售业企业实现汽车类商品零售额1247.7亿元，同比增长11.8%，两年平均增长3.9%，其中新能源汽车销售额223.9亿元，同比大幅增长130%。

3. 创新驱动发展战略持续发力

创新驱动发展战略深入推进，科技创新强市加快建设。2021年7月，《广州市科技创新条例》正式实施，明确基础研究和应用研究在科技创新中的重要地位，大力推进技术创新，加强金融支持，推进成果转化，建立面向全球的科技创新区域与国际合作体系，将广州建设成为国际科技创新枢纽。钟南山院士领衔的广州实验室致力打造具有全球影响力的防控突发性公共卫生事件的大型综合性研究基地和原始创新策源地；围绕我国重大区域战略布局建设的3个综合类国家技术创新中心之一的粤港澳大湾区国家技术创新中心正式成立。此外，国家重点实验室增至21家，人类细胞谱系、冷泉生态系统入选国家专项规划，实现国家重大科技基础设施布局零的突破，带动创新生态环境明显优化。研发投入再创新高，2021年广州全社会研发经费占地区生产总值的比重达3.15%，较2016年提高0.81个百分点。高新技术企业总数超过1.2万家，比2016年增长1.6倍。华南技术转移中心上线"华转网"，与港澳线上平台实现互联互通。作为衡量科技成果转化的重要指标，技术合同成交额达2400亿元，在过去五年大幅增长8倍。全年专利授权量同比增长超过两成，其中发明专利授权增长超过60%。创新活力不断增强带来的是产业升级步伐的加快。全市三大新兴支柱产业和五大新兴优势产业实现增加值8186.8亿元，占比30.5%，对全市地区生产总值增长的贡献率为28.9%。

4. 营商环境优化成效显著

自2018年起，广州持续推动营商环境改革，陆续实施了营商环境1.0至4.0改革。《广州市优化营商环境条例》自2021年1月1日起正式实施，从市场环境、政务环境、人文环境、法制环境等方面，对标国内国际先进标准，明确了优化营商环境的具体举措。2021年5月《广州市用绣花功夫建设更具国际竞争力营商环境若干措施》发布，出台6个方面35条措施，将营商环境改革继续推向深入。广州持续深化"放管服"改革，清理规范市级行政审批事项282项，商事制度等18项改革工作获国务院督查激励。市场主体突破300万户，比2016年增长1倍；本土世界500强企业新增3家，累计5家。在穗投资世界500强企业增至330家。累计实际使用外资2240亿元，年均增长10%。2021年，广州入选全国营商环境试点城市，所有18项指标连续两年获评标杆，4条创新经验做法入选国家创新举措，南沙自贸区43项制度创新成果获全国推广。

（二）外贸持续回稳向好，贸易结构持续优化

面对国际海运价格高企、大宗商品价格上涨、人民币汇率上升等外贸突出问题，广州以创新稳增长、促提升，以新动能强化外贸发展韧性，增强外贸抗风险能力，促进外贸持续回稳向好。

1. 货物进出口总额创历史新高

2021年由于基数效应和各国采取一系列措施恢复经济，世界经济大幅反弹，创下近半个世纪以来的最高增长水平，但不平衡性依然显著。新兴市场和发展中经济体同发达国家保持"双速增长"态势，国际经济实力对比继续朝着有利于新兴市场和发展中经济体的方向发展。外部环境改善助推我国货物进出口快速增长，2021年全年我国货物进出口总额39.1万亿元，同比增长21.4%，其中，出口21.7万亿元、同比增长21.2%，进口17.4万亿元、同比增长21.5%；贸易顺差4.4万亿元。作为外贸大省的广东省，2021年实施贸易高质量发展十大工程，出台一系列措施保障外贸产业链稳定畅通，全年进出口总额达8.3万亿元，同比增长16.7%，年净增1.2万亿元，外贸规模连续36年位居全国第一。

2021年，广州货物进出口总值10825.9亿元，同比增长13.5%，成为全国第七座"外贸万亿之城"。其中，出口6312.2亿元，同比增长16.4%；进口4513.7亿元，同比增长9.6%。贸易方式进一步优化，一般贸易进出口总额达5969.7亿元，同比增长22.1%，占比达55.1%，较2020年提高了3.7个百分点。营商环境进一步优化激发了外贸主体活力，民营企业继续保

持领跑地位，2021年广州民营企业实现进出口总额5717.4亿元，同比增长17.4%，占外贸进出口总值的比重为52.8%。高新技术企业加大"专精特新"产品研发投入，以创新驱动产业升级，外贸竞争科技优势进一步显现。广州海关建立全方位服务体系，通过创新监管、保障通关和政策支持等一系列措施，推动跨境电商等贸易新业态发展。

表1　2021年广州市进出口贸易情况（按贸易方式分）

贸易方式	本年累计(亿元)			同比增长(%)		
	出口	进口	进出口	出口	进口	进出口
合计	6312.2	4513.7	10825.9	16.4	9.6	13.5
一般贸易	3159.7	2810.0	5969.7	34.4	10.7	22.1
加工贸易	1337.4	942.9	2280.4	15.6	20.6	17.6
来料加工装配贸易	337.2	303.7	641.0	41.5	55.7	47.9
进料加工贸易	1000.2	639.2	1639.4	8.9	8.9	8.9
保税物流	279.2	660.7	939.9	28.4	2.3	8.9
保税监管场所进出境	132.8	240.7	373.4	14.3	-14.4	-6.0
海关特殊监管区域物流	146.5	420.0	566.5	44.6	15.3	21.7
其他贸易	1526.2	78.0	1604.2	-9.7	-2.1	-9.3
市场采购	1403.0	—	1403.0	-11.7	—	-11.7

资料来源：广州市商务局。

2. 贸易伙伴更加均衡

2021年全球经济逐步复苏，市场需求快速反弹，广州与传统贸易伙伴东盟（10国）、欧盟（不含英国）、美国和中国香港的进、出口贸易额及贸易总额均实现增长。受机械电子产品订单回流、对印度尼西亚等东盟国家出口大幅增加等因素影响，东盟保持了广州最大贸易伙伴地位，全年对东盟进出口额1767.8亿元，同比增长13.9%，拉动进出口强劲增长。共建"一带一路"国家成为广州重要的海外市场。2021年广州市对共建"一带一路"国家进出口3070.1亿元，同比增长17.3%，占进出口总额的比重为28.4%。2020年11月《区域全面经济伙伴关系协定》（RCEP）正式签署，2021年3

月中国完成RCEP核准成为率先批准协定的国家,广州外贸行业发展迎来新的机遇。2021年广州对RCEP(14国)进出口总额3655.2亿元,同比增长7.8%,占进出口总额的比重达33.8%。由于日本是所有RCEP成员中唯一没有和我国签订自贸协定的国家,RCEP的签署实施将为广州对日贸易带来实质性利好。广州贸易伙伴向RCEP和共建"一带一路"国家延伸,有效对冲了国际环境变化的风险。

表2 2021年广州市进出口贸易重点市场地区

国别(地区)	本年累计(亿元)			同比增长(%)		
	出口	进口	进出口	出口	进口	进出口
RCEP(14国)	1592.7	2062.6	3655.2	15.0	2.8	7.8
东盟(10国)	1116.2	651.6	1767.8	15.3	11.7	13.9
欧盟(不含英国)	968.1	718.8	1686.9	33.2	5.2	19.6
美国	821.3	361.2	1182.5	17.7	5.8	13.8
日本	215.4	739.2	954.7	10.8	-6.6	-3.2
中国香港	698.7	37.5	736.3	19.7	22.0	19.8

资料来源:广州市商务局。

3. 服务贸易加速发展

2021年广州服务贸易加速发展,服务进出口额近500亿美元,增长达34%;服务外包全口径执行额114.14亿美元,增长18.3%。2020年8月入选全面深化服务贸易创新发展试点以来,广州出台《全面深化服务贸易创新发展试点实施方案》,加快建立与国际接轨的投资贸易规则体系,促进资金、技术、人员、信息等战略资源和生产要素跨境流动便利化,支持传统服务转型升级,统筹推进特色优势服务出口,大力培育发展新业态、新模式,促进服务贸易高质量发展。船舶边检查验"零待时"、独联体国家跨境技术转移平台和中医药特色优势服务贸易发展模式探索等3个案例入选2021年中国国际服务贸易交易会成就展示范案例,趣丸科技等7家创新案例入选省服务贸易优秀案例。广州是全国国家级服务贸易发展载体较多的城市之一,截至2022年3

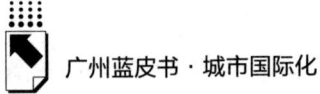

月已经获得知识产权、文化、中医药和数字服务等5个国家级特色服务出口基地认定,其中,天河中央商务区国家数字服务出口基地2021年数字服务出口15.16亿美元,同比增长48.8%,出口遍及35个国家和地区。

4. 贸易新业态实现新增长

疫情之下,贸易新业态对外贸逆势上扬做出了重要贡献。广州出台全国首个跨境电商RCEP专项政策,依托海陆空协同发展打造跨境电商之城,近年来吸引了一大批跨境电商企业集聚发展,4个跨境电商产业园集聚企业超过80家,新建保税仓储超30万平方米。广州跨境电商公共服务平台功能完善,进口商品流向绝大多数省份,累计服务消费人群超过3亿人,累计为企业服务6231.9万次,经市跨境电商公共服务平台实现进出口额675亿元,同比增长87%。自2014年开展跨境电商零售进口业务以来,广州跨境电商零售进口已连续8年位居全国第一,规模优势持续领跑全国。根据商务部首次对全国前五批105个跨境电子商务综合试验区2021年度建设的评估结果,中国(广州)跨境电子商务综合试验区位列第一档,成为全国十家跨境电商综试区之一。市场采购贸易集聚区拓展试点持续推进,2021年新认定1家、累计5家市场采购贸易集聚区拓展试点市场,共有超过700家商户在采购平台上线备案,2021年通过市场采购贸易方式完成出口额1403亿元,规模居全国第二。

(三)多措并举稳外资,使用外资质量持续提升

广州多措并举、"稳"字当头,高质量推进外资工作,充分发挥外资作为国内国际双循环连接纽带和促进动力的作用。2021年广州实际使用外资首次突破80亿美元,连续4年每年跨越一个"10亿美元"台阶,实现跨越式能级提升。

1. 多措并举稳住外资基本盘

广州组建市稳外资工作专班,多部门联动为重点企业解决问题,稳住外资企业扎根广州发展,世界500强企业在穗增资超400亿元。实施产业招商"导流""滴灌"计划,构建重大产业项目招商服务新机制,聚焦21条重点

产业链,强化产业链招商和会展招商。推出全国首个投资政策智能化运算服务平台"投资政策大算盘",实现投资者"一键直达"广州最新产业政策。率先启动 7200 亿元金融支持稳外资战略合作计划,近千家外资企业获得超过 1000 亿元融资。举办第七届中国广州国际投资年会,首次在全球 4 大洲 5 个国家设立 6 个海外分会场,签约项目 183 个,投资总额超 8600 亿元。依托 130 届广交会、第四届进博会、2021 年海丝博览会搭建政企对接平台,鼓励在穗外资企业深度拓展国内市场,参与供应链产能对接,推动会展客流转化为投资商流。2021 年广州市新设外资企业 4048 家,同比增长 50.2%,实际使用外资 543.26 亿元,同比增长 10%,两年平均增长 8.7%,外资规模居全国前列。外资企业成为经济社会发展的重要支撑,在全市企业数量中占比不到 2%,但规模以上工业企业总产值和增加值占比均超过 50%,其中,规模以上高技术企业产值占比超过 60%、进出口总额占比超过 35%。

表3 2021 年广州市外商直接投资五大来源地情况

国别(地区)	企业个数		合同外资金额		实际使用外资金额	
	本期数(个)	同比增长(%)	本期余额(亿美元)	同比增长(%)	本期余额(亿美元)	同比增长(%)
中国香港	1556	25.2	195.08	5.0	72.58	39.4
英属维尔京群岛	3	-70	0.21	-98.4	4.37	-18.1
新加坡	69	15	4.94	5.8	1.90	-62.0
日本	36	80	4.54	437.6	1.62	-47.3
中国澳门	175	66.7	3.99	143.8	0.79	-18.9

资料来源:广州市商务局。

2. 外资来源相对稳定

2021 年广州实际利用香港直接投资金额 72.58 亿美元,同比增长 39.4%,香港保持作为广州最大投资来源地区的地位,占全市实际使用外资总额的 87.8%,占比提升 14 个百分点。穗港制造特别合作区建设快速推进,《广州穗港智造合作区建设实施方案》《广州开发区穗港科技合作园(云埔工业区)"十四五"发展规划(2021—2025 年)》先后印发,明确了合作区的四大定位,以两地合作和科技创新为主题主线,推动穗港联动,助力香港企业实现离岸"再工业化"。中国澳门取代韩国成为广州外商直接投资五大来源地之一。2021年新设立澳门投资企业175家,同比增长66.7%。穗澳知识合作先行示范区、澳门总部中心以及澳门塔、粤港澳大湾区旅游教育培训基地(广州合作中心)等穗澳合作项目正在全力推进中,总投资额超过200亿元。中新广州知识城作为中国与新加坡跨国合作的标志性项目,建设正在加速推进,2021年广东省与新加坡签约的16个项目中8个落户中新广州知识城。穗港智造合作区、中新广州知识城所在的黄埔区、广州开发区,历来是跨国企业投资的重点地区,实际利用外资连续20多年居广州市第一,外商直接投资金额连续5年稳居全国经济技术开发区首位,连续3年获得国家级投资促进大奖,2021年利用外资达22亿美元,规模占广东省1/10。

3.赋能重点产业高质量发展

通过优化外资投资导向,支持外商投资创新发展,引导外资更多投向先进制造业和现代服务业。在广州投资的世界500强企业累计达330家,投资项目累计1468个,实际外资1亿美元以上大项目占全市的比重近七成。外商投资项目以点带面,撬动上下游资源,实现赋能整个产业快速发展。服务业引领实际使用外资,新设外资企业、实际利用外资金额分别增长51.7%和16.4%,其中,现代生产性服务实际利用外资增长6%,有效助力制造业高质量发展,推动生物医药、智慧医疗、数字经济等创新领域快速发展。天河CBD、人工智能与数字经济试验区等高端生产要素集聚区,有效利用外资实现补链、固链、强链、扩链,成为外资高质量发展的新晋载体。位于中新广州知识城的生物医药产业集群,未来发展目标是打造国内产能最大的抗癌药物生产基地。外商投资推动消费品质提升,零售业、现代商务服务、新型生活性服务、现代贸易物流服务实际利用外资分别增长59.6%、83.7%、61.8%、44.3%,推动传统商贸数字化转型。

(四)对外投资加速推进,枢纽辐射作用日益增强

作为中国对外开放的门户枢纽和"一带一路"建设枢纽,广州企业

"走出去"步伐加快。2021年，全市新增对外投资企业（机构）167个，同比增长2.5%；中方协议投资额23.42亿美元，同比增长178.6%；对外直接投资额31.36亿美元，同比增长16.45%。"十三五"时期以来，广州上述3个指标首次实现全部正增长，企业"走出去"的意愿逐步恢复。

1. 投资地域结构基本稳定

受地缘因素和投资惯性的影响，广州超过八成新增企业（机构）是设立于亚洲国家和地区，而中方协议投资金额主要集中在亚洲和北美洲。香港地区仍然是广州企业主要的投资目的地，2021年新增企业（机构）数110家，占总数的比重为65.9%；内地协议投资额7.28亿美元，增长近1.7倍，占总协议投资额的比重超过30%，粤港澳大湾区建设使穗港经济合作更加密切。北美洲是2021年新增中方协议投资金额最多的地区，广州企业深度参与中企海外并购，顺利并购数字新媒体产业、医药和生命科学等行业的美国企业，中方协议投资额11.76亿美元，同比大幅增长18倍。投资合作是广州企业参与"一带一路"建设的重中之重，2021年广州对共建"一带一路"国家投资设立了15家企业（机构），中方协议投资额1.83亿美元，合作紧密度进一步加强。随着2020年底RCEP签署，广州企业抓紧提前布局，2021年在RCEP成员内设立13家企业（机构），中方协议投资额1.54亿美元。

表4 2021年广州市对外投资主要地区

分组指标	新增企业（机构）数（家）	中方协议投资额		
		金额(亿美元)	同比增长(%)	比重(%)
合计	167	23.42	178.6	100
亚洲	136	9.54	40.9	40.7
中国香港	110	7.28	168.7	31.1
非洲	2	0.01	-93.3	0.0
欧洲	10	0.50	-50.7	2.1
拉丁美洲	11	1.60	542.7	6.8
北美洲	7	11.76	1861	50.2
大洋洲	1	0.01	-96	0.0

资料来源：广州市商务局。

2. 对外投资以服务业为主

广州对外投资主要分布在第三产业,信息传输、软件和信息技术服务业增长突出。2021年第三产业对外投资新增企业(机构)数145家,中方协议投资额19.58亿美元,同比增长3倍多,占比达83.6%,同比提升近30个百分点。信息传输、软件和信息技术服务业增长最为突出,中方协议投资额12.25亿美元,占比52.3%,以数字经济为引擎实现信息技术基础设施全面升级正成为越来越多的共建"一带一路"国家与广州合作的选择。疫情导致中方传统投资目的地国家停工停产,第二产业投资项目数和中方协议投资金额均有所下降。但实体经济投资意愿上升,尤其是外向型劳动密集型制造业对共建"一带一路"国家投资力度加大,制造业中方协议投资金额增长显著。

表5　2021年广州市对外投资主要行业

分组指标	新增企业 (机构)数(家)	中方协议投资额		
		金额(亿美元)	同比增长(%)	比重(%)
合计	167	23.42	178.6	100
第一产业	4	0.69	97	2.9
第二产业	18	3.14	-8.7	13.4
采矿业	2	0.80	-68	3.4
制造业	12	1.83	102.2	7.8
第三产业	145	19.58	324.5	83.6
批发和零售业	61	4.66	70.7	19.9
交通运输、仓储和邮政业	2	0.27	-29.5	1.2
信息传输、软件和信息技术服务业	29	12.25	10878.2	52.3
租赁和商务服务业	11	0.94	50.5	4.0
科学研究和技术服务业	18	0.85	5.3	3.6

资料来源:广州市商务局。

3. 对外投资合作管理服务水平进一步提高

近年来，广州市积极助力企业对外投资合作，持续关注和研究各国投资及准入政策，做好企业境外投资服务保障，提升广州企业国际竞争优势。2021年6月，广州市首次出台《促进对外投资合作高质量发展行动方案》，联动市各相关部门，进一步健全广州市对外投资合作保障服务机制，推动优化企业海外布局。2021年12月，广州市印发《对外投资合作"十四五"规划（2021—2025）》，统筹全市对外投资合作制度体系建设，促进对外投资合作高质量发展，保障企业有序健康安全出海。广州与RCEP成员间传统经贸关系紧密，RCEP成员是广州企业"走出去"投资的主要目的地。广州充分发挥自身的枢纽功能、辐射作用和平台效应，支持和帮助企业研究熟悉协定规则。2022年1月，《服务广州企业"走出去"——RCEP国别（地区）投资手册》发布，为广州企业了解RCEP成员法律环境体系、识别市场机遇风险、做好投资准备工作提供参考，协助企业解决海外投资过程中存在的信息不对称问题。成立RCEP广州跨境金融创新中心，为广州企业提供金融支撑，助企出海。

（五）国际综合交通枢纽功能明显增强，综合立体交通网络日趋完善

广州是集海、陆、空各种运输方式于一体的综合性枢纽。2021年，《广州市交通运输"十四五"规划》提出进一步推进综合国际交通枢纽建设。白云国际机场T3航站楼开工建设，南沙港区四期工程等重点建设项目正稳步推进，粤港澳大湾区城际铁路广州都市圈线路项目建设陆续启动，综合立体交通网络日趋完善。

1. 国际航空枢纽建设稳步推进

2021年9月，《广州临空经济发展"十四五"规划》正式发布，提出将白云国际机场打造成标杆机场，建设全球领先的国际航空枢纽。白云国际机场围绕国际航空枢纽战略定位以及建设粤港澳大湾区世界级机场群发展要求发力，航空枢纽建设取得历史性突破，白云国际机场二期建成投入使用，

三期工程正式开工。未来，白云国际机场将实现5条跑道、两个航站区的规划格局，汇聚航空、高速公路、高铁、城轨等多种交通工具，天空、地面联结成一个现代化的综合交通体系。2021年全球航空市场复苏，美国凭借国内游客数量的快速回升实现航空业较快复苏，在全球旅客吞吐量前10名机场中占据八席；传统国际机场如英国伦敦希思罗机场、法国巴黎戴高乐机场、荷兰阿姆斯特丹史基浦机场等都跌出前10名。受新冠肺炎疫情影响，2021年广州白云国际机场国内、地区及国际航线航班起降和旅客吞吐量出现明显下滑，全年实际进出港航班16万班次，航班起降36万架次，机场国际通航点总量保持230个；全年完成旅客吞吐量4025.9万人次，保持年度全国最繁忙机场，但不及2020年水平，在全球排名中由第一降至第八。货邮吞吐量创下历史新高，国际物流运输迎来跨越式发展。在全球经济、供应链遭受不利影响的情况下，白云国际机场拓展国际货运航线，全年完成货邮吞吐量204.5万吨，同比增长16.2%，其中，地区及国际航线完成143.9万吨，同比增长22.3%，占比超七成，位列国内机场第一。

表6　2021年旅客吞吐量全球排名前10机场

单位：万人次，%

排名（2020年排名）	国家	机场	旅客吞吐量	同比增长
1(2)	美国	亚特兰大杰克逊	7570.5	76.4
2(4)	美国	达拉斯沃斯堡	6246.6	58.7
3(8)	美国	丹佛	5882.9	74.4
4(13)	美国	芝加哥奥黑尔	5402.0	75.1
5(15)	美国	洛杉矶	4800.7	66.8
6(18)	美国	夏洛特道格拉斯	4330.2	59.2
7(27)	美国	奥兰多	4035.1	86.7
8(1)	中国	广州白云	4025.9	-8.0
9(3)	中国	成都双流	4011.7	-1.5
10(22)	美国	拉斯维加斯麦卡伦	3975.4	78.6

资料来源：国际机场理事会（ACI）。

表7 2021年货邮吞吐量全国排名前10机场

单位：万吨，%

排名（2020年排名）	机场	货邮吞吐量	同比增长
1（1）	上海浦东	398.3	8.0
2（2）	广州白云	204.5	16.2
3（3）	深圳宝安	156.8	12.1
4（4）	北京首都	140.1	15.8
5（5）	杭州萧山	91.4	14.0
6（6）	郑州新郑	70.5	10.2
7（7）	成都双流	62.9	1.8
8（8）	重庆江北	47.7	15.9
9（10）	西安咸阳	39.6	5.1
10（11）	上海虹桥	38.3	13.2

资料来源：中国民用航空局《2021年全国民用运输机场生产统计公报》。

2. 国际航运枢纽建设取得重大进展

广州港国际航运枢纽设施建设持续完善，加快南沙港四期建设，打造粤港澳大湾区首个全自动化码头；完成深水航道拓宽工程，实现10万吨级集装箱船和15万吨级集装箱船双向通航；推进广州南沙国际物流中心建设，完善物流仓储配套设施。一系列措施推动广州港泊位利用率保持较高水平，货物吞吐量持续上升。2021年，广州港完成集装箱吞吐量达2418万标准集装箱，完成货物吞吐量62367万吨，分别同比增长4.4%、1.8%，两项指标均列全球港口第五位。在疫情发生和全球港口拥堵的严峻形势下，广州港完成外贸货物吞吐量1.59亿吨、外贸集装箱吞吐量984万标准集装箱，分别同比增长10.84%、8.68%，在稳定全球供应链方面发挥了坚实的枢纽作用。截至2021年底，广州港开通集装箱航线245条，其中，外贸航线139条，已签署友好港合作意向书的国际港口达54个。在2021年7月发布的新华·波罗的海国际航运中心发展指数中，广州保持世界第13位，国际航运枢纽地位稳固。

表8 2021年港口集装箱吞吐量全球排名前10港口

单位：万标准集装箱，%

全球排名	国家	港口	集装箱吞吐量	同比增长
1	中国	上海港	4703	8.1
2	新加坡	新加坡港	3747	1.6
3	中国	宁波舟山港	3108	8.2
4	中国	深圳港	2877	8.4
5	中国	广州港	2418	4.4
6	中国	青岛港	2371	7.7
7	韩国	釜山港	2269	4.0
8	中国	天津港	2027	10.4
9	中国	香港港	1779	-1.0
10	荷兰	鹿特丹港	1510	5.2

资料来源：上海国际航运研究中心《2021年全球港口发展报告》。

表9 2021年港口货物吞吐量全球排名前10港口

单位：万吨，%

全球排名	国家	港口	货物吞吐量	同比增长
1	中国	宁波舟山港	122405	4.4
2	中国	上海港	76970	8.2
3	中国	唐山港	72240	2.8
4	中国	青岛港	63029	4.3
5	中国	广州港	62367	1.8
6	新加坡	新加坡港	59964	1.5
7	中国	苏州港	56590	2.1
8	澳大利亚	黑德兰港	55327	1.1
9	中国	日照港	54117	9.1
10	中国	天津港	52954	5.3

资料来源：上海国际航运研究中心《2021年全球港口发展报告》。

3. 世界级铁路枢纽建设加速

南沙港铁路正式建成，运营后南沙港区将实现中欧、中亚班列与国际海运的对接，开行直达欧洲的货运班列，可以大幅降低港区集疏运和临港产业的物流成本，南沙港区海铁联运物流枢纽地位充分显现。作为"一带一路"物流的桥头堡，广州国际港正式开通，预计到2025年集装箱货物发运量将达每年1040万吨，同时开行中欧、中老等专列，显著改善广州乃至粤港澳大湾区与共建"一带一路"国家和地区的铁路货运质量。作为都市圈多层次轨道交通网络的重要组成部分，珠三角城际铁路的管理权正式移交至广州地铁，广州地铁负责运营的国内外轨道交通总里程达744.5公里。广州东部公铁联运枢纽（广州国际物流产业枢纽）被列为广州市2021年重点建设项目，建成后将成为粤港澳大湾区最大的国际（中欧、东盟）班列集结中心、粤港澳大湾区战略性核心物流枢纽；正在建设的广州白云站，建成后将成为具有岭南特色的以公共交通为导向（TOD）的全新大型综合交通枢纽，将成为亚洲最大的火车站综合枢纽之一。

（六）高端国际会议活动持续集聚，知名会展目的地名片再擦亮

广州以大型活动和会展经济为抓手，搭建与全球政商学界深度沟通交流、开展务实合作的平台。"读懂中国"国际会议（广州）、从都国际论坛、全球市长论坛等高端国际会议以及广交会等老牌传统展会的持续举办，进一步擦亮广州作为知名会议目的地和国际会展之都的名片。

1. "读懂中国"国际会议（广州）成功举办

"读懂中国"国际会议是世界了解中国发展战略最具影响力的平台之一，自2019年以来连续三年在广州举办，助力广州打造世界读懂中国、读懂中国共产党的城市窗口。2021年12月1~4日，"读懂中国"国际会议（广州）以线下线上结合的方式举行，国家主席习近平向会议开幕式发表视频致辞。来自20多个国家和地区的政治家、学者、企业家、外国驻华使节、国际组织和跨国公司驻华代表共计600余人参会，成为历次会议中规格最高、外方参会人数最多、成果最为丰硕的一届。本次会议以"从哪里来，到哪里去——世界百年变局与中国和中国共产党"为主题，着眼于中国共产党与中国和世界的关系，深度探讨如何构建人类命运共同体、扩大和深化各国的利益汇合点。会议举办了5场专题论坛、12场平行研讨会、8场"读

懂广州"专题研讨会及多种形式的配套活动,包括粤港澳大湾区国际传播战略合作签约仪式、"2021年度活力城市大会"和"在广东(广州),读懂中国"一系列专题研讨会等,以广东、广州为案例多维度展示中国、解读中国。通过"读懂中国"平台,与会嘉宾结合中国共产党百年奋斗重大成就和历史经验,深入研讨中国共产党的成功密码与全球治理中的"中国智慧",又一次传递中国和平发展与世界携手合作的正能量。

2. 全球市长论坛系列活动引领城市创新治理

2021年11月8~12日,全球市长论坛系列活动在广州成功举办。此次系列活动以"结伴同行,推动全球城市治理现代化"为主题,同期举办2021年全球市长论坛、世界大都市协会第十三届世界大会和第五届广州国际城市创新奖相关活动三个大型活动。其中,世界大都市协会世界大会作为该组织层次最高、意义最重大的国际会议,首次由中国城市承办。来自全球80个国家126个城市及9个国际组织的代表和嘉宾线上线下参会,系统探讨城市转型发展与创新合作之路。6天会期中共设活动24场,其中2021年全球市长论坛设置全体大会和六个分论坛,世界大都市协会世界大会举办政策讨论会、地方和城市系统研讨会、城市更新政策研讨会等相关会议。第五届"广州奖"评选委员会共收到来自60个国家和地区175个城市的273个项目申报,最终中国重庆、黎巴嫩丹尼区、厄瓜多尔基多、奥地利维也纳、塞内加尔圣路易斯等5个城市获奖,印度奥里萨邦摘得"网络人气城市"奖。此次活动为疫情下的全球城市搭建起了沟通对话与合作平台,也进一步凸显广州在后疫情时期引领城市创新治理新方向、新路径中的重要角色。

3. 知名国际会议目的地效应持续凸显

全年还有多场高端国际会议在广州密集举办,充分彰显广州作为知名国际会议目的地的地位。2021年12月5日,从都国际论坛在广州开幕,习近平主席为开幕式发表视频致辞,与会嘉宾围绕"多边主义2.0:后疫情时代的全球合作"主题展开研讨,发布成果文件《从都宣言》,对于多边主义在后疫情时代全球合作中的重要作用达成广泛共识。12月3~5日,国际金融论坛（IFF）第18届全球年会在广州南沙召开，围绕"全球挑战下的可持续发展：竞争、变革、合作"主题，深入探讨疫情、通胀和气候变化等多重挑战下的全球经济格局及其变化趋势，为全球经济的复苏和发展建言献策。2021年12月11~13日，由广东省人民政府主办的2021年大湾区科学论坛在广州举行，习近平主席向论坛开幕式致贺信，论坛吸引了来自全球各地超过百位院士专家齐聚线上线下，共同探讨生命科学、纳米科学、网络通信等科学前沿热点，推动粤港澳三地和全球科技合作。此外，中国广州国际投资年会、2021亚洲青年领袖论坛等高端会议也先后在穗举办，助力广州国际交往中心功能持续升级。

4. 顶级会展品牌扩大国际影响力

围绕"打造全球会展之都"的建设目标，广州积极巩固在会展业领域的传统优势，助力国际商贸中心和国家中心城市建设。2021年9月24~26日，2021广东21世纪海上丝绸之路国际博览会（简称"海丝博览会"）举行，共吸引64个国家和地区1200多家企业参展，意向成交额近49亿元，在推动广东与共建"一带一路"国家和地区经贸合作、科技合作、绿色发展等方面传递了"广州声音"。10月15~19日，第130届中国进出口商品交易会（广交会）以线上线下融合方式隆重举办，习近平主席致贺信，李克强总理出席开幕式并发表主旨演讲。共有7795家企业参加线下展览，2.6万家企业和全球采购商线上参展。广交会此前已连续3届在线上举行，第130届是时隔两年后重启线下部分展会，成为疫情背景下全球率先恢复的最大规模线下展会，具有里程碑意义。此次广交会还有新的亮点和突破：首次举办国家级国际贸易论坛——珠江国际贸易论坛，着眼"高水平开放与贸易创新""新发展格局下的外贸新业态新模式""粤港澳大湾区国际贸易合作"三大议题；采用境内外招商双轮驱动策略，在40个国家和地区举办52场"云推介"，充分利用国内国际两个市场、两种资源，聚焦服务国内国际双循环的目标。第47届"家博会"、第19届"汽博会"、第10届"金博会"、第5届"老博会"等也纷纷举办，将广州会展品牌打造为疫情下中国与全球贸易相连接的窗口。

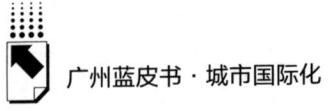

（七）友城"百城计划"圆满达成，国际交往伙伴迈上新台阶

广州拥有数量多、布局广的国际友好城市伙伴，2021年友城数量达到100个。在疫情影响下，广州与友城间的交流不止步，借助视频会议、远程签约、直播演出、隔空对话等形式巩固了"云上友谊"。

1. 友城"百城计划"圆满达成

广州开展友城工作40多年以来，友城数量持续增加、结好布局不断拓展，已经成功实现友城"百城计划"目标。2021年尽管受到全球新冠肺炎疫情的影响，但是广州仍与13个海外城市结为国际友好交流城市，其中与塞内加尔、佛得角、爱沙尼亚、黑山、白罗斯、巴基斯坦、匈牙利等国实现首次城市结交，打开国际交往全新空间。至此，广州已与35个国家的38个城市建立友好城市关系，与45个国家的62个城市建立友好合作交流城市关系，国际友好关系城市共计100个，国际"朋友圈"逐渐扩大。广州的结好城市广泛分布在世界六大洲，其中以欧洲城市数量为最多，拥有12个友好城市、24个友好合作交流城市。从国别来看，广州与美国、俄罗斯、德国、意大利的城市分别拥有5对结好关系，与英国、日本、韩国、澳大利亚、巴西的城市分别拥有3对结好关系。并以友好城市为统领，构建了友好城市—友好城区—友好港口—友好机构"四位一体"格局，全方位拓展国际友好伙伴。

表10　2021年与广州缔结友好关系的城市名单

序号	城市	国家	签约时间	序号	城市	国家	签约时间
1	都灵	意大利	2021年2月8日	8	蒂瓦特	黑山	2021年9月14日
2	达喀尔	塞内加尔	2021年3月12日	9	明斯克	白俄罗斯	2021年9月28日
3	普拉亚	佛得角	2021年4月21日	10	新西伯利亚	俄罗斯	2021年9月28日
4	萨拉戈萨	西班牙	2021年7月13日	11	赫尔松	乌克兰	2021年10月12日
5	占碑	印度尼西亚	2021年7月26日	12	拉合尔	巴基斯坦	2021年11月1日
6	伍珀塔尔	德国	2021年7月30日	13	佩斯州	匈牙利	2021年11月24日
7	马尔都	爱沙尼亚	2021年8月30日				

资料来源：广州市人民政府外事办公室。

2. 友城"云上交流"不止步

在疫情影响下，广州积极创新友城交流形式和渠道，通过开展"云上"交流活动，持续深化友城之间的务实合作。2021年2月27~28日，广州与友城日本福冈开展"云交流"，与福冈亚洲都市研究所共同举办线上直播讲座，推动两市经贸交流合作。2021年3月27日，广州市铁一中学与南非德班音乐学校在广州铁路文化宫以视频连线与线下演出相结合的方式，举办了"中非友谊云端唱响"文艺联演活动，共同庆祝广州和南非德班结为国际友好城市21周年和广州市铁一中学和南非德班音乐学校结为姊妹学校7周年，深化两地青少年情谊。4月22日，广州国际城市创新研究会与位于墨西哥城的地方政府合作组织北美地方政府会议建立战略合作关系，旨在推动广州与墨西哥在国际城市可持续发展领域的交流互鉴。11月15日，采用线上线下相结合的形式举办"我们·广州——花舞四海情"友城艺术团专场演出、非遗精品展示、图片展等一系列活动，通过网络向国际友好城市、友好合作交流城市同步直播，展现多彩的城市文化魅力。广州还相继举办了与洛杉矶结好40周年庆祝活动、与悉尼建立友城关系35周年庆祝活动、广州—南非德班友城交流会，派代表出席中国—巴西友好城市云端对话会等活动，续写友城合作新篇章。

3. 国际友城大学联盟规模再提升

广州国际友城大学联盟于2018年由广州大学联合多所国际友城大学倡议发起，旨在加强广州与各国际友城及其当地大学间的联系和交流，成功打造了促进国际学术资源共享、鼓励教育和科技合作的重要平台。2021年11月10日，以"携手应对后疫情时代挑战，推进城市可持续发展"为主题的广州国际友城大学联盟年会在广州举行。联盟13所成员大学、5所新申请入盟大学和特邀观察员大学等国内外高校代表，以及俄罗斯、白罗斯、乌克兰、波兰、巴西、伊朗、澳大利亚等国驻穗总领事馆代表约110人线上线下参会。会议审议通过了澳大利亚查尔斯·达尔文大学等5所高校加入联盟的申请，联盟的成员大学数量至此增加到18个。2021年，联盟发起"联合科研项目"，围绕人工智能、智慧城市/文旅融合、先进技术、创新创业等四大领域开展跨校科研合作；启动"数字学院计划"，聚焦人工智能、区块链、智能与先进制造、创新教育、机器学习等领域举办网上讲座，为广州与友城之间更加开放、更高质量的科技创新与教育合作创造了重要平台。

（八）国际组织交流协作多元开展，城市治理引领力进一步升级

广州持续拓展国际组织机构协作网络，密切与驻穗领馆联系往来，新设海外办事驻点，提升在联合国高端交往平台中的显示度，增强在城市间国际组织中的曝光度，充分发挥引领国际城市治理创新作用。

1. 领馆交流网络不断拓展

广州始终注重加强与海内外机构的交流合作，通过领馆搭建与世界的联系桥梁，创造各国与穗合作发展机遇。2021年匈牙利驻穗总领馆开馆，至此外国驻穗总领事馆达66家，他们积极参与融入广州举办的各类活动。3月23日，广州市举行2021年外国驻穗领团见面会，就进一步推进广州与各国驻穗领事馆的友好务实合作进行座谈交流，来自53个国家的驻穗总领事馆官员出席活动。4月30日，"食在广州 缤fun假期"五一美食主题活动开幕，首站东南亚美食文化节邀请东盟成员马来西亚、菲律宾、新加坡、泰国、老挝、越南、柬埔寨、印度尼西亚等国总领事以及东盟对话伙伴国的驻穗总领事及代表共同出席启动仪式。多家驻穗领团还参与了2021年海丝博览会、"境美福山 绿色环投""珠江东岸行"等活动，参观广州港、广州开发区、中共三大会址纪念馆、福山循环经济产业园等地方，了解广州在经贸发展、科技创新、绿色低碳、友好港合作等方面取得的成效，积极推介合作新机遇。

2. 积极参与联合国高端交流活动

广州积极参与联合国高端交流活动，在国际舞台上分享城市治理的"广州经验"。广州是我国第一个向联合国提交报告并获发布的城市。2021年3月广州向联合国提交的《活力、包容、开放，特大城市的绿色发展之

路——联合国可持续发展目标广州地方自愿陈述报告》在联合国官网获得全文发布，展示了《广州市国土空间总体规划（2018—2035年）》响应可持续发展目标的总体情况，重点围绕教育、水环境、产业创新与基础设施、城市和社区、陆地生物等目标领域，生动展示了广州的可持续、高质量发展经验。4月15日，广州受邀参加由联合国经济和社会事务部举办的"不让任何人掉队"主题自愿陈述系列研讨会，向国际社会分享地方自愿陈述经验。2021年7月8日，广州作为中国地方政府代表，通过视频连线方式参加2021年联合国可持续发展高级别政治论坛（HLPF）主题边会，进一步分享了具有中国特色、广州特点的超大城市可持续发展经验，为世界城市提供参考借鉴。

3. 在城市国际组织中发挥引领作用

广州深度融入世界城地组织、世界大都市协会等以城市和地方政府为主体的国际组织，积极担当领导角色，成为我国城市参与国际组织的"排头兵"。广州自2020年当选为世界大都市协会主席城市以来，推动协会与多个国际伙伴携手合作，打造实现联合国可持续发展目标的重要引领力量。2021年3月30日，广州以视频连线方式主持召开主席团会议，促进城市治理经验交流。8月，"广州奖"相关方联合海内外知名机构专家共同推出《全球城市创新趋势报告》《全球城市创新评价体系中期报告》等一系列成果，彰显广州促进地方治理知识共享的价值。9月，广州作为世界城地组织亚太区联合主席城市兼地方政府妇女委员会主席城市参加世界城地组织亚太区第八届会员大会，并在"推进城市管理　建设韧性健康城市"主题边会上分享统筹疫情防控和经济社会发展经验，以及进一步完善城市治理、增强城市韧性的有关做法。广州也积极与聚焦特定议题和行业领域的城市国际组织保持联系，全年出席C40中欧绿色与包容复苏市长对话会、C40绿色港口论坛线上研讨会、世界城市文化论坛"从危机走向复苏：创意领导力，实现可持续的未来"线上研讨会等多个会议，为全球城市加强交流、互利发展贡献智慧方案。

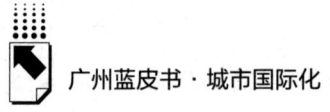

（九）城市传播渠道全面铺开，国际形象传播能力显著提高

广州积极借助重大活动和时代主题加强对外传播，丰富高质量传播素材资源，拓展对外传播主体对象，努力讲好城市发展故事，主动展示充满经典魅力和时代活力的国际大都市形象。

1. 以新闻发布工作塑造有力抓手

广州坚持把新闻发布工作作为加强国际传播能力建设的重要抓手，不断创新新闻发布形式，构建立体化、多元化的国际传播格局。2021年，广州围绕疫情防控、"十四五"规划、广交会、国际交流合作等主题共举办175场新闻发布活动，累计邀请广东省、广州市300多家单位700多名发布人参与，组织50余家中央、省、市媒体（含新媒体）及境外主流媒体参与每场新闻发布活动报道，各媒体通过图文、直播、短视频等多种形式开展相关报道逾8万篇次，累计总阅读量超过80亿次。广州持续优化新闻采访线工程，将美食、花城、岭南文化等具有独特文化的城市名片用不同的"广州故事"进行串联，为海内外媒体采访提供准确深入的新闻线索和实用资料。4月，在中宣部组织开展的"大湾区、大未来"主题宣传活动背景下，广州聚焦"大湾区、小故事、大格局"，在全市设置8个区10个点7条采访线，助力中央、省、市近200名记者来穗开展采访活动，全面展现广州高质量推进粤港澳大湾区建设的先进实践。

2. 创新城市形象传播精品素材

城市形象宣传片是展示城市品牌形象的集中窗口，也是展示国际传播能力的重要体现。广州坚持在传播理念、传播形式、传播内容等方面不断创新，重磅打造"1+11+118+N"广州城市形象宣传矩阵，展现沉淀千年的商业文化和老城市新活力。继2017年发布《花开广州·盛放世界》、2019年发布《花开广州·汇聚全球》宣传片之后，2021年广州面向全球发布新版城市形象宣传片《花开广州·幸福绽放》，成功打造"花开三部曲"城市外宣品牌IP。新版城市形象宣传片在第130届广交会开幕前夕面向全球正式发布，全面展示广交会的新形象和广州城市吸引力。围绕庆祝中国共产党成立100周年主题，"广州红 幸福城"2021年城市形象网络宣传活动于3月启动，全年开展"读懂广州红"融媒体报道、"叹叹广州红"大V力量等十大红色主题活动，推动广州建设红色文化传承弘扬示范区，擦亮红色文化品牌。12月，"广州出品"的《南越宫词》《中国医生》《拆弹专家2》等影片分别获第34届中国电影金鸡奖最佳戏曲片、最佳故事片、最佳剪辑奖，充分借助"铁盒子里的大使"对外宣介岭南文化。2022年2月，"读懂广州、热爱广州、奉献广州"2021年广州十大感人故事评选活动举办，共评选出50个优秀故事案例，进一步为广州城市国际传播供给丰富鲜活的素材样本。

3. 重点打造青年国际传播生力军

青年是当代国际传播中的生力军，他们善于借助海内外社交媒体，产出具有国际影响力的高质量内容，城市形象传播也应把握并用好青年力量。2021年，广州以青年为重点主体对象，开展了一系列交流传播活动，取得良好效果和热烈反响。五一期间，连续举办三场五四青年节"快闪"活动，以城市青年的小故事为切口，组织500名在穗外国青年、港澳青年和内地青年代表在20余处广州地标场所共同发起"快闪"，多角度展现广州城市风貌和湾区青年面貌。5月22～23日，由全球化智库和当代中国与世界研究院组织的"国际青年中国行"活动走进广州，17个国家23位国际青年领袖代表体验岭南非遗文化、参观产业园区、探访科创团队，并在珠江夜游船上举行"我在广州看世界"中外青年故事会，分享广州的创新活力与城市魅力。11月27日，由中国公共外交协会、中国和平发展基金会、广州市人民政府、新加坡亚洲青年领袖联合会共同主办的2021亚洲青年领袖论坛在广州南沙开幕，近300位亚洲各国青年领袖以线上线下相结合的方式参会，会议举行了亚洲新兴产业投资基金签约仪式，启动了亚洲青年领袖培养计划，发布了亚洲青年发展倡议，共同打造亚洲青年领袖朋友圈。

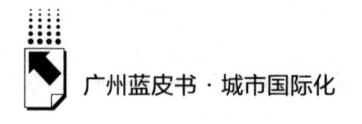

（十）人文交流活动多渠道开展，文体节庆品牌走向世界

广州加强全市文旅资源整合，擦亮城市文化名片，推动对外人文交流事业持续开展，努力建设文化强市、体育名城和教育中心，为推动优秀文化深入民心发挥积极作用。

1.对外文化交流宣介影响升级

广州积极开展对外文化交流活动，增强特色城市文化品牌知名度。2021年，共举办文化演出、非遗展示、旅游宣介等对外文化交流活动800多场，推动醒狮、粤剧、武术、美食等岭南优秀文化"走出去"。积极发挥海丝申遗牵头城市作用，先后举办第44届世界遗产大会"海上丝绸之路遗产的研究与保护"主题边会、"四海通达——海上丝绸之路（中国段）文物联展""海上丝绸之路：港口、航线与贸易"学术研讨会等活动，促进海上丝绸之路保护和申遗城市联盟成员交流，唤起社会关注。大力推进粤港澳大湾区文旅交流，4月促成英皇娱乐大湾区总部正式落户广州，打造立足广州、辐射湾区乃至全球的文化演艺交流中心。开展"澳门青年人文湾区行""2021穗港澳青少年文化交流季"等活动，为大湾区青少年提供高规格文化交流平台。巩固重大文化交流展示交易平台，2021年广州文交会共推动13个重大产业项目、10个投融资项目、15个招商项目合作，意向合作金额达1016亿元，达到历史新高。2021中国（广州）国际纪录片节共征集到全球125个国家和地区的3653部作品参评，全球征集总数刷新纪录，品牌辐射力进一步提升。

2.冬奥赛事助力建设体育名城

广州举办过许多具有国际影响力的运动赛事，具有良好的群众体育基础，正在围绕体育强国战略打造世界体育名城。2021年，广州密切结合冬奥主题，营造浓郁的竞技体育氛围和丰富的活动举办形式。在严格做好疫情防控工作的前提下，全年保障了中国网球巡回赛CTA1000广州黄埔站暨粤港澳大湾区网球公开赛、2021年全国场地自行车锦标赛、国家飞碟射击队东京奥运会国内选拔赛、国际垂直马拉松公开赛等50项省级以上体育赛事有序举行。11月，举办2021中国体育文化博览会·中国体育旅游博览会（简称"两博会"),北京"双奥园区"成为展示重点项目。2022年冬奥会开幕以来,由广州美术学院师生团队设计的吉祥物"冰墩墩"成为"流量明星",在海内外收获顶级热度和极佳口碑,助推"广州设计"品牌走向世界。

3. 全方位国际教育合作立体推进

广州在教育领域坚持国际合作发展,多层次谋划教育对外开放的顶层设计。2021年6月,广州市教育局印发《广州市创建教育国际化窗口学校实施方案(试行)》,率先启动第一批教育国际化窗口学校培育工程。2021年12月印发实施《广州市教育对外开放"十四五"规划》,这是广州市首个教育国际化专项规划,创新提出涉外办学能力提升工程、职业院校境外办学示范工程、教育国际化窗口学校建设工程等三大工程。基础教育阶段的国际教育资源供给丰富,中小学国际姊妹学校已达105对,穗港澳姊妹学校(园)已达303对,形成长期稳定的姊妹学校交流机制。2021年3月,广州暨大港澳子弟学校正式落户,这是大湾区乃至全国首家港澳子弟学校。广外附设外语学校和巴西累西腓市村上高中正式签署缔结国际友好城市姊妹学校协议书,这是广州与巴西学校首次建立友好学校关系,开创中巴青少年交流新局面。广州积极引进境外优质教育资源,2021年新增1个市属高校中外合作办学项目、1所外籍人员子女学校及3所国际化特色民办学校,全面构建与国际接轨的立体教育体系。

二 2021年广州在世界城市体系中的表现

(一)2021年广州在主要全球城市评价排名中的表现

2021年广州在主要全球城市评价中的排名保持稳定。在科尔尼全球城市系列指数上排名保持进步,在《机遇之城》、全球金融中心指数、全球创新指数创新集群的排名中则保持稳定。新冠肺炎疫情以来,广州统筹疫情防控和经济社会发展取得了阶段性的成就,城市治理能力位居全球前列。

表11 2016~2021年主要全球城市评价广州排名一览

机构	排名	2016年	2017年	2018年	2019年	2020年	2021年	排名意义
科尔尼	全球城市指数	71	71	71	71	63	60	稳步提升
	全球潜力城市指数	76	56	59	65	54	34	潜力指数大幅上升
普华永道	机遇之城		1	4	4	3	4	中国城市第四
Z/Yen（一年两次）	全球金融中心指数	–	37/32	28/19	24/23	19/21	22/32	2022年3月第31期排名全球第24名
世界知识产权组织	全球创新指数创新集群		63	32	21	2	2	深圳—香港—广州集群保持全球第二

资料来源：《全球城市报告》（2016~2021年）、《机遇之城》（2016~2021年）、《全球金融中心指数报告》（第21~31期）、《全球创新指数报告》（2017~2021年）。

1.在科尔尼全球城市系列指数中显著进步

世界知名咨询公司科尔尼公司发布的《2021年全球城市报告》（2021 Global Cities Report），记录了新冠肺炎疫情和相关封锁措施对城市的影响，并在全球经济复苏之际，继续以全球城市指数（Global Cities Index，GCI）和全球潜力城市指数（Global Cities Outlook，GCO）两大排名研判全球城市的当前竞争力与未来发展潜力。2021年全球城市指数结果显示，全球城市之间的发展轨迹存在明显差异，部分与全球联系最为紧密的城市最先受到疫情的冲击，但这些城市仍然表现出高度的韧性和弹性。其中，纽约、伦敦、巴黎和东京在该指数排名中保持前四名的位置，洛杉矶跻身前五，这是因为北京和香港受到新冠肺炎疫情和全球贸易格局的复杂变化影响，排名出现轻微波动。中国的其他城市与2020年相比排名变化不大，广州上升3名，在GCI排名第60。从全球潜力城市指数排名来看，中国是2017年以来最值得关注的地区，在排名上升幅度超过10个位次的8个城市中，有五个城市位于中国，分别是广州（+20）、上海（+15）、深圳（+15）、重庆（+12）和苏州（+10），广州成为我国潜力城市指数排名上升幅度最大的城市。中国一直十分重视城市发展，为城市国际化创造了各种有利的条件。广州在面对新冠肺炎疫情所引发的全球危机时，表现出经济复苏的强大韧性，并凭借严格且优质的管理将疫情的影响转化为经济复苏的动力,为民众提供了更多的工作机遇与更高的生活质量。

2. 在《机遇之城》中排名保持稳定

《机遇之城》报告由普华永道与中国发展研究基金会共同编制,从城市的发展进程和各发展维度的特点,观察并发掘城市的潜在机遇。2021年此报告排名新增了常州、东莞、惠州、江门、肇庆作为观察城市,完全覆盖粤港澳大湾区"9+2"城市。广州仍然表现出显著的进步态势,在中国城市的总维度排名中列第四,且在智力资本和创新维度排名第一、技术成熟度维度排名第二,这表明广州依托其良好的高等教育基础和服务广深港澳科技创新走廊建设的背景,创新发展迅速,科技成果转化能力和技术产业化得到很大提升。广州在区域重要城市维度中的综合排名列第二,在货运总量指标排名列第一,说明广州仍然作为区域的门户枢纽,继续承担国际辐射的责任。在交通和城市规划维度排名中,广州位列第三,仅次于北京、深圳。可持续发展维度方面广州位列第六,文化生活方面位列第四,经济影响力方面与杭州并列第四。总的来看,区域中心城市依靠其聚集效应、规模效应承担着地区文化发展和地区发展增长极的使命,同时也是中国经济未来发展的新动力。

3. 在全球金融中心指数中凸显多项优势

2021年全球金融中心指数(Global Financial Centers Index)如期发布第29期、30期报告。报告观察城市范围继续小幅扩大,第29期、30期分别有114个、116个城市入选榜单。广州在第29期报告中排名全球第22、在第30期排名全球第32。2022年3月,全球金融中心指数发布第31期报告,广州排名全球第24,比上一期排名跃升8位。

表12 2017~2022年广州在全球金融中心指数中的表现

年份	报告	排名	问卷反馈(份)	指标得分
2017	第21期	37	211	650
	第22期	32	293	668

续表

年份	报告	排名	问卷反馈（份）	指标得分
2018	第23期	28	353	678
	第24期	19	438	708
2019	第25期	24	438	708
	第26期	23	849	711
2020	第27期	19	1309	714
	第28期	21	1903	710
2021	第29期	22	1919	794
	第30期	32	1535	677
2022	第31期	24	1544	681

资料来源：《全球金融中心指数报告》（第21~31期）。

广州总体定位为保持在全球性专业金融中心行列。2017~2022年广州金融环境发展较为均衡，第31期继续保持在"稳定发展的金融中心"行列，中国城市中仅有香港、广州、深圳三座城市入选；广州在金融科技中心全球排名中排第12，较上期上升1位。

4. 深圳—香港—广州集群在创新集群排名中保持第二

世界知识产权组织《2021年全球创新指数报告》（GII2021）更新了全球创新趋势和132个经济体的创新表现。中国创新能力综合排名第12，与2020年排名保持稳定，首次进入东南亚、东亚和大洋洲地区前三名，继续领跑中等偏上收入国家组，并且仍是唯一进入前30名的中等收入经济体。

在创新集群的排名之中，前十名与2020年相同，只有内部之间的微小升降。中国是拥有全球前100位创新集群中数量第二多的国家（19个，仅次于美国），其中深圳—香港—广州保持第2名，北京超过首尔居第3，上海与纽约排名互换，升至第8名，说明中国科学技术集群的创新引领功能愈发强大。排名上升最多的是3个中国城市——青岛、沈阳和大连，分别上升16位、14位、13位。其中沈阳、大连与韩国的大邱是2021年前100位科学技术集群中的3个新晋成员。

（二）广州在主要全球城市评价排名中所表现出的亮点和启示

从近年来主要全球城市评价的排名结果而言，广州正在通过着力改革国际营商环境、激发城市创新活力、集聚高层次优秀人才，持续推动城市社会经济高质量发展，在全球城市竞争中不断开创新局面。

1.国际营商环境改革成效初步显现

近年来，广州加快国际营商环境改革，深入对接世界银行营商环境评估规则、国际经贸规则和港澳经济运行规则，完善企业全生命周期服务体系，打造全球企业投资、人才汇聚首选地和最佳发展地。从2018年至2021年，广州先后完成了四轮营商环境改革，改革试点不断突破，打造营商环境的"广州样本"。到2021年，广州已连续2年在国家营商环境评价中排名前列，全部18个指标获评全国标杆，连续2年在广东省营商环境评价中排名第一；市场主体突破300万户，高新技术企业突破1.2万家，在穗投资世界500强企业增至330家，民营经济增加值、社会消费品零售总额、商品进出口总额均超万亿元。2022年2月，广州继续启动营商环境5.0改革，提出2025年底前建成市场化法治化国际化的一流营商环境，营商环境国际竞争力跃居全球前列，成为全球资源要素配置中心，以及全球企业投资首选地和最佳发展地，打造全国优化营商环境"策源地"和"试验田"。广州加快国际营商环境改革的成效体现在多份全球城市评价排名之中。广州在科尔尼全球潜力城市指数的排名大幅上升，居全球第34位。2021年"全球金融中心指数"对国际市场进行两轮调研，了解哪些全球金融中心在未来两至三年会取得显著发展，结果显示广州在第29期排名全球第9，第30期排名全球第10。

2.城市创新发展引擎作用不断强化

创新在我国现代化建设全局中占据核心地位，是城市现代化国际化进程之中的核心驱动力。广州深入实施创新驱动发展战略，着力发挥科技创新引领城市发展的作用，打造科技创新策源地，强化关键核心技术攻关，优化科技创新生态圈，推动科研资源大市向科技创新强市迈进。2021年，广州研发投入占GDP比重预计达3.15%。高新技术企业突破1.2万家，技术合同成交额2400亿元，每万人发明专利拥有量达38.1件，PCT（专利合作条约）国际专利受理量达1785件，广州实验室、粤港澳大湾区国家技术创新中心挂牌运行，人类细胞谱系大科学研究设施、冷泉生态系统研究装置列入国家专项规划，创新生态环境明显优化。在2021年"自然指数—科研城市"全球排名中，广州跃升至第14，在国内城市中排名上升至第4。广州凭借自身的科研资源和科创优势，在粤港澳大湾区内加大科技联合创新力度，加快建设广州创新合作区，共建广深港和广珠澳科技创新走廊。2021年深圳—香港—广州科学技术集群的排名保持全球第二，继续共同领衔东亚地区的活跃科技活动，折射出广深港澳科技创新走廊的强大韧性和广州在其中的支撑作用。《广州市科技创新"十四五"规划》提出建设世界重大科学发现和技术发明先行之地、国际科技赋能老城市新活力的典范之都、全球极具吸引力的高水平开放创新之城的目标。广州不断强化科技创新驱动城市发展的作用，将更好地服务粤港澳大湾区打造具有全球影响力的国际科技创新中心。

3.高层次人才集聚效应持续凸显

高层次人才是城市参与激烈的全球经济竞争的核心战略资源。多年来广州深入实施"广聚英才计划"，引进培养高水平科技创新人才，着力激发创新人才活力，为城市可持续高质量发展打造人才蓄水池。截至"十三五"期末，广州在穗工作院士122人；"十三五"期间，累计评选和支持创新领军人才79名、产业发展和创新人才11965名，发放人才绿卡7623张，发放资助补贴6.6亿元，引进人才入户23.13万人；认定12批1207名高层次人才；共办理留学人员人才引进入户5567人，平均年增长率33.7%。广州市"菁英计划"留学项目累计选派352名优秀青年学子赴17个国家113所著名学府深造，学成归国165人；全市人力资源服务机构增至2013家，人力资源服务业年营业收入超过千亿元，产业规模位居全省第一、全国第三。2021年来广州还通过多个重要平台吸引高层次优秀人才，成立广州人才集团，搭建人力资源服务机构集聚平台，形成专业化、市场化、规模化、集约化的现代人力资源服务产业体系。中国海外人才交流大会暨第23届中国留学人员广州科技交流会首次以云端形式开幕，突破时间空间限制，开展常态化服务，实现"永不落幕的海交会"。通过集聚高层次优秀人才，发挥重大创新平台的"磁场效应"，广州在《机遇之城2021》中国城市的智力资本和创新维度排名第一，科研人才队伍建设表现亮眼，有力支撑广州成为中国总维度排名第四的城市。未来，广州还将进一步贯彻习近平总书记关于建设粤港澳大湾区国际人才高地的部署，建设人才友好型城市，推动具有全球影响力高水平人才强市建设。

三 2022年广州城市国际化发展的形势展望

综观世界，新冠肺炎疫情仍在全球蔓延，世界进入动荡变革期，为我国发展提出了前所未有之挑战。面对多重发展风险，国际合作将成为世界各国谋求发展的必由之路。中国积极倡导和践行国际发展合作，推动全球发展事业不断向前。纷繁复杂的国内外因素相互作用，构成广州城市国际化的外部环境。广州深度融入新发展格局，不断把握城市发展定位，紧抓国际合作、国家战略和区域发展机遇，全面推进国际化转型。

（一）百年变局加速演进，国际合作为全球发展注入强大动力

当前，国际形势存在较多不稳定性、不确定性因素，全球经济复苏步伐缓慢，大国竞争博弈加剧，地区局势动荡，新兴经济体增长动力减弱，国际合作给全球发展带来积极力量。

1. 全球经济复苏之路漫长，国际合作提振发展信心

新冠病毒频繁变异增加了全球经济复苏的不确定性，疫情的蔓延趋势仍将对全球各经济体的表现产生直接影响，量化宽松货币政策的副作用开始凸显。世界主要金融机构、国际组织2022年1月相继发布预测，认为2022年全球经济增长将放缓，复苏之路漫长。联合国经社理事会《世界经济形势与展望》（2022年1月）预测2022年全球经济增速将回落至4.0%，2023年仅增长3.5%。世界银行《全球经济展望》（2022年1月）预测2022年全球经济增速

将显著放缓，从2021年的5.5%降至2022年的4.1%，2023年预计进一步下降至3.2%。国际货币基金组织《世界经济展望》报告（2022年1月）略为乐观，预计2022年全球经济增长4.4%。

表13 2021~2022年世界及主要经济体增速预测

单位：%

国家或地区	联合国经社理事会		世界银行		国际货币基金组织	
	2021年	2022年	2021年	2022年	2021年	2022年
世界	5.5	4.0	5.5	4.1	5.9	4.4
发达经济体	4.8	3.7	5.0	3.8	5.0	3.9
美国	5.5	3.5	5.6	3.7	5.6	4.0
欧元区	4.7	3.9	5.2	4.2	5.2	3.9
新兴市场和发展中经济体	6.4	4.5	6.3	4.6	6.5	4.8
中国	7.8	5.2	8.0	5.1	8.1	4.8
俄罗斯	4.2	2.7	4.3	2.4	4.5	2.8
印度	9.0	6.7	8.3	8.7	9.0	9.0
巴西	4.7	0.5	4.9	1.4	4.7	0.3
南非	3.8	2.3	4.6	2.1	4.6	1.9

资料来源：联合国经社理事会《世界经济形势与展望》（2022年1月）、世界银行《全球经济展望》（2022年1月）、国际货币基金组织《世界经济展望》（2022年1月）。

全球经济在2021年实现快速回弹，受疫情影响的贸易投资、消费需求显著恢复，全球外国直接投资超预期反弹，全球贸易量创下近年新高。新冠疫苗接种人数不断上涨，病毒致死率降低，给开放和人员流动带来一定利好。东盟、欧盟中多个国家已对出入境政策做出调整，陆续放宽国际旅行限制，恢复和增加国际航班，逐步开放国门。预计2022年跨境人员流动将进一步上升，有利于提高对外开放水平，带动经济增长。但全球经济的持续复苏仍然受到多种因素影响：疫情管控举措需缓慢、稳步、渐进式调整，主要发达经济体的政策调整将影响全球经济走势，地缘政治冲突的升级对地区安全带来剧烈冲击，气候变化对经济生产带来持久的次生影响。面对漫长的复苏之路，强有力的国际合作和强大的政策灵活性是全球经济体克服种种复杂挑战、推动经济中低速增长的关键。

2. 美欧俄大国博弈持续升温,全球治理主导权竞争加剧

大国之间的战略博弈继续升温,围绕全球治理主导权的竞争持续加剧,给全球政治、经济、贸易乃至公共卫生治理合作造成诸多掣肘因素。2022年初,俄乌冲突升级,由于美欧与俄罗斯之间长期缺乏战略互信,俄罗斯与西方国家在地缘政治上的矛盾难以得到根本解决,围绕乌克兰问题的全方位博弈将持续下去。美欧对俄罗斯开启轮番制裁,乌克兰危机的溢出效应逐步波及全球各领域。国际油价飞速上涨,饲料和重要粮食作物的供应受到严重影响,全球农产品价格上涨,对外贸易结算货币和支付体系的"去美元化"进程加快等,一系列错综复杂的因素给国际秩序的稳定和全球治理进程的推进带来更多不确定性。

在美国挑起对抗中国的国际大环境下,中美战略博弈将是影响2022年国际形势发展的核心主题。2021年9月,美国与英国、澳大利亚成立旨在"共同处理安全和外交议程"的"美英澳安全联盟"三方机制(AUKUS),加强针对中国的战略和军事部署,在印太区域形成"制华战略联盟"。随着美国加紧对华战略动员和布局,中美竞争"全领域"的特点更为突出,对国际政治格局的影响将进一步增大。2021年是《中俄睦邻友好合作条约》签署20周年,中俄关系以此作为务实合作与战略互信新起点,中国在俄乌局势中保持中立态度,呼吁相关方通过和平谈判解决乌克兰危机。中国和欧洲是维护世界和平、促进共同发展的两大力量,中欧双方在相互尊重、互利共赢基础上开展对话合作,将为动荡的世界局势提供更多稳定因素。2022年,加强与各方的战略沟通、消除误解误判、妥善管控分歧,对于中国与各主要大国关系的发展至关重要,同样对全球形势和国际格局的稳定有着重大意义。

3. 新兴经济体面临较高通胀,发展中国家凝聚关键力量

新冠肺炎疫情以来,全球各国普遍采取刺激性财政与货币政策,而疫情冲击下供应链断链仍未缓解,大宗商品价格高企,生产、消费等各领域、各环节物价相互传导,全球通胀持续走高。世界银行在2021年报告中指出,全球和发达经济体的通胀率均处于2008年以来的最高水平,新兴市场和发展中经济体的通胀率也达到了10年来的最高水平。由于新兴经济体市场更加脆弱，受美联储加息举措影响通胀将更为明显。此外，除中国等国家之外，新兴经济体的疫苗接种率相较于欧美发达国家普遍不足，宏观政策稳定性不强，通胀率很难在2022年回归到疫情前的水平。

作为新兴市场和发展中国家联合自强的典范，金砖机制是新兴经济体推进全球治理的关键力量。巴西将在2022年10月举行总统大选，然而经济通胀严重，预期维持低速增长。俄罗斯面临西方前所未有的制裁，但与中国经贸往来规模持续扩大，中国连续12年稳居俄罗斯最大贸易伙伴国地位。印度经济总量大、增速较快，但受全球金融和能源市场的影响也面临不小的下行风险。南非国内失业率居高不下，落后于其他金砖国家的发展步伐。中国于2022年担任金砖国家主席国，围绕"构建高质量伙伴关系，共创全球发展新时代"的主题，强化全球发展伙伴关系，携手其他金砖国家擦亮南南合作的"金字招牌"，将为各国携手战胜疫情、推动世界经济复苏传递希望和信心。

4. RCEP正式生效，亚太区域合力前行

2022年伊始，《区域全面经济伙伴关系协定》（RCEP）生效实施，世界最大自贸区正式启航，成为亚太区域开放合作新的里程碑。在全球经济复苏放缓和政治秩序复杂多变的压力下，RCEP落地实施向世界经济注入了新的增长动力，有力对冲了保护主义、单边主义的影响，提振了各方参与自由贸易和多边合作的信心。RCEP的正式生效将发挥综合效应，带来贸易扩大、投资虹吸、产业链和供应链集成、中小企业发展以及区域经济一体化等多重效应，对亚太地区乃至全球经济复苏产生重要而深远的影响。2022年正值中日邦交正常化50周年、中韩建交30周年，中国和日本、日本和韩国分别通过RCEP首次建立自由贸易协定，密切了三大经济体之间的贸易往来。在这一重要的历史时刻，中日韩三国通过利用RCEP的制度红利扩大三边合作基础，培育和释放区域贸易投资新的增长点与开放福利，为后疫情时期亚洲经济增长做出贡献。

作为RCEP中经济体量最大的成员和区域经济合作的重要推动者，中国率先完成对 RCEP 协定的核准并予以批准，表明了积极参与 RCEP 的决心，在成员中起到良好的示范效应。RCEP 的正式生效为中国构建新发展格局提供有力的支撑。RCEP 畅通区域内的产业链和供应链布局，不仅有助于扩大中国出口市场空间，也有助于满足国内进口消费需要，促进我国产业更充分地参与市场竞争，提高产品质量，推动产业向更高水平升级演进，更好地联通国内国际两个市场、两种资源，推动中国加快构建双循环新发展格局。

（二）积极开展国际发展合作，推动全球发展事业不断向前

当前疫情延宕反复，全球发展不平等不平衡问题更加突出，国际社会落实联合国 2030 年可持续发展议程面临重重挑战。中国提出"全球发展倡议"，稳步推进"一带一路"建设，积极应对气候变化，深入推进区域合作，为推进全球发展事业和国际发展合作贡献中国力量。

1. 构建"全球发展命运共同体"，"中国之治"引领全球发展

2021 年 9 月 21 日，习近平主席以视频方式出席第七十六届联合国大会一般性辩论并发表重要讲话，呼吁国际社会加快落实联合国 2030 年可持续发展议程，共同推动全球发展迈向平衡协调包容新阶段，共同构建全球发展命运共同体，郑重提出全球发展倡议，把减贫、粮食安全、抗疫和疫苗、发展筹资、气候变化和绿色发展、工业化、数字经济、互联互通作为重点合作领域。中国为促进全球发展事业贡献的中国智慧，蕴含了中国全面建成小康社会的宝贵经验，体现了中国关于全球未来发展的战略远见，得到了以联合国为代表的众多国际组织以及近百个国家的积极响应和支持。这一重大倡议反映了国际社会特别是广大发展中国家的共同期待，为因应世界变局擘画了蓝图，为全球共同发展指明了方向。

全球治理机制受到疫情与百年变局的叠加影响，全球发展赤字问题愈加严峻，落实联合国 2030 年可持续发展议程面临前所未有的挑战。全球发展倡议的提出为破除治理赤字、提振全球发展共识提供了"中国方案"。国内扩投资促消费、优化营商环境等举措继续为中国经济高质量发展提供坚实支

撑，也为中国持续扩大高水平对外开放、与世界共享发展机遇提供保障。疫情冲击下，中国在高效防控境内疫情、保障全球关键供应链安全的同时，积极对广大发展中国家提供援助，用实际行动推动共筑人类健康"免疫长城"。面对错综复杂的全球挑战和治理困境，中国积极参与全球气候、环境、公共卫生、数字治理体系建设的实践，将推动全球化不断朝着普惠、开放、共赢的方向发展。

2."一带一路"建设稳步推进，城市合作走深走实

2021年，"一带一路"建设稳步推进，取得很大成绩。中老铁路、以色列海法新港等重大项目顺利竣工，中巴经济走廊、比雷埃夫斯港、雅万高铁、匈塞铁路等建设运营稳步开展。中欧班列开行量和货运量疫情以来不断创历史新高，为沿线地区经济复苏提供了强劲动力。"一带一路"朋友圈继续扩大，截至2022年2月底，累计有148个国家和32个国际组织与中国签署200多份共建"一带一路"合作文件，"一带一路"已经成为规模最大的国际合作平台。中国一如既往地支持共建"一带一路"国家复工复产和经济复苏，为疫情下全球产业链、供应链的稳定提供了重要支撑。2022年1月正式生效的RCEP中大多数成员是"21世纪海上丝绸之路"的重要节点国家，"一带一路"的建设也成为助力RCEP成功生效的重要因素，二者将相互促进，共同发展，推动亚太经济恢复发展。

城市作为全球生产网络组织的空间平台，在共建"一带一路"区域发展中具有举足轻重的地位。随着高质量共建"一带一路"深入推进，中心城市、节点城市的战略价值与枢纽功能持续凸显，共建城市将以更加积极的姿态融入其中，巩固互联互通合作基础，拓展国际合作新空间，扎牢风险防控网络，努力实现更高合作水平、更高投入效益、更高供给质量、更高发展韧性，推动共建"一带一路"走深走实，为国际经贸复苏注入强大推动力。

3.积极参与区域经济合作，共享发展新机遇

在经济全球化遭遇逆流、地缘政治加速演进、国际规则加速重构的国际环境下，不断扩大各类开放包容的区域合作伙伴关系成为内在要求。中国始终维护和践行真正的多边主义，坚持对外开放。2021年9月，中国正式申

请加入《全面与进步跨太平洋伙伴关系协定》（CPTPP），这是迄今为止开放程度和规格水平最高的自贸协定，中国加入 CPTPP 是对接高标准国际经贸规则、构建区域经济发展新格局的重要里程碑，进一步表明了中国实践制度型开放的决心和信心。11 月，中国正式向新西兰提出申请加入《数字经济伙伴关系协定》，成为中国参与全球数字经济治理的重要举措，有助于提升中国的全球数字经济规则制定话语权和影响力。

中国积极参与构建区域经济合作，体现了中国推动经济全球化深入发展和构建开放型世界经济的愿景。中国作为 CPTPP 和 RCEP 的重要交汇点，有可能推动两个协议实现贯通，促进环太平洋地区统一大市场的构建，推动环太平洋地区的经济繁荣发展，对中国参与区域贸易、投资和新规则体系，提升中国对区域经济的影响力产生重要作用。在与域内国家共享发展机遇的同时，我国也会面临不确定的风险。区域经济深度整合将对国内现有发展模式造成冲击，零关税对正在转型升级的产业链造成挑战，投资自由化对资本市场的平稳运行带来不确定性等，对中国扩大对外开放和深化改革提出了更高要求。

4. 积极应对气候变化，加快实现"双碳"目标

气候变化是全人类的共同挑战，是各国面临的普遍性问题。减少温室气体排放日益成为世界各国努力的焦点，世界性议题"碳达峰、碳中和"开始转化为各国的共同行动。节能减排是世界各国应对气候变化共同努力的方向，各国都在努力探索通过绿色低碳发展，推动人与自然和谐共处，更好地保护地球。中国始终走在参与、贡献、引领应对全球气候变化，构建人与自然生命共同体的奋斗道路上。2020 年习近平主席在第七十五届联合国大会一般性辩论上郑重宣示：中国将力争 2030 年前二氧化碳排放达到峰值，努力争取 2060 年前实现碳中和。2021 年中国政府发表《中国应对气候变化的政策与行动》白皮书，彰显了中国应对气候变化的积极行动和坚定决心。

中国将应对气候变化摆在国家治理更加突出的位置，积极维护《联合国气候变化框架公约》，与国际社会共同落实《巴黎协定》，实施一系列应对气候变化的战略措施，加大碳排放削减幅度，推动共建合作共赢的全球气候治理体系。2022 年北京冬奥会秉持"绿色办奥"理念，第一次实现所有场馆使用可再生能源，成为迄今为止第一个实现碳中和的冬奥会，用实际行动彰显大国担当。共同应对气候变化挑战也是现阶段中美共同关注且具有利益契合点的少数议题之一。2021年4月，中美两国共同发布《中美应对气候危机联合声明》。11月，双方在《联合国气候变化框架公约》第26次缔约方大会（COP26）期间发布《中美关于在21世纪20年代强化气候行动的格拉斯哥联合宣言》，表明两国尽管存在其他方面的分歧，但在气候变化领域仍具有强烈的合作意愿与广泛的合作潜力。

（三）融入新发展格局，广州全面推进城市国际化转型

面对纷繁复杂的国际形势变化，广州立足老城市底蕴与国际大都市担当，站在更高起点推动高质量发展，着力提升城市在畅通国内循环中的核心枢纽功能和参与国际循环中的生产要素吸引力、国际市场竞争力、资源配置推动力，全面推进国际化转型。

1. 粤港澳全面合作不断深化，探索建设高水平制度型开放高地

中国新一轮高水平开放正在由商品和要素流动型开放向规则制度型开放迈进。制度型开放是中国对世界政治经济格局变化和客观经济规律及发展趋势的深刻把握，是中国深度参与全球经济治理体系改革、提升制度性话语权的重要保障。粤港澳大湾区作为中国开放程度最高、经济活力最强的区域之一，更是中国与世界开放融通的先锋，在国家发展大局中具有重要战略地位。2021年《横琴粤澳深度合作区建设总体方案》和《全面深化前海深港现代服务业合作区改革开放方案》相继公布，横琴、前海"双合作区"的落地成为深化粤港澳大湾区全方位合作的重要平台，打造我国全面深化改革开放、建设具有全球影响力的制度型开放新高地。

广州作为粤港澳大湾区的核心引擎，积极构建高层次开放平台，在推动高水平制度型开放中培育参与国际经济合作和竞争新优势，充分发挥在区域发展中的引领带动作用。两个合作区的布局赋予了广东新的重大使命，也将为广州高质量发展创造重大机遇，提供强大动力。2022年1月，中共广州市委、广州市人民政府印发《关于支持横琴粤澳深度合作区和前海深港现

代服务业合作区建设的行动方案》，从高水平改革开放、提升科技创新实力、构建现代产业体系、提升互联互通水平、高品质民生发展等方面明确具体支持举措，举全市之力服务好"双合作区"建设。广州充分对接横琴粤澳深度合作区、前海深港现代服务业合作区，有利于充分释放两个合作区与"双区"建设、"双城"联动叠加效应，为全省打造新发展格局战略支点发挥重要支撑作用。

2. 高质量发展创造转型机遇，聚焦国际化发展路径

高质量发展是新时代我国经济社会发展的鲜明特征，推动高质量发展是适应新发展阶段的现实选择，更是实现第二个百年奋斗目标的重要路径。2021年12月，广州市第十二次党代会报告勾勒了广州未来五年的城市愿景和努力方向，强调"聚焦数字化、绿色化、国际化转型"。广州提出全面推进国际化转型，是推动高质量发展、加强高水平治理和创造高品质生活的战略抉择，对于推进国际大都市建设、服务构建新发展格局战略支点和实现老城市新活力、"四个出新出彩"具有重大战略意义。

经济全球化发展趋势不可逆转，积极开展国际合作，与国际先进技术、规则和制度接轨是高质量发展的重要保障。广州全面推进国际化转型，增强国际合作和竞争新优势，将为高质量发展注入强劲动能。近年来，广州充分发挥国家中心城市和综合性门户城市引领作用，强化国际商贸中心、国际交往中心功能，擦亮广交会"金字招牌"，不断加强全球经贸联系与合作。主动对标高标准国际经贸规则，高标准开展国家营商环境创新试点工作，努力打造全球企业投资首选地和最佳发展地。实施参与"一带一路"建设行动计划，紧抓RCEP实施机遇，推动开放资源融合、优势互补。站在新发展阶段，广州将以国际化转型为高质量发展的牵引，坚定不移推动实现老城市新活力、"四个出新出彩"，在实现习近平总书记赋予广东的使命任务中勇当排头兵。

3. 贯彻新时代人才强国战略，服务大湾区建设高水平人才高地

党的十八大以来，党中央把人才工作摆在党和国家事业全局中更加重要的位置。2021年9月，习近平总书记在中央人才工作会议的重要讲

话中再一次强调要坚持党管人才，坚持面向世界科技前沿、面向经济主战场、面向国家重大需求、面向人民生命健康，深入实施新时代人才强国战略，加快建设世界重要人才中心和创新高地，可以在北京、上海、粤港澳大湾区建设高水平人才高地，加快形成战略支点和雁阵格局，为2035年基本实现社会主义现代化提供人才支撑，为2050年全面建成社会主义现代化强国打好人才基础。这些重要论述全面擘画了新时代人才工作蓝图，体现了党在坚定不移推进民族复兴大业中宏阔的人才视野和战略眼光。

加快建设世界重要人才中心和创新高地，需要进行战略布局。在全球化的知识经济时代，人才既在全球加速流动，也在全球寻找发展机遇，在经济社会发展中的价值日益凸显。城市是国家承接全球人才流动的主要载体，也是打造人才吸引力生态的基本单元。2021年11月，广州市委人才工作会提出要加快建设具有全球影响力高水平人才强市。2022年广州市政府工作报告提到，广州要推动共建大湾区国际科技创新中心、综合性国家科学中心和高水平人才高地，为国家强化战略科技力量、实现高水平科技自立自强做出广州贡献。广州作为粤港澳大湾区的核心城市，加快建设具有全球影响力的高水平人才强市，不仅是服务国家人才强国战略的内在要求，也有利于国际人才向粤港澳大湾区健康流动，打造服务粤港澳大湾区建设高水平人才高地的重要支撑。

四 2022年广州城市国际化发展的对策建议

《粤港澳大湾区发展规划纲要》明确了广州的职责使命，赋予了广州作为粤港澳大湾区核心引擎、国际大都市的目标定位。迈进中国特色社会主义现代化建设的新征程，广州要主动服务和融入新发展格局，着力积蓄国际大都市的核心内驱力，增强国际大都市的智力吸引力，强化国际大都市的交往辐射力，夯实国际大都市的综合承载力，提升国际大都市的国际传播力，谋划国际化转型、建设国际大都市的宏伟蓝图。

（一）推动更加高水平的开放，积蓄国际大都市的核心内驱力

广州在推动高水平制度型开放中培育提升参与国际经济合作和竞争新优势，强化全球城市发展动能。

1. 深化制度创新国际化转型

完善城市国际化制度设计是实现对外开放可持续发展的重要保障。要进一步优化对外工作制度顶层设计，制定城市国际化中长期发展战略。加快构建与国际通行规则相衔接的制度体系和监管模式，全力支持和学习横琴粤澳深度合作区、前海深港现代服务业合作区深化改革创新试验，率先复制推广一批系统性集成性强、效果好、风险可控的改革创新试验成果，形成制度型开放新高地。实施参与"一带一路"建设行动计划、国际交往中心建设"十四五"规划，抓住RCEP实施机遇，推动国际区域开放联动。完善城市国际化工作机制，组建城市国际化转型专家咨询委员会，汇聚各界智慧形成国际化转型合力。

2. 增强湾区核心引擎功能

全力支持横琴粤澳深度合作区、前海深港现代服务业合作区建设，持续释放两个"合作区"与"双区"建设、"双城"联动叠加效应，携手推动高水平开放、高质量发展。加强制度机制衔接，深入实施"湾区通"工程，支持南沙率先建设内地与港澳规则衔接示范基地，打造粤港澳全面合作示范区。加强产业链协同，加快穗港智造合作区、穗港马产业经济圈建设。加强科技创新协作，着力将南沙科学城打造成为大湾区综合性国家科学中心主要承载区。加强基础设施联通，推动粤港澳大湾区城际铁路项目建设。加强粤港澳交流交往，推动湾区各领域交流合作，深入实施支持港澳青年来穗发展"五乐行动计划"，办好粤港澳青少年文化交流季，与港澳同胞团结一心携手开启中国社会主义现代化建设新征程，共建国际一流湾区和世界级城市群。

3. 对标国际一流深化营商环境改革

继续深化推进营商环境5.0改革，高标准开展国家营商环境创新试点，

着力打造全国优化营商环境"策源地"和"试验田"。健全更加开放透明、规范高效的市场主体准入和退出机制，率先实施市场准入"极简审批"，打破"准入容易准营难、办照容易办证难"的隐性壁垒。升级"信任广州"平台，拓展"跨省通办""湾区通办"，探索企业生产经营高频事项跨区域互认通用，扩大营商便利化、开放协调的市场体系范围。健全包容审慎监管环境，实现监管"无事不扰""无处不在"。依托广州开发区建设"中小企业能办大事"创新示范区，激发中小企业活力撬动市场全面繁荣。

（二）营造更加友好的国际人才发展环境，增强国际大都市的智力吸引力

依托国家中心城市和综合性门户城市优势，以人为本着力建设国际人才友好型城市，汇聚国际战略科学家、科技领军人才和创新团队，以全球高端人才资源推动国际大都市建设可持续发展，助力粤港澳大湾区建设高水平人才高地。

1.建立健全更加完备的国际人才政策体系

推进人才发展政策的系统性建设，探索建立覆盖海外人才来华工作生活全流程、全周期的政策体系。完善各层次、各领域人才队伍建设规划指导，增强人才政策的科学性和可操作性。面向不同层次和职业的国际人才需求提供针对性的扶持措施，推出专项、可操作、可持续的国际人才引进计划。探索外国人来华工作居留管理制度改革，争取外籍人士工作、居留许可等行政审批事项的简政放权，放宽外籍优秀人才永久居留门槛。对于一些优秀的海外高端及紧缺人才，开辟出入境、居留、就业审批的"绿色通道"，为高层次人才的流入建立高效便捷的通道。

2.构建"引才""用才""留才"一体化的国际人才发展生态

发挥南沙国际人才特区和中新广州知识城国际人才自由港的先行先试优势，以人才为中心，加强政策制度环境、产业布局、生态环境、文化环境等全方位创新创业环境建设。建立集人才引进、落户、使用、发展全周期服务于一体的全市性国际人才服务交流平台，着重实现"平台共建、管理互通、

引才互联、人才互动、数据共享"五大功能。综合运用大平台、大企业、大项目的重要载体作用，及国际咨询、猎头、金融企业等各类市场主体优势，建立集国际人才发现举荐引进、资本支持、技术转化、产业加速等于一体的创新创业生态体系。发挥龙头企业引领作用和产业集群磁场效应，不断链接、吸引和利用全球人才，形成"以才聚才"的人才聚集"生态圈"。鼓励海归小镇、欧美同学会等专业社团及社会组织建设，组织丰富的人才工余交流活动，使引进的人才生活更具归属感和幸福感。

3. 提高国际人才政务服务水平

实行国际人才政务服务精细化、便捷性、标准化发展。建立外国人才公共服务"单一窗口"，实现外国人才来华业务全覆盖，理顺流转流程、缩短审批周期，提高办事效率。注重国际人才数字化管理与服务，支持外国人才来华信息流和业务流数据的整合，建设线下终端、移动互联网多条业务办理渠道，充分整合现有业务渠道，实现"一窗受理、固定对接、全程服务"，让人才尽可能节约时间、高效服务。为国际人才提供国际化的教育和医疗服务体系，建立面向国际人才的社会保障和社会福利政策，鼓励有条件的公立学校接收国际人才子女，优化医疗机构国际化环境，打通国际人才在华就医渠道，妥善解决国际人才在华工作期间的教育、医疗、养老、生育等社会保障问题。

（三）构筑更加坚实的枢纽载体，夯实国际大都市的综合承载力

立足于综合性门户城市和区位优势，广州提升各类发展要素集聚辐射能力，提升国际大都市发展活力。

1. 强化国际综合交通枢纽建设

构建更优质的空港、海港、铁路港、数字港"四港联动"综合交通体系。继续推进交通基础设施重大工程建设，包括白云机场三期扩建工程、白云机场T3交通枢纽、南沙港区四期自动化码头、广连高速一期广州段、南大干线、国际健康驿站等，在统筹疫情防控的同时提升空港、港口综合通过能力，落实高铁战略性通道建设，增强国际综合交通枢纽承载能力。实施

"新城建"试点，优化提升信息基础设施，推动全国首批"双千兆"城市建设，畅通对外数字信息交换通道，推进国际数字信息枢纽建设。

2. 强化国际科技创新枢纽功能

加快建设"2+2+N"战略创新平台体系，充分发挥重大国际科技合作平台作用，支持广州国际交流合作中心、广州市驻外国办事处以及中新国际联合研究院、中乌巴顿焊接研究院、中以生物产业孵化基地等国际科技合作平台建设，吸引符合广州功能定位的境外高端创新机构、境外投资公司、跨国公司研发中心、国际科技组织来穗落户。加强"一带一路"双向交流合作机制建设，打造发展理念相通、创新要素流动畅通、研发设施联通、产业链条融通、人员交流顺通的创新共同体。

3. 提振国际商贸功能优势

继续推进国际消费中心城市建设，打造"一带两区一轴"世界级消费功能核心承载区和"5+2+4"国际知名商圈，以门户功能汇聚全球消费资源，以智能制造创新消费供给，以时尚引领消费升级，提升世界级消费承载能力。提升广交会对前沿行业发展的引领作用，推动珠江国际贸易论坛树立高端会议论坛品牌，增强广交会对外开放窗口作用。办好海丝博览会、广博会、文交会等重大品牌会展，支持金交会、海交会等会展优化提升，培育国际时尚产业大会、国际购物节、直播电商节等名展名节，加大力度支持培育引进先进制造业、战略性新兴产业、现代服务业领域展会，不断增强会展对国际商贸资源的集聚能力。把握"一带一路"和RCEP建设机遇，推进国家外贸转型升级基地建设，积极推进南沙进口贸易促进创新示范区、空港中央商务区一期、机场综保区三期建设，加强跨境电商产业园区建设，打造跨境电商商品集散中心，争取市场采购贸易集聚区拓展及品类扩充，加快推动境内外载体平台发展，打造"走出去"合作交流平台，进一步释放国际商贸优势带动城市国际化的规模效应扩大。

4. 巩固提升国际金融枢纽地位

充分发挥广州期货交易所引领带动作用，加快设立大湾区国际商业银行，创建大湾区碳排放权交易所，推动科创金融试验区落地，大力引进银行、证券、保险、基金、金融科技、评级机构等顶尖国际金融机构落户广州，鼓励本地金融机构"走出去"，着手培养一批立足本土、走向世界的国际性金融机构，提升广州国际金融要素交易和资源配置的能力和话语权。充分发挥国际金融论坛、中国（广州）国际金融交易·博览会等高端金融交流平台和智库的作用，打造多元化金融对外交流平台，加强与国际金融机构和金融组织的合作，吸引更多国际金融资源集聚广州。拓宽跨境投融资渠道，促进跨境投融资便利化，利用好广州市与香港联合交易所等境外资本市场平台合作机制，推动更多在穗企业境外上市。

（四）联动更加广泛的伙伴网络，强化国际大都市的交往辐射力

利用好国际交往发展优势，构建多层次、宽领域的国际交往格局，调动人员交往形成增进国际理解、促进民心相通的核心影响力，服务好国家外交大局。

1. 办好高端国际会议服务国家总体外交

要增强对国家重大外交外事活动的服务保障能力和参与，主动链接世界经济论坛、博鳌亚洲论坛等国际高端平台，争取承办国家重要主场外交活动，发掘中国与世界友好合作交流的新维度、新领域。积极搭建高水平国际交往平台，持续办好"读懂中国"国际会议（广州）、从都国际论坛等重大活动，为新一轮经济全球化提供中国方案的生动实践和鲜活的广州案例。继续办好国际金融论坛全球年会、中国广州国际投资年会、亚洲青年领袖论坛等高端论坛，不断壮大广州国际会议品牌体系，进一步提升广州在专门领域的国际声望。

2. 打造更富活力的全球伙伴网络

实施"外事+"行动，推进国际友城"百城+"计划，巩固拓展国际友好关系城市、友好城区、友好港口、友好单位"四位一体"友好关系网络。推动全球城市伙伴和国际组织机构伙伴的资源联动，发挥好世界大都市协会主席城市作用，创新世界大都市协会亚太区办公室运作模式，举办"广州奖"设立十周年系列活动，持续扩大"广州奖"影响力，举办国际城市创

新领导力研讨班,引领全球城市治理创新发展。强化与联合国专门机构、世界银行、世界卫生组织等主要国际组织的联系,加强与C40城市气候领导联盟、倡导国际地区可持续发展理事会、世界城市文化论坛等重点领域国际组织的合作,努力提升我国城市在世界舞台上的话语权。强化与驻穗领团沟通联系机制,精心策划驻穗领团读懂广州系列活动,增进与各国友好互信。建立各类驻外机构联动机制,发挥桥梁中介作用。

3. 拓展民间人文交流深度广度

做优广州文交会、中国(广州)纪录片节、广州旅游展、广州国际艺术博览会、广州演艺交易会等文化贸易交流品牌会展,巩固提升"广州过年,花城看花""广州文化周"等对外文化旅游交流活动品牌,通过线上、线下等方式开展精品剧目、文学艺术展览展演,提升对外文化交流门户的国际影响力。围绕广州美食美景等发掘创作国际化传播内容,推出一批传播岭南文化、以海上丝绸之路为主题、传扬国际友好的精品纪录片,提炼更多具有广州辨识度、外国受众感兴趣的文化标识,打造对外文化交流名片。高水平办好国际足联俱乐部世界杯等重大赛事,提升广州马拉松赛、世界羽毛球巡回赛总决赛等影响力,鼓励职业体育俱乐部加强国际合作,举办更多高级别国际体育赛事,建设国际赛事重要举办地。鼓励高校和普通高中申报中外合作办学项目、海外"鲁班工坊"项目,推进教育国际化窗口学校创建,持续打造国际教育品牌交流活动。支持国际友城大学联盟吸纳更多国际友城的大学加盟,深化国际教育交流合作。

(五)擦亮更加精彩的城市品牌,提升国际大都市的传播影响力

以当好"两个重要窗口"的使命意识,把握国际传播新趋势和国际舆论新形势,加大国际传播能力的全域建设和创新力度,加快构建全市统一、协调高效、上下联动的城市国际传播工作机制,建设国家级国际传播创新试验区。

1. 加强改进新闻发布工作

进一步提高新闻发布的权威性,加强党委新闻发布工作,推动党委新闻

发言人制度向区级及基层单位延伸，提高新闻发布的体系化效能。加强全市新闻发言人队伍建设，推动更多党政机关、企事业单位一把手参与新闻发布，实现新闻发言人培训全覆盖，不断提升发布能力水平。加强新闻发布内容建设，围绕贯彻党的二十大会议精神、现代化新征程等2022年重大主题及广州发展重点专题、重要活动，有节奏、有频度地策划一系列新闻发布会，加强突发事件应急新闻发布能力建设，全面宣介广州经济社会发展的生动实践，创新新闻发布工作形式，加强地方新闻发布工作联动，推动建立城市新闻发布战略合作联盟，联合粤港澳大湾区城市举办联合新闻发布活动，为全国新闻发布一盘棋做出城市贡献。

2. 办好传播活动保持国际热度

把握好"读懂中国"国际会议（广州）等重大主题活动举办的时间窗口，推出"在广东（广州），读懂中国"系列活动，用广州案例讲好中国故事，用广州样本论证中国道路。策划契合时代要求的国际传播活动，继续巩固"广州故事会"传播品牌，常态化举办城市形象和营商环境海外推介会，提高广州城市形象全球推介效能。办好大湾区科学论坛、CNBC全球科技大会、亚洲青年领袖论坛等重大国际会议，建设中国幸福城市实验室，打造老城市新活力榜单，提升广州形象的国际美誉度。

3. 应用传播前沿技术创新内容表达

加强融媒体中心建设，组建广州市融媒发展集团，开发多语种城市品牌国际传播资源共享云平台，鼓励公众创作城市形象新媒体创意传播内容。加强与国内外权威媒体及各国主流媒体友好合作，开发国际化传播活动和传播产品，推出一批现象级外宣传播产品，提高广州资讯在世界主要地区的传播率。建设海外社交平台内容创作、生产、传播机制，形成国际自媒体传播人才体系，针对地区特色制定个性化传播策略，着重引导西方"Z世代"对中国的正确认知，提高广州的国际好感度。

4. 推进政府—社会联动壮大传播队伍

将广州老字号等广州特色商品服务纳入城市形象对外传播体系，打造一批具有国际影响力的广州企业品牌IP，丰富城市名片。鼓励"走出去"企业在境外销售网点、互联网业务中嵌入中华文化内容，为城市形象海外推广活动提供内容、渠道支持。积极联络国内外大科学家、大企业家、大艺术家等名人名家，借助知华友华人士、重要媒体人士、知名专家学者等开展宣介活动，邀请全球政商学界要人来穗访问，不断扩大广州国际朋友圈。实施华侨华人人脉涵养计划，与海外侨团侨社、留学社团共建一批广州侨务海外联络中心，构筑海外社团联盟，推动广州地区侨刊乡讯与海外华文媒体合作，建立海外中华文化传播纽带。

参考文献

习近平：《深入实施新时代人才强国战略　加快建设世界重要人才中心和创新高地》，《求是》2021年第24期。

王毅：《2021年中国外交：秉持天下胸怀，践行为国为民》，《国际问题研究》2022年第1期。

王毅：《团结在联合国旗帜下，携手推动构建人类命运共同体》，《学习时报》2021年12月15日。

王文涛：《以高水平对外开放推动构建新发展格局》，《求是》2022年第2期。

宁吉喆：《国民经济量增质升　"十四五"实现良好开局》，《求是》2022年第3期。

国家统计局：《经济社会发展统计图表："十四五"实现良好开局》，《求是》2022年第6期。

国务院发展研究中心"宏观调控创新"课题组：《适应新常态、面向市场主体的宏观调控创新——对党的十八大以来我国宏观调控创新的认识》，《管理世界》2022年第3期。

许宪春、唐雅、胡亚茹：《"十四五"规划纲要经济社会发展主要指标研究》，《中共中央党校（国家行政学院）学报》2021年第4期。

洪银兴：《论中国式现代化的经济学维度》，《管理世界》2022年第4期。

姜峰、蓝庆新、张辉：《中国出口推动"一带一路"技术升级——基于88个参与国的研究》，《世界经济》2021年第12期。

裴长洪、杨志远：《2021年世界贸易复苏趋势与中国未来机遇》，《国际贸易》2021年第12期。

谢伏瞻：《引领区域经济合作新实践　深入构建周边命运共同体》，《当代世界》

2022年第4期。

孙久文、蒋治:《"十四五"时期中国区域经济发展格局展望》,《中共中央党校(国家行政学院)学报》2021年第2期。

李丹:《构建人类命运共同体——中国的全球化理念与实践》,《南开学报(哲学社会科学版)》2022年第2期。

李振、王帆:《走向制度型开放高地 粤港澳大湾区加快探路高水平开放新范式》,《21世纪经济报道》2022年2月21日。

迟福林:《建设更高水平开放型经济新体制》,《当代经济科学》2021年第1期。

普华永道、中国发展研究基金会:《机遇之城2021》。

世界知识产权组织:《全球创新指数报告》,2017~2021。

A. T. Kearney: *Global Cities Report*, 2008-2020.

Department of Economic and Social Affairs, United Nations, *World Economic Situation and Prospects Report*, January 2021.

GaWC: *The World According to GaWC*, 2000-2020.

International Monetary Fund, *World Economic Outlook*, January 2021.

World Bank Group, *Global Economic Prospects*, January 2021.

Z/Yen, China Development Institute (CDI): *The Global Financial Centers Index*, 19th-28th edition.

专题篇：国际人才高地

Special Reports: International Highland of Talents

B.2
广州营造创业生态服务海归人才科技创新研究

徐万君　陈浩然*

摘　要： 在我国实施创新驱动发展战略的背景下，海归人才创新创业成为新趋势。近年来海归人才总体素质稳步提升，具有国际化视野，掌握前沿科技成果，开展科技攻关潜力巨大，创新创业既提升产业竞争优势，又辐射带动产业上下游发展。相较于本土创业者，海归人才创新创业需求复杂多元。政策环境、金融支持、育成载体、创新氛围和综合服务等因素共同构成支撑创新的创业生态。广州要营造创业生态，提供精准有效的政策支持，形成全生命周期资金支持，促进育成孵化提质增效，优化提升交流展示平台，构建便捷高效的服务环境，着力建设竞争优势充足、辐射带动能力强的国际创新人才战略高地。

* 徐万君，博士，广州市社会科学院城市国际化研究所助理研究员，研究方向：国际经贸；陈浩然，广州国际城市创新研究中心研究助理，研究方向：人文地理。

关键词： 海归人才　创业生态　科技创新　广州

人才作为知识资本流动的载体，对促进经济社会发展、实现科技创新水平提升和产业升级具有重要意义。后工业化时期，通过吸引高层次的国际人才，尤其是海外留学人员归国（以下简称"海归人才"）创新创业，加快技术进步和产业升级已成为各国普遍的经济发展模式。海归群体因其国际化视野、先进教育背景、双元社会关系网络、掌握前沿科技成果，日益成为我国人才资源的重要来源。党的十八大以来，围绕人才强国战略，我国科技人才体制机制改革不断向纵深推进，各级政府和用人单位推出一系列创新举措构建海外引才新格局，成为海外人才回流的强大"引力"。"大众创业，万众创新"带动新形势下创业潮的兴起，海归人才创业比重逐渐提高，科技创新趋势明显。广州作为国家中心城市和粤港澳大湾区核心引擎，深入实施创新驱动发展战略，随着产业链升级进程加快，对高层次科技人才的需求量也大幅增加。为服务高水平人才高地建设，近年来广州制定并实施一系列政策措施，营造创业生态，提升创新氛围，优化人才发展环境，承接和集聚海归人才，着力建设竞争优势充足、辐射带动能力强的国际创新人才战略高地。

一　近年来海归人才创业的特征与趋势

海外归国人员，简称海归，是一个相对的概念。相对于在中国本土成长、接受教育并在本国境内生活工作的人群，海归有海外求学、生活和工作经历，后回到祖国就业、创业。中共中央办公厅于2008年发布《中央人才工作协调小组关于实施海外高层次人才引进计划的意见》，对海外高层次人才涵盖范围进行了认定，包括海外华人华侨中从事科研工作的专家学者、企业中的专业技术人才，以及掌握科技前沿研究成果，有能力实现核心技术突破、助力高新技术产业发展、带动新兴学科成长的战略科学家和领军人才团队。本研究中提及的海归人才，包括自我国赴海外留学、工作及生活后归国的人员以及海外高层次人才。近年来，随着我国经济社会发展进一步加快，人才体系制度逐步完善，创新创业环境不断优化，海归人才回流现象显著，海归创新创业活动越来越普遍。

（一）回流人数逐年增多，一线及新一线城市加速集聚

我国自20世纪90年代开始逐渐成为主要的留学生输出国。2019年我国在海外留学的各类留学生总规模达126万人，全球占比达25%。近年来，在我国出国留学、就业和定居的人数逐年增加的背景下，留学归国人员的数量也呈现出逐年增加的趋势，自21世纪初我国便成为世界主要的"人才回流"接纳国。2001年，人事部、教育部、科技部、公安部和财政部等五部门联合发布《关于鼓励海外留学人员以多种形式为国服务的若干意见》，提供政策保障吸引海外留学人员归国，发挥海归人才优势参与经济社会建设。受心系祖国发展、政策支持到位、发展前景看好等因素的影响，我国留学归国人员规模逐年扩大，留学归国人员的数量从21世纪初的1.22万人增加至2019年的58.03万人，年平均增长率22.5%，出国留学和学成归国人员数量的比例从6.89∶1降至1.21∶1。根据国家信息中心大数据发展部的预测，2021年留学归国人员数量将首次超过百万，达到104.9万人。海外留学人员归国数量持续增长，海归群体创业也随之兴起。

出于对企业发展前景、市场完善程度、城市国际化水平等因素的考量，海归人才创业愈加向一线及新一线城市集中。一线及新一线城市产业基础雄厚，区域人力资源质优量足，营商环境各项指标居全国前列，尤其是新兴产业已有多年布局，对于掌握有前沿科技成果、具有双重社会网络、具备国际化视野和背景的海归人才需求巨大，承接海归人才创新创业的能力和潜力十分突出。2020年最具成长潜力的留学人员创业企业发布会上，上海、北京、深圳、苏州、广州和杭州等城市，分别入榜"海外人才吸引力城市"和"外籍人才吸引力城市"，凸显出海归创业的集群效应。

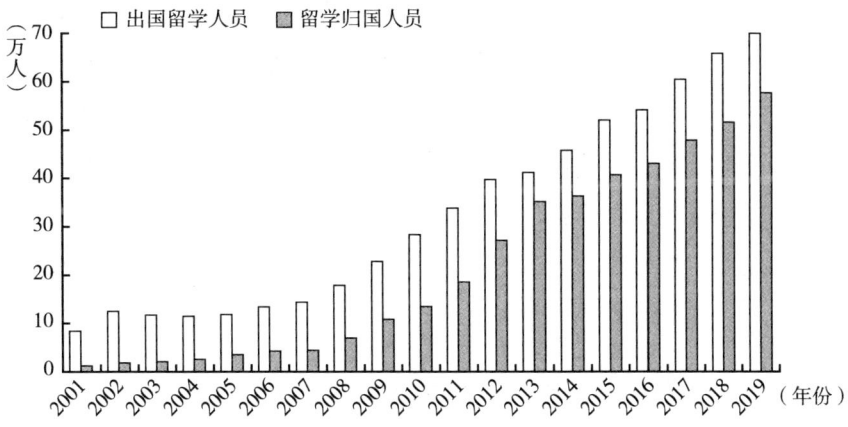

图 1　2001~2019 年出国留学人员、留学归国人员数量

资料来源：教育部公布的历年留学归国人员、出国留学人员情况。

（二）总体素质稳步提升，高科技领域创业活动集中

近年来，留学归国人员趋于年轻化，同时学历水平也在逐年提升。根据《2021中国海归就业调查报告》发布的数据，16~34岁归国留学人员占比超过九成，具有硕士及以上学历者占比超过七成。作为国内经济发展最为快速的城市，上海在"十三五"期间累计引进超过6.7万名海归人才，比"十二五"时期增加了一倍多，在这些海归人才中，90%以上具有硕士、博士学位。随着经济全球化进程加快和新兴经济体快速崛起，海外华侨华人专业人士主要从事的行业为知识密集型行业，涉及信息技术、生物工程等高科技领域。作为海归人才的重要组成部分，海外华侨华人占比不高，但其在海外深耕多年，熟悉现代化企业管理制度，掌握基础研究前沿成果，可快速适应市场环境变化，开展创新创业活动比较优势突出，从整体上提高了海归人才的素质。

近年来我国深入实施创新驱动发展战略，战略性新兴产业布局进一步优化，高新技术产业发展势头强劲，相关产业承接海归人才创业能力突出。据统计，海归创业企业中有57%属于高科技行业，其中拥有独立知识产权的

占比达44%。2021年12月"中国海外人才交流大会暨第23届中国留学人员广州科技交流会"(海交会)发布"2021年度最具成长潜力的留学人员创业企业"榜单,在20家上榜企业中生物医药及医疗科技类企业共有10家,其余企业分布在自动驾驶、新材料、区块链和高端装备制造等领域。海归人才创业领域的高科技属性突出。在有"中国硅谷"之称的中关村科技园,海归创办的高科技企业达5000多家,占园区内所有高科技企业的比例超过1/4,注册资金规模超50亿元,并吸引了大量海外资金。

(三)背景及经验国际化,创新创业竞争优势明显

在开展创业活动时,与本土创业者相比,海归人才的优势表现在知识优势和资源优势两个方面。首先,在海外接受教育和工作生活的过程中,海归创业者可以接触并学习先进科学技术和现代企业管理经验,熟悉国际商业规则、掌握科技前沿领域的研究工具及成果、拥有金融或市场营销经验,由此形成创业的关键优势。除人力资本以外,海归创业者掌握的知识产权、行业内形成的品牌及口碑等无形资产,在创业初期为企业存续、发展和盈利提供了重要保障,也是海归创业者竞争优势的体现。国际化的背景、先进的技术储备和品牌优势赋予海归创业者更明显的创新属性,因此创业前景也更加明朗。其次,海外学习工作的经历使得海归创业者具有双重社会关系网络,不仅可以依靠自身的知识储备和研究成果开展创业活动,更能够依赖国内及国际社会网络及时获取技术信息和商业信息,同时获得两方面的社会资本,并最终将其转化为企业的竞争优势。部分海归人才,尤其是高层次海归人才及团队,在海外有自己的企业或同时在科研机构任职,有助于内外联通,有利于产品研发和市场拓展。海归创业者国际化的教育科研背景和生活工作经验,为其在国内创新创业、拓展海内外市场提供了充足的竞争优势。

(四)技术外溢效应显著,辐射带动上下游产业共同发展

1978年底我国公派第一批52名留学生赴海外深造,他们学成归国后都成了各领域的佼佼者,其中有7人成为中国科学院或中国工程院院士,在大

学和科研院所从事研究工作的全部成为各自领域的知名专家和学术领军人物，为我国科技水平提升、经济社会发展和综合国力跃升做出了卓越贡献。在高校和科研体系中居主导地位的国家重点学科，其项目带头人中有超过70%具有海外留学背景。海归人才成为我国实现教育振兴、科技进步的重要动力来源。近年来，随着创新创业活动大规模铺开，海归创业成为带动各区域经济发展，助推产业升级迭代，实现技术转移、知识外溢和科技创新的重要力量。我国近年来实施创新驱动发展战略，受国际环境变化的影响，"卡脖子"现象比较突出，科技领域部分关键技术亟待突破。一批在海外获得先进技术成就的高层次专家先后归国，为我国在经济社会发展的关键领域取得了至关重要的技术突破，实现了我国在关键领域科技水平的快速提升，在多个领域科研水平跻身世界第一梯队。

虽然科技成果难以模仿，但通过企业间的战略联系、人才跨组织或者跨国流动等行为都可以促进技术转移和科技创新的发生。作为全球人才流动的重要组成部分，海归人才创新创业实际上发挥着技术转移中介的作用，可以促进先进科学技术从领先国家迅速转移回来。以北京中关村1318家高新技术企业作为研究对象的实证研究表明，海归创办企业与本土高科技企业之间的要素资源流动和商业行为互动，显著增强了本土企业的技术创新能力，其结果是实现产业集聚和全行业科技水平的提升。

海归人才是我国提升人才资源素质的重要来源，对实现关键领域技术突破、助力科学技术水平提升、带动行业跨越发展、实现经济社会长远目标具有重要现实意义。自1978年底我国第一批公派留学生赴海外深造以来，累计有700万留学人员公费或自费赴海外求学。随着我国在教育领域对外合作规模进一步拓展，赴海外求学的留学生规模也逐年扩大，而同时受国家经济发展前景看好和政策吸引等一系列因素影响，归国留学生的数量也在持续增加。海归人才凭借国际化的视野、掌握的先进科学技术、建立的多元社会关系网络，为我国经济社会发展做出了重要贡献，使多个关系国计民生的关键行业和领域实现了技术突破和带动发展，是实现人才强国战略的重要支撑。

二 海归人才创业生态系统分析

创业成功不仅取决于创业者本身,也取决于创业者所处的外部环境。本研究同时考虑创业主体与其所处的外部环境,两者互相影响、不可分割,通过系统内各要素有序流动形成一个动态平衡的创业生态体系。海归人才对创业区域的选择不仅会关注地理位置、生活环境和基础设施等硬环境,同时还会关注包含政策体系、创业氛围、公共服务等要素在内的软环境。本研究从海归创业生态系统及其构成要素入手,参考学术界已有的关于创业生态系统的研究,结合近年来海归创业新趋势,构建包含政策环境、金融支持、育成载体、创新氛围及综合服务在内的创业生态系统模型,分析不同构成要素对海归创业行为的影响。

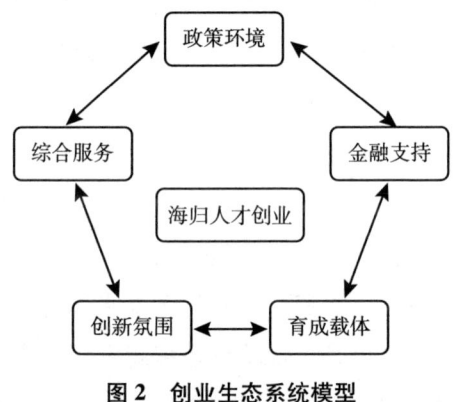

图 2 创业生态系统模型

(一)政策环境:支持优惠措施丰富,执行覆盖率有待提升

政策是影响海归人才创业决策的关键因素。政府通过合理配置区域各类创新资源,以制定和实施具体政策措施的方式,吸引和鼓励海归人才创业,其目标是提升区域科技水平,实现产业发展层级跃迁。由于海归人才对本地市场了解不充分,企业未来发展前景存在高度不确定性,创业支持政策通过

合理的资源配置和有力的执行，为海归人才创业提供良好的政策支持环境。

从政策供给的角度来看，我国各级政府及职能部门制定并实施了一系列政策措施，鼓励在海外留学、工作的人才归国参与国家经济建设，如人力资源和社会保障部制定的"海外高层次留学人才回国资助计划"和"中国留学人员回国创业启动支持计划"、中国科学院实施的"引进国外杰出人才计划"和"海外知名学者计划"、教育部制定实施的"创新引智计划"等。国家层面的海外人才引进计划面向的多是行业领军人才、海外知名学者，面向世界科学前沿和国家战略需求，目的是提升国家整体的国际科技竞争力。在国家政策的指引下，各级地方政府和用人单位引才项目相继推出，如北京市"海聚工程"、上海市"3100工程"、江苏省"万名海外人才引进计划"、广东省"珠江人才计划"、广州市"广聚英才计划"、深圳市"孔雀计划"等，相关海归人才引进及创业服务计划和措施，内容涉及人才引进、通关及居留便利、留创园建设与管理、资金支持、创业优惠等多个方面，形成了涵盖吸引潜在归国人才、支持海归开展创新创业、助力海归企业发展壮大的全方位政策支持体系。

从政策执行的角度来看，创业政策通过多种途径对创业行为产生影响。对政策了解不足进而不能获得创业扶持一直是海归人才创业的短板。对于海归人才而言，各类鼓励创业的政策措施是重要的创业资源，尽管近年来政府和企业采取一系列措施进行政策宣讲，例如举办海外引才宣讲会，但此类宣讲会场次和规模有限，不能覆盖大多数留学生。《2020中国海归就业创业调查报告》显示，超过六成的受访者认为计划归国发展的过程中遇到的最突出的问题是"不了解国内当前对海归人才的政策"。对于已回国开展创新创业的海归人才来说，知悉并获取政策支持的比例也很低。一项以湖南省海归人才为调查对象的研究显示，在创业过程中从未获得任何政策支持的人才占比高达95.2%；而另一项以在杭州创业新生代海归人才为研究对象的调研显示，在创业过程中从未获得政策支持的海归创业者比重为86%。海归人才在海外学习生活期间，与国内联系频次锐减，回国后由于思维方式和生活习惯的变化，与国内各类人群不能快速建立社会关系网络；而在海外生活工作中建立起来的海外社会资本网络，在归国之后不能发挥作用。政策效用得以有效发挥的关键在于执行，知名政策学家艾莉森曾指出，"在实现政策目标的过程中……90%取决于有效的执行"①。综上所述，完善的海归创业政策支持环境既包括政策的完备，也包括政策的有效执行。

（二）金融支持：资金需求贯穿始终，来源渠道有待拓宽

学术界各类创业生态环境分析体系所涵盖的要素内容差异显著，但金融支持都是不可或缺的组成部分。尽管从中央到地方各层面分别出台了一系列鼓励海归人才创新创业的财政金融支持措施，但是在开展创业活动时融资对他们来说仍然是首要挑战。资本市场是理性的，在回报率不能得到保证的前提下，创业者无法仅依靠其"海归"身份获取资金支持。融资渠道不畅通导致的后果通常非常严重，企业在萌芽阶段缺乏足够的启动资金导致项目不能落地，创业活动夭折；或者在成长阶段因缺少流动资金不能发展壮大而被市场淘汰，结果是创业失败。江苏省海归人才创业效能研究发现，政府资金、金融机构和风险投资与海归人才创业行为之间存在显著的正相关关系。

从海归企业获取资金的来源来看，现有的财税支持政策能够在一定程度上缓解海归人才创业初期的资金紧张问题，如房租减免、税收优惠、专项贷款等，但此类政策性支持资金的规模小、覆盖面窄、标准严格，并不能从根本上解决资金问题。发放对象为海归创业者的政策性金融贷款，通常只有行业领军人物及团队在国民经济发展的关键领域创办企业，或者在战略性行业的关键技术领域开展科研攻关才有资格申请。政策性金融支持发放标准高，审核十分严格，对于海归创业者来说不具有普遍适用性。出于风险控制、资金流动性和成本的考量，对于缺少可抵押的有形资产、资金占用时间较长、对国内商业经济情况缺少了解的海归创业企业，商业性金融机构发放贷款的意愿不强。风险投资和天使投资是创业者获取融资最重要的渠道，而近年来

---

① Grahann T. Allison. Essence of Decision: Explaining the Guba Missile Crisis [M]. Boston: Little, Brown and Corupary, 1971: 176.

出于对未来所获收益的稳定性的考量，风险资本投资的重点逐渐从企业生命周期的成长期转向成熟期，即在海归企业未形成市场规模时直接融资的渠道尚待加强。

从海归创业企业的发展阶段来看，海归人才在归国初期，由于在海外学习生活时间较长，对国内的社会文化、商业经济情况不熟悉，在创业期政府的支持至关重要，海归创业企业基本会面临创业期的资金问题。海归创业资金主要来自个人自有资金和亲友借贷，来自金融机构的借款占比很小。以湖南省808名有过创业经验的海归人才为调查对象的调研结果显示，近九成创业者的资金来源为自有资金和亲友借贷，来源于金融机构和风险资金的比例分别只占3.1%和7.1%。项目落地企业成功开办之后在成长期对资金的需求急剧增加。以生物医药产业海归创新创业为例，开展科研攻关具有研发周期长、资金占用量大、未来收益具有较高不确定性的特征，商业金融机构如银行的资金来源主要是居民存款，风险投资出于未来收益稳定性的考量缺乏投资意愿，因此在企业成长期融资依然是一个问题。企业在成熟期，会考虑采取上市融资的办法获得长期稳定的资本支持，因此上市融资渠道的便利性也是融资环境的重要组成部分。

（三）育成载体：公共平台开放共享，载体建设有待提速

创业生态系统中的政策支持体系、科技研究资源、市场匹配等要素集聚在各类创业平台，各要素在生态系统内相互作用、稳定流动，为企业提供全成长周期的服务。科技创新是一种公共产品，具有正的外部性和不确定性，海归人才所创办的企业在开展科技创新活动时会面临更多的市场失灵问题，这就需要政府介入来弥补市场缺陷。作为政策的制定者和执行方，政府以间接参与的方式，通过完善有利于企业创新的环境，助力企业实现科技创新。以近年来海归创业热点领域之一的生物医药产业为例，在项目落地初期企业对办公场所环境就有严苛的要求，各类配套设施如产品研发实验室、量产空间等需要大量的前期投入，由海归创业者单纯依靠市场力量解决并不现实。目前国内已建成的具有代表性的海归创业平台，如北京中关村高科技产业创

业平台，建设"类海外"创业环境，提供创业配套的基础性设施和支撑性服务，助力海归人才创新创业。作为创新创业载体之一的创业园区，其中一项重要的功能是企业孵化，提供给海归创业企业项目宣讲、办公场所、科研设施、产品展示等配套服务，从而提高海归创业企业的成功率和存活率。孵化器的数量代表了区域能够承载创新企业的总体规模，而孵化器中在孵企业的规模代表了区域培育创新企业的体量，这两个指标分别从数量和体量两个维度，反映出区域支撑海归人才创业的能力。以江苏省海归创业型人才为研究对象的调研显示，作为创新创业载体重要组成部分的企业孵化器，对海归人才创业成功率有显著的正向影响。从企业的成长阶段来看，随着初创企业发展壮大，持续的载体支撑至关重要。成长前景较好，具备较强抗风险能力和市场竞争力的企业，在开展科研攻关、拓展市场份额时需要更为多元化、个性化的服务，更有力的政策扶持。科技企业加速器将孵化器的功能进一步延伸，在硬件设施和专业服务方面提供更加精准高效的支持，助力企业发展顺利进入成熟期。

（四）创新氛围：提供公共科技服务，开展创业交流活动

区域创新氛围代表城市对创新活动的支持认可程度、对创业失败的容错能力，是创业生态系统重要的构成要素。浓厚的创新氛围会吸引海归创业人才集聚、带动相关产业领域发展，实现区域内高科技人才规模和企业创新活动协同增长，关键技术取得突破、高科技成果产出增加并最终提升城市科技竞争实力。更进一步地，人才集聚、成果增加为海归人才提供了新的创业机遇，拓展了创业领域边界，与现有的科技资源形成互补，在创业系统内部形成了人才集聚和产业扩张的良性互动。

城市创新氛围表现在两个方面：高校和科研院所等创新载体，提供科研空间和设备等硬件设施，代表了城市共享科技资源的能力；各类创业活动的场次规模和品牌建设，如创业大赛、国际创新交流节等，展现的是城市支持创业的氛围。以科技公共服务平台为代表的创新要素载体，汇聚科研资金，提供研究设备和场所，实现研究成果生产转化，区域内科技公共服务平台的

数量越多,城市的创新氛围越浓厚,海归创业企业的发展前景就越好。近年来为吸引来自全球的创新资源服务本地经济发展,各地纷纷通过开展创新创业大赛、国际创新交流节的方式,优选创业项目,匹配企业需求,提供资金支持,服务初创企业成长等,通过配套媒体宣传、品牌化运营等方式提高知名度,向海归群体展现城市支持创新创业的氛围,从而实现海归创业群体集聚。

(五)综合服务:平台汇聚创新资源,中介提供专业服务

面对海归人才在创业过程中对政策、资金、成果转化、市场拓展等方面的复杂需求,政府提供高效的公共服务尤为重要。建设和完善创业服务平台功能是地方政府服务海归人才创新创业的有效途径,平台以汇聚各类创新资源的方式,为海归创业者提供全要素服务。创新创业服务平台上汇聚各类创业支持优惠政策并做集中展示,提供公共研发平台等满足企业开展科技攻关的硬件需求,匹配产业科技需求和创业人才及团队的成果实现转化,依托信息化手段集合媒体宣传助力市场开发,实现全流程服务海归人才创业。创业服务平台作为技术和成果展示的窗口,直接对接企业需求,在平台上实现供需双方交流交易,助力海归人才创业和成果转化,提高经济效率。另外,由于在海外生活工作多年,海归人才对国内的社会环境和商业生态缺乏了解,企业运营管理经验不足,在政策、法律、管理等方面急需专业服务。海归人才在创业市场上属于少数派,由于新进入者劣势和外来者劣势,海归企业家通常需要一定时间适应当地市场,这一现象在高科技行业更突出。以世界知名的高科技产业集聚区硅谷为例,行业细分现象十分突出,除了专业的高科技公司之外,围绕企业开设和日常运营,有相当数量的专业性服务机构云集于此,包括律师事务所、会计师事务所、人才服务机构等,提供法务、财务和人力资源等方面的专业服务。

海归创业生态系统内各要素有序流动、互相影响,与海归人才创新创业密切联系,共同构成了海归人才创业的动态平衡体系。政策支持体系是吸引海外留学人才归国的重要"引力",此外,区域创新氛围也影响海归人才对

创业城市的选择；金融支持是决定海归创业成功的关键因素并贯穿企业成长的全周期；各类育成载体，如孵化器、加速器等是企业落地成长的硬件保障；考虑到海归人才背景及创新创业行为的特殊性，综合性服务不可或缺。

三 广州吸引海归人才创新创业的生态优势

广州以其独特的经济优势和社会基础而成为海归人才创新创业的重要集聚地。目前，广州已经形成以海归科技创新企业为核心，政府机构、科技协会、商业协会、高等院校、科研院所等协同支持，由政策体系、科技金融服务、交流展示平台、孵化载体、创新氛围共同组成的协同演进创业生态系统。

（一）政策文件陆续出台，创新治理不断完善

广州出台了多份支持科技创新的政策文件，推动科技管理向创新治理转变。"十三五"时期，广州陆续出台一份纲领性文件和若干份配套实施文件，形成"1+9"格局的科技创新政策体系。2015年6月《中共广州市委 广州市人民政府关于加快实施创新驱动发展战略的决定》发布，确定创新驱动发展战略的核心战略地位；此后，为服务该《决定》措施落地实施，相继推出配套政策措施，并制定科技创新强市建设三年行动计划、"广州科创十二条"等一系列全局性政策文件。《广州市科技创新"十四五"规划》进一步提出推进创新人才国际化，打造具备国际视野的企业家队伍，"依托广州青年企业家发展领航计划等，全面提升企业家综合素质和经营管理水平，打造具有国际影响力、能引领产业创新变革的现代化国际化企业家队伍"。2017年《广州市人民政府办公厅关于实施鼓励海外人才来穗创业"红棉计划"的意见》正式实施，该《意见》围绕扶持初创海归企业发展壮大提出了具体措施。围绕广州"IAB计划"（发展新一代信息技术、人工智能、生物科技产业计划）、"NEM计划"（发展新能源、新材料产业计划）以及其他重点产业领域，广州对入选"红棉计划"项目的企业分别给予200

万元创业启动资金资助，并且提供创业融资、创业孵化、知识产权保护、税收优惠、采购扶持、人才保障等待遇，有效吸引一批海归企业落户。

（二）区域创新协同合作，战略平台功能强化

广州着力推动"双区"建设、"双城"联动，主动对接、主动支持、主动服务横琴、前海两个合作区建设，共建广深港和广珠澳科技创新走廊，加快汇聚粤港澳大湾区高端创新要素并在广州集成创新和成果转化。粤港澳大湾区国际科技创新中心广州创新合作区建设在持续推进当中，以"一区三城"为核心的创新空间布局已然形成：广州国家新一代人工智能创新发展试验区正式获科技部认定；南沙科学城被广东省纳入粤港澳大湾区综合性国家科学中心主要承载区；作为高新区核心园区的广州科学城，其建设目标是成为具有国际影响力的"中国智造中心"；作为中新两国跨国合作的标志性项目，中新广州知识城总体发展规划获国务院批复。落实广深科技创新合作框架协议，携手共建省实验室等重大创新平台；推进南沙科学城、光明科学城从重大科技基础设施开放共享、科研要素创新资源跨区流动等方面联动协同发展；推进鹏城实验室广州基地"琶洲实验室"建设，2021年广州基地入选鹏城实验室"十四五"首批科技攻关重大项目。目前，广州高端战略平台体系已成规模，涵盖园区、科研基地、科技设施和平台等创新要素，形成具有广州特色的"1+4+4+N"布局，打造多个广深港和广珠澳科技创新走廊的核心节点。

（三）科技金融服务扎实，赋能科技企业成长

"十三五"以来，广州优化完善科技金融服务，截至2021年，广州市科技型中小企业信贷风险补偿资金池共为6550家企业提供贷款授信达698亿元，累计发放贷款金额达504亿元，6年时间突破500亿元，科技信贷规模全国第一，杠杆撬动比例全国第一。截至2020年，广州市科技成果产业化引导基金落地运营8只子基金，实缴总规模超过28亿元；2021年，广州市在科技成果产业化引导基金的基础上成立广州市科技成果产业化天使母基

金，引导社会资本"投早""投小""投科技"。2016年6月广州科技金融路演中心正式成立，为科技型企业提供专业融资服务。截至2021年，该中心共完成61期路演，有效服务300余个高科技项目，融资总额达20余亿元。与此同时，广州市科学技术局主办广州创投周，依托中国创新创业大赛探索实施"以赛代评""以投代评"机制，日趋形成"创、投、贷、融"科技金融生态圈。截至2021年，广州创投周已促成银行、投资机构累计为千余家大赛企业提供股权、债权融资超210亿元，带动科技信贷风险补偿资金池撬动合作银行，为全市超过5000家科技型中小企业实际放贷超过400亿元（放大效应超过400倍）。此外，广州市科学技术局还每年组织开展科技型中小企业评价工作，精准收集拟申请入库科技型中小企业融资需求（股权、债权），并通过广州市科技型中小企业信贷风险补偿资金池（单个企业最高可申请贷款3000万元）、广州科技创新母基金为入库企业提供科技金融精准对接服务。广州市黄埔区也在全省首创10亿元规模的黄埔人才引导基金，撬动超60亿元社会资本；设立22只子基金，三年累计为156家人才企业提供股权资金支持约41亿元。

（四）交流展示平台多元，促进科技国际合作

广州积极搭建创新活动展示平台，服务海归人才科技企业交流合作，每年都举办中国海外人才交流大会暨中国留学人员广州科技交流会（"海交会"）、中国创新创业成果交易会（"创交会"）等重要创新创业交流活动。2020年，海交会组织项目路演23场、路演项目160个，有效促进初创型科技企业增加市场声量；2021年，海交会首次在线上举行，并在广州授牌15个留学人员创业服务合作园区，更加强调服务海归人才科技创新创业需求。创交会则在2021年展出项目成果6200余项，聚焦国际成果技术转移转化，畅通企业技术要素流转渠道。海交会和创交会有利于推动在更大范围、更高层次、更广领域开展创新人才交流，发挥国际化招才引智作用。此外，广州天英汇国际创新创业大赛依托广州科创强区天河区的一系列创新创业扶持政策，以专业的赛制设计、多样的服务体系、有力的落地支持，面向

全球招募创新创业项目，累计吸引全球超过 11000 个优质项目参赛，辐射创新创业群体超过百万人次，影响波及国内外 35 个科技创新中心城市，广州天英汇国际创新创业大赛已成为广州市、天河区对接全球科技创新资源的重要战略平台和城市新名片。

（五）科技孵化载体众多，全程服务企业发展

广州已基本建成"众创空间—孵化器—加速器—产业园"的科技企业孵化链条，全周期、全历程、全阶段服务科技企业发展壮大。截至 2021 年底，广州各类科技企业孵化器的数量和规模均居全国前列，其中被认定为国家级的有 42 家、省级 48 家、市级 67 家；各类众创空间服务项目落地功能突出，其中获国家和省一级备案的众创空间分别有 61 家、37 家。2021 年，《广州市科技企业孵化载体管理办法》印发，提出"科技企业孵化载体应围绕'专业化、资本化、国际化、品牌化'的发展路径"。广州市的科技企业孵化载体朝着这四个发展路径加快转型升级，构建更加良好的科技企业成长生态，以创新创业带动就业，加快建设科技创新强市。广州还积极对接不同的科技服务机构，获科技部授牌国家留学人员创业园，重点引进电子信息、生物医药、新材料等领域的留学人员企业，形成了独特的留学人员创业文化与创业氛围；欧美同学会授牌全国首个海归小镇，布局生物医药产业，计划引进 5 万名留学人员，发挥海归人才的带动作用；中国科学技术协会授牌国家海外人才离岸创新创业基地（广州开发区、南沙区），广泛吸引和集聚离岸创新创业主体，实施海外高端人才留在海外创新创业、将成果在国内落地的新模式。

（六）科研机构高度集聚，创新氛围日趋浓厚

广州聚集全省 80% 的高校、97% 的国家级重点学科，拥有 7 所"双一流"建设高校（全省共 8 所），目前在读研究生规模近 13 万人，国家级和省级国际科技合作基地 67 家。根据广州市科技统计汇总数据，广州具有 189 家科学研究与技术服务机构，其中，中央属科研机构占 13.76%、省属

占52.39%，研发人员规模分别为9640人、11367人。2015~2022年，广州市全社会研发经费总支出为3422.8亿元，在全省的占比超两成。目前，广州已具备良好的创新氛围和人才储备，能有效服务海归人才科技企业的创新创业和人才招聘。广州已基本形成环五山创新策源地（天河区）、环中大科技成果转化基地（海珠区）、环大学城科技成果转化基地（番禺区）。此外，广州还全力支持广州实验室、鹏城实验室广州基地开展重大前沿问题研究，完善大湾区国家技术创新中心组织架构，促进国家新型显示技术创新中心分平台组建，加快人类细胞谱系、冷泉生态系统等重大科技基础设施建设，推进琶洲、生物岛等4家省实验室重大科研平台和航空轮胎动力学大科学中心建设。广州市南沙区在全国率先提出打造"营智环境"，南方海洋科学与工程广东省实验室（广州）已汇聚17个院士团队；南沙区在2021年获批全国首个"国际化人才特区"，超过2000名来自世界各地的科研人员入库成为"科技特派员"，博士后科研人员占全市1/5。随着广州不断推动科技成果转化，更多的前沿技术将进入市场，科技企业也能有效对接高等院校和科研院所以破解"卡脖子"技术难题，形成良好的创新创业市场发展环境。

广州已经基本打造出一个多主体参与、多要素流动、多领域共生的创业生态系统，有效服务对接海归人才的科技创新创业需求，服务广州建设全球人才创新创业高地。同时也要看到，广州存在创业政策统筹性和延续性不足、创业园和孵化器服务质量参差不齐、初创企业在融资和人才招聘方面受限等问题，需要继续提升创业生态系统的发展质量。

四 广州服务海归人才创新创业的对策建议

近年来广州深入实施创新驱动发展战略，推出一系列政策措施优化创业政策环境，拓宽金融支持渠道，加快创新载体建设，提升城市创新创业氛围，完善各项专业服务，着力构建各要素有序流动的创业生态体系，吸引海归人才创新创业。根据广州在服务海归人才创业方面取得的成效，以城市未来产业发展方向为立足点，同时充分考虑海归人才创业的趋势特征，本文提出以下未来发展的对策建议。

（一）建设体制改革先行区，提供精准有效的政策支持

创新科技体制改革，打造先行示范区，完善创业支持政策，鼓励海外留学人员和高层次人才归国创业。以国家、省级科技创新相关法律法规为依据，遵循科技创新发展规律，优化科技创新政策措施体系，建立区域政策法规和落实措施协调推进的良性循环。科技发展有其固有规律，在实施相关政策措施配套时要充分考量客观现实，根据海归人才创业的特殊需求灵活配置政策资源。改革完善科研管理机制，推动由科技创新活动的管理向服务转变。针对海归人才创业过程中对科研资源的需求，统筹配置包括项目、资金、人才、服务在内的各类创新创业资源，对于海归人才在战略性新兴产业领域创业的，政策支持上给予适当倾斜，助力产业集群发展壮大。除政策供给，相关扶持政策落实、执行到位，也是海归创业成功的关键因素。在政策制定时要加强前瞻性研究，在政策体系运转过程中完善效能评估，综合考虑海归创业人群的实际需求和区域经济社会发展目标，对政策体系实施动态调整，及时进行相关政策措施的立、改、废。

（二）提升金融支持服务能力，形成全生命周期资金支持

积极建设企业与资本对接的平台，扩大中国创新创业大赛（广州赛区）的赛事规模，提升粤港澳大湾区创投峰会、广州创投周、广州科技金融服务周等活动的影响力，通过国际性的赛事和创新交流活动，为优质项目匹配企业需求和投资。整合投融资资源，包括政府基金、民间资本、金融机构等，在海归创业初期提供以政策支持为主的资金扶持；在企业成长壮大阶段，政府资金规模适度缩减，主要起引导作用，引导各类民间资本、风险投资基金提供资金融通；企业谋求在资本市场融资的，由政府提供必要的信用担保，形成资金对企业生命周期的全覆盖式支持。引导商业银行等金融机构提升科技信贷的占比，有条件地降低贷款适用要求，根据海归创业企业的行业特

征、自身优势等优化风险补偿机制，有针对性地扶持中小企业发展。完善海归创业金融服务体系，发挥创业服务平台、留学创业产业园等载体的公共服务功能，加大融资政策的宣讲力度，为海归人才提供专属的资金方案。

（三）加快高水平创业载体建设，促进育成孵化提质增效

加快高质量众创空间建设，帮助海归人才落地广州、熟悉广州，协助海归人才创办科技企业。加快高水平孵化器建设，帮助海归人才创业企业做大做强，化解企业在经营过程中面临的不确定性，助力企业发展壮大。加快高层次加速器建设，帮助海归人才科技企业争取国内外大额投融资，实现市场规模化扩张。加快高标准产业园区建设，集聚一批产业领域相近的大型海归人才科技企业，充分发挥其集聚效应，实现产城融合的建设目标。坚持多主体共同参与的建设理念，撬动高等院校及科研机构的优势技术资源，建设"孵化企业主导，高等院校合作"的科技企业孵化载体，服务海归人才科技企业的发展需求。

（四）扩大交流活动规模，优化提升交流展示平台

广州可以持续推动海交会做大做强，着力提升"中国留学人员第一品牌"效应，发挥海交会的国际化招才引智作用。深化夯实创交会做广做全，促进国际科技成果在广州落地转化，依托创交会打造"青年创新成果广州交流会"，鼓励海归人才回国创新创业。开发拓展广州天英汇国际创新创业大赛并做深做细，发挥国际科技参赛项目的乘数效应。此外，广州应继续挖掘其他交流展示平台的赋能作用，为科技企业连接产业上下游优质资源搭建开放平台，促进初创科技企业与龙头企业交流对接。可以在目前已经成熟的交流展示平台设置更多专业性、功能性的分会场，突出内涵特色和科创底色，以绣花功夫把交流展示平台工作做扎实。

（五）共建国际科技创新中心，构建便捷高效的服务环境

以"双区"建设、"双城"联动为契机，共建广深港和广珠澳科技创新

走廊，系统推进粤港澳大湾区国际科技创新中心广州创新合作区建设。推进广州人工智能与数字经济试验区、中新广州知识城、广州科学城、天河智慧城、广州大学城—广州国际科技创新城等高科技产业集聚区与国际和港澳地区创新资源对接合作，汇聚粤港澳大湾区高端创新资源，为海归人才在广州创新创业构建坚实的产业基础和营造浓厚的创新氛围。另外，建设国际科技创新中心，形成良好创业生态，服务海归人才创业，借助海归人才自身具有的双重社会关系网络连接国际创新资源，持续推进国际科技创新中心建设，形成良好的循环体系。

参考文献

陈杰、刘佐菁：《新形势下促进海外留学人才回流的制度建设——基于中美经贸争端视角》，《科技管理研究》2021年第14期。

付平、张萃：《海外人才回流的城市创新效应研究》，《现代经济探讨》2021年第2期。

吴瑞君、陈程：《我国海外科技人才回流趋势及引才政策创新研究》，《北京教育学院学报》2020年第4期。

董庆前：《海归人员就业创业软环境调研和对策研究——以北京市朝阳区为例》，《中国人事科学》2019年第4期。

周小虎、毕轲：《创业生态系统对海归创业人才效能的影响——以江苏省为例》，《技术经济》2017年第8期。

薛琴、申俊喜：《工业化中后期海归人才回国创业的制度支持》，《当代经济管理》2015年第9期。

黄昱方、陈成成、陈如意：《政府支持下城市吸引海归创业人才的环境要素研究》，《科技管理研究》2014年第12期。

成小珍、姚诗诗：《第五届广州创投周正式启动》，《信息时报》2021年10月14日。

汪宏飞、郭宁、朱梅、黄皓：《在穗留学人员回国创新创业对策研究》，《管理观察》2019年第23期。

B.3
优化国际化生活环境 建设人才友好型城市

鲍 雨 赵陈双*

摘 要： 随着全球化深入发展，高端人才跨国流动日益频繁，成为各国各地竞相争夺的重点对象。建设人才友好型城市不仅是吸引国际人才的客观要求，也是推进经济转型升级与增强社会凝聚力的内在动力。良好的国际化生活环境是吸引人才、留住人才的深层影响因素，主要包括良好的协同管理机制、高效的政务服务、完善的生活配套、公共信息供给和宜居的环境氛围等。面对新的发展要求，广州应从制度设计、办事流程、相关配套服务设施、公共信息供给、规则对接和生活品质等方面采取措施，将优化国际化生活环境措施落到实处，努力建设人才友好型城市，为吸引更多优秀国际人才、加快国际大都市建设发挥积极作用。

关键词： 国际人才 人才友好型城市 生活环境 广州

2021年9月，中央人才工作会议在北京召开，习近平总书记发表重要讲话，明确提出要"深入实施新时代人才强国战略""加快建设世界重要人才中心和创新高地"的目标。"十四五"期间，我国面临新的机遇和挑战，百年未有之大变局对世界发展产生深远的影响，人才将在经济社会发展中发

---

* 鲍雨，广州市社会科学院城市国际化研究所助理研究员，研究方向：公共外交；赵陈双，广州国际城市创新研究中心研究助理，研究方向：国际关系。

挥更大作用。世界各国均把争夺和吸引国际人才置于重要战略高度，各地人才竞争日益激烈。优化国际化生活环境，建设人才友好型城市是广州营造国际化引才、留才环境，增强国际人才竞争力的内在要求，也是促进城市治理创新、推动经济社会高质量发展的有力抓手。

一 国际人才流动的特征与趋势

国际人才拥有良好的教育和技术背景，成为推动城市发展的重要力量，受到全社会的广泛关注。国际人才类别丰富，对于我国而言，大致可以分为外国专家、海外华人、归国留学人员三大群体，其流动形式主要包含移民、留学、阶段性流动和人才回流等。深刻把握国际人才流动的特征和趋势，是开展国际化生活环境建设与吸引国际人才的重要前提。

（一）国际人才流动规模增大、智力共享加快

在当前世界格局深刻变化和技术日新月异的背景下，国际人才流动规模大，流动速度快，全球性"人才战争"日渐激烈。据《中国国际移民报告2020》，截至2019年，全球的国际移民已经达到2.72亿人，占全球人口的3.5%。从国际移民的洲际分布可以看出，超过半数的国际移民目的地是欧洲和亚洲，亚洲国际移民增速显著。此外，全球高等教育在读留学生人数在新冠肺炎疫情出现前快速增长，留学成为人才跨国流动的主要方式。由中国与全球化智库编撰的《中国留学发展报告（2019）》指出，全球有超过500万学生在其祖国以外的国家接受教育，与十年前相比增长了67%。中国是世界上最主要的留学生生源国之一。2019年中国在海外留学的学生有126万人，约占世界国际留学生总数的25%。

受新冠肺炎疫情影响，2020年至今，世界各国纷纷采取限制出入境等封闭性措施，在短期内极大限制了人口的跨境流动，国际人口迁移规模明显收缩。疫情也使得国际人才有形的地理流动显著降低，而线上流动呈几何级数增长，顶级国际学术会议参会人员数量比疫情前显著增加。线上与线下结

合的形式意味着国际人才的获得和使用方式可能发生根本性改变，一方面是长期人才计划向短期交流项目、柔性引进和灵活交流方式转化，另一方面是教育资源、学术资源、智力资源能够在更大范围内实现共享，智力流动或将成为人才价值体现和提升的主要方式。可以预见，后疫情时代全球人才竞争会更趋白热化，信息技术将助力智力资源流动常态化发展。

（二）高层次人才成为国际人才流动的主要群体

以留学人员、科研人员和企业家等为代表的高层次人才因其独特的价值和先进创造力，是国际人才流动的主要群体。高层次人才跨区域流动受到多方面因素的影响，其中职业发展是最为重要的考虑因素之一。处于不同职业发展阶段的高层次人才基于不同因素流动：对于处于职业萌芽、成长阶段的科研人员而言，经济性因素是促使他们国际流动的重要因素，这意味着在等待国内发展机会期间获取外国临时性的资金支持，可以为他们在国内就业提升履历背景、积累国际经验，同时提高知识技能水平和创新能力。对于处在职业成熟阶段的科研人员来说，相较于经济性因素，职业发展的长远前景、获得更多自主性的研究机会、与高质量的专家同行共事等是更主要的驱动因素，能为其终身事业发展做铺垫。

高层次人才的跨国流动，对一国经济发展和科技创新具有十分重要的影响。历史已反复证明，高层次人才的流动与科技中心的发展息息相关。为此，各国纷纷出台相关人才政策，"外引""回流"同步推进，国际人才竞争愈演愈烈。比如欧盟为吸引高层次人才设立了"蓝卡计划"，德国推出了吸引信息技术专家的"绿卡计划"，法国颁布了"人才护照"计划和"优秀人才居留证"制度等。科技中心的转移方向与高层次人才的流向高度一致，高层次人才的汇聚预示着国家经济的可持续发展和科技创新力量的壮大。因此，高层次人才也是世界各国争夺的对象。

（三）新兴经济体成为国际人才流动的重要目的地

在全球竞争日益激烈的背景下，世界各国通过推出更具吸引力的引智措施，争夺来自各领域的高层次国际人才。发达国家凭借广阔的发展前景、完善的工作制度、便利的生活环境和有吸引力的人才引进政策在吸纳国际人才过程中占据优势地位，因而传统的国际人才流动趋势呈现不对称性，大多是从发展中国家流向发达国家。但随着新兴国家和发展中国家经济实力的不断发展壮大、发展机遇的持续提升以及人才发展环境的大幅改善，新兴国家和发展中国家对于国际人才吸引力不断提高，逐渐成为国际人才流动的新的发展目的地。

随着国际地位和影响力的日益提升，中国逐渐成为国际人才的重要目的地，国际人才集聚态势逐年加强。第七次全国人口普查公报显示，2020年中国外籍人员数量为84.57万人，其中，以就业为目的的外籍人员数量44.4万人，与2010年相比增加24.24万人，增幅达120%。此外，海外留学人才回流率明显上升，成为我国人才队伍的重要组成部分。2019年全国来华留学生数据显示，共有来自202个国家和地区的397635名各类外国留学人员在中国学习，同比增长12.41%。由智联招聘发布的《2021年中国海归就业调查报告》显示，2021年回国求职的留学生数量保持与2020年相同水平，留学生回国就业意愿高涨。中国对国际人才的服务管理制度不断完善，从中央到地方的政府部门推出一系列开放便捷的出入境、停居留政策以及就业创业优惠扶持措施，在吸引外籍高层次人才和回国创新创业人才方面发挥了重要作用。

（四）生活环境成为日益突出的吸引人才要素

人才吸引力竞争力较强的经济体，在招揽人才的过程中不仅会制定积极的引才政策，还特别注重构建人才发展软环境，有效促进国际人才融入本地社会，进而产生人才和智力资源的"溢出效应"。生活环境作为"软环境"的集中表现，其概念与"硬环境"相对应，强调除地理条件、资源条件、基础设施、资金支持等硬件之外吸引国际人才的要素，涉及政府行政水平、公共政策体系、创新创业载体、社会法治环境、城市文化氛围、社会思想观念等方方面面，是一个综合性的系统工程，要求各部门协同发力、共同提升。

国际人才因其社会层次和收入普遍较高，对生活质量的追求也更高，更重视工作生活中的软环境建设。在追求有利的职业发展机遇的同时，高效的政务信息服务、宜居的环境空间、便捷的通勤方式、全面的配套设施等生活环境也会对国际人才选择居留地产生至关重要的影响。以资金和优惠政策为主的引才方式或许能在短期内吸引大批国际人才流入，但让国际人才"留得住"且有归属感，更主要是依靠城市国际化生活环境的建设，营造人性化居住氛围。因此，与依赖硬条件吸引国际人才流入的传统做法相比，生活环境，也即软环境逐渐成为引进国际人才就业发展的新要素。

二 建设人才友好型城市的重要意义

从世界范围内的国际人才流动趋势来看，拥有良好配套设施和生活服务环境的区域或城市能够获得国际人才青睐，也能够在推动本地转型发展、促进社会凝聚中发挥积极作用。

（一）形成吸引人才流动目的地

城市作为人才吸引力要素的集合体，是国际人才流向和聚集的首选。与此同时，随着各地发展水平的普遍提高，区域之间的差距正在缩小，城市之间尤其是一线城市与二线城市争夺国际人才日益激烈。城市在吸引人才方面的竞争力既包括硬性的物质资源，也包括更加灵活、弹性的生活环境。当前，我国各个城市已为吸引国际人才出台一系列支持举措，但相比较为固定、有形的薪酬待遇等激励政策，能够对人才成长产生深远影响，特别让其及家人等安居乐业的国际化生活环境更具决定性意义。对于城市而言，除了经济基础、地理区位、交通设施等"硬环境"要具有优势外，还要努力营造国际化生活环境，吸引国际化人才。

（二）打造经济转型升级助推器

我国正处于高质量发展的关键阶段，人才是破解发展难题、促进产业转型升级的第一资源。作为各类资源要素创新发展的原动力，掌握前沿知识和高精尖技术的人才在地方经济发展中的关键作用愈加凸显。国际人才通常掌握较高的知识、技术、信息，属于中高层次的人力资本，不仅能够通过人口流动提高目的地的要素边际报酬，还会给迁入地带来对外经贸合作与科技创新进步。[1] 建设有助于吸引国际人才的生活环境，涉及体制机制的改革、行政效率的优化、高端平台的搭建和科技手段的应用等，也会直接作用于城市软硬环境的改善和国际竞争力的提升。因此，打造国际化生活环境不仅是建设人才友好型城市的必备条件，也能够以直接或间接的方式助推城市生产力发展升级。

（三）绘就和谐社会凝聚同心圆

人才友好型城市秉持"以人为本"的根本理念，以促进人才资源的可持续开发和全面发展为宗旨，不但有利于吸引国际人才，也能够推动全社会形成识才、爱才、敬才的良好氛围。营造开放自由、互利友好的生活环境，体现出对人才的关心、爱护、尊重和包容，一方面是吸引并留住国际人才的前提条件，使才尽其用；另一方面也是整个城市精神风貌、人文素质与公众修养的集中体现。相较于本地人才和一般劳动力，国际人才拥有的跨国别、跨文化背景有利于推动迁入地与来源地之间的文化交流，促进不同文化体系、价值观念和风俗习惯的碰撞与融合，从而推动文化多样性的发展与社会包容度的提升。[2] 国际人才融入本地的社会治理体系，也有助于凝聚和动员地方建设的多元力量，构建求同存异、兼容共生的和谐社会。

三 人才友好型城市的国际化生活环境内涵与要求

国际化生活环境的概念内涵丰富，主要涉及培育人才、吸引人才、留住

---

[1] 董延芳：《移民异质性与经济发展》，武汉大学出版社，2009。
[2] 冯薇：《国际人才引进中的社会融入管理问题研究》，《长春师范大学学报》2021年第1期。

人才的生态环境,是关乎人才长期居留或永久定居实际需求的重要因素[①]。随着中国对外开放的逐渐深入,来华国际人才数量稳步上升,分布和活动范围半径日趋扩大,这对各地优化国际化生活环境、提升人才服务能力提出了新的要求。

(一)管理机制协同性

国际人才工作覆盖面广、系统性强,与科创、产业、民生、社会治理等领域紧密衔接,涵盖政府各个职能部门,政策涉及人才发展"引用育留"全周期、全环节。面向国际人才提供的生活服务也涉及经济社会的多个领域,对于跨职能统筹、跨部门联动、跨领域研究提出新要求。统筹推进国际化生活环境建设,需要强化政府、社会组织、市场各方通力协作,有效促进资源整合与改革创新,打出全方位、全周期支持国际人才生活与发展、提高国际人才归属感和凝聚力的"组合拳",为人才友好型城市建设奠定制度基础优势。例如,上海浦东新区率先设立全国第一个海外人才局,为国际人才提供工作许可、永居推荐、身份认定等服务,为人才落户与安居奠定良好基础;深圳在市区两级成立人才工作局,从法律、政策、产业、环境建设等多个维度统筹工作机制,为国际人才提供出入境、家庭居住、医疗保健、子女入学等配套生活服务。

(二)政务服务高效性

本文探讨的政务服务是由政府提供、面向外籍人士的各类行政服务,既包括涉及外籍人员的来华工作许可、签证等行政审批事务,也包括针对国际人才的一系列优惠政策。除了具体的服务事项外,各级政府部门的国际化服务窗口、"一站式"国际化服务机构、政府网络办事平台等政务服务平台建设,便捷、高效的服务流程以及简明友好的政务服务方式等也是政务服务的重要组成部分。人才友好型城市在提供国际化政务服务方面应以国际人才需

---

① 王辉耀主编《中国区域国际人才竞争力报告(2017)》,社会科学文献出版社,2017。

求为导向,优化来华工作许可、出入境、绿卡等国际通行政策,推进政务服务集中办理、审批事项简约办理,积极嵌入"互联网+政务服务"思维,构建集政策法规发布、供求信息发布、申请受理、咨询指导为一体的综合性人才服务平台,以规范化、全方位、多角度的政务服务体系为国际人才、资金、信息等各类要素的便利流动提供保障。

(三)生活配套完善性

完善的生活服务环境是一个城市可持续发展的必备条件,不仅是国际人才选择定居目的地的基础性因素,也是全体市民提高生活质量和幸福感的共同向往。国际化生活服务涵盖内容较广,牵涉与人衣食住行息息相关的各个方面,其中表现最为典型的就是教育服务与医疗服务。国际化教育服务主要涉及国际教育资源的供给和配置,例如引进优质教育集团和高水平国际学校、本地中小学校接收外籍学生等,为国际人才子女提供高质量教育服务。国际化医疗服务是指国际人才通过本地医疗卫生体系获得健康卫生服务,对于卫生机构的国际化医疗水平、外语接待能力、医保结算系统与国际对接等方面提出较高要求。生活类服务则涉及物业服务、搬家维修、出行翻译、通信邮电、金融消费等日常生活中的各个环节,是满足国际人才居住所需的必要保障。

(四)信息沟通可达性

国际化信息服务是指城市向国际人才提供充分必要的资讯,以便其更好地了解该城市的基本情况以及获得在城市内旅游、工作、生活等所需要的信息。提供国际化信息服务的主体包括政府与市场,而提供信息服务的平台主要包含政府官方网站、负责对外宣传城市形象与动态的媒体、各类城市资讯公众号与App、交通枢纽和站场等公共设施。国际人才既可在这些渠道了解本地关于过境免签、离境退税、酒店接待与旅游景点等各类短期居留类政策措施,也可获取移民定居、法律咨询、金融中介、租购房车等长期生活所需的服务信息内容。国际人才的教育背景和职业层次使其对信息服务质量往往

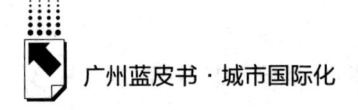

具有更高要求,因此城市要以创新的思路和视角开展信息服务,积极运用信息技术手段融入服务体系,探索现代化社会治理新路径。

(五)环境氛围宜居性

人才友好型城市吸引来自不同国家与地区的人员集聚,是本土公民与外籍人士一起居住生活的场所,也是多国籍人员集中开展交往的社会共同体。居民拥有的语言、文化认知、价值观念、思维方式、生活习俗、宗教信仰等存在很大的异质性,丰富多彩的文化交互、交织、交融,使得城市治理的复杂性上升。因此,城市必须建设包容性的人文氛围与高品质的宜居环境,构建友好、开放、多元的市民文化,让各类人群和谐共存。在国际人才聚集的区域建设优质的国际化社区是一种行之有效的措施,在为中外居民提供集成式服务的同时,带动广大市民积极参与国际人文交流活动,形成良好的国际素养和文明风貌,进而从整体上提升城市软实力和吸引力。

四 广州优化国际化生活环境,建设人才友好型城市的对策建议

建设人才友好型城市,是广州培育提升科技教育文化中心功能、着力建设国际大都市的重要支撑。面向未来,广州应采取一系列精准举措,大力优化国际化生活环境,为推动共建大湾区国际科技创新中心和高水平人才高地做出广州贡献。

(一)完善系统的人才服务制度设计

广州要进一步加强国际人才管理服务顶层设计和信息联动,探索建立覆盖全市的国际人才管理服务联席会议机制,纳入政府部门、专业机构、社会群团组织,定期开展在穗来穗国际人才摸查调研工作,巩固"政府主导、部门联动、社会参与"的总体工作格局。加快推动省、市、区三级共建外国人服务管理示范点,以示范点建设带动基层国际化服务水平的全面提升,

实现以融合促服务、以服务促管理。贯彻落实《关于推进国际化街区试点建设的实施意见》等政策文件，积极探索多方共治的国际化社区服务新模式，适时制定客观的涉外服务评价标准，促进治理法制化和管理制度化进入"快车道"。加强与驻穗领馆、商会机构和留学组织等的沟通联系，丰富国际人才特别是外籍人士的交流互动渠道。

（二）健全高效的综合行政办事流程

广州要不断健全吸引国际人才来穗政策，统筹全市重点行业、重要领域、战略性新兴产业人才需求，探索制定"高精尖缺"外籍人才广州认定标准，探索建立国际职业资格证书认可清单制度，加大与提高国际人才引进力度和待遇水平。基于天河"四站一厅"及南沙涉外综合服务平台运营经验，优化各区办理居住、工作、留学、经商等业务流程，把柔性化、人性化要求指导落实到"最后一公里"。加快建设国际人才创新创业平台，促进更多双创基地、创新驿站、创业孵化器等落户。加快推进大数据技术应用和"互联网+"服务模式，健全各类网上服务平台，鼓励国际人才采取"网上申请、在线办理、快递送达"的模式办理业务，推行综合国际化便民办事App应用并加大宣传推广力度，促进智慧社区、智慧街区建设。

（三）建设齐备的相关配套服务设施

配套服务设施对于国际人才的生活便利度与幸福感具有重要影响。在医疗领域，广州要强化提供国际化医疗服务医院的外语接待和服务能力，鼓励和引导社会开办具有高水平医疗服务的诊所或医院，促进本地医疗服务机构加快通过国际JCI认证，构建新型涉外医疗保健服务体系。另外，需要完善跨境医保结算制度，探索设立家庭医生服务，为国际人才就医就诊提供更多便利。把握粤港澳大湾区建设契机，推动南沙引进更多顶级医院，集聚国际高端优质医疗资源。在教育领域，充分统筹政府与社会资源，放宽外籍人员子女学校举办者市场准入限制，积极建设教育国际化窗口学校，打造具有国际水准的师资队伍。

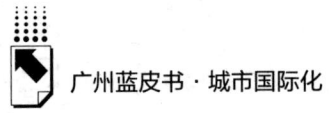

（四）构建畅通的公共服务信息渠道

要适时制定出台广州国际语言环境建设专项规划，从顶层设计高度为更好地建设城市语言环境提供指南。提高各类交通站点、景点、街道等外语标识及介绍的准确度，引导大型商超设置多语言导购咨询服务中心，完善增设外语指示牌、导引图等。以"广州公共场所英文标识"小程序为基础继续扩充市民反馈渠道，及时对收集到的翻译错误或用语疏漏进行动态修正。持续提高政府服务热线的承载能力，在考虑增开其他语种热线的同时，结合人工智能等形式为国际人才提供咨询服务。定期更新多语种《外国人在穗指南》手册，在市内各类交通枢纽和外国人聚居区域进行派发宣传，在创造便利化环境的同时营造良好的城市形象。以文字、音频、视频、H5等多种形式制作广州涉外服务宣传信息，突出鲜明特色和人群、区域的精准针对性。

（五）增强港澳合作规则协同对接

广州作为粤港澳大湾区的核心城市，要牢牢把握大湾区内科技创新要素高度集聚、跨境流动的基础优势，整合资源带动区域城市协同发展，促进创新链、产业链、信息链、人才链对接联通。积极构建以"一区三城"为核心节点的科技创新轴，联动共建广深港和广珠澳科技创新走廊，推动穗港澳科技人员、科研物资往来。加强与港澳知名高校、科研机构合作，共建粤港澳联合研究中心、联合实验室，加大重大科技成果转化应用力度，积极推动产学研协同发展。强化大湾区战略合作平台建设，以打造南沙粤港澳全面合作示范区为抓手，率先建设内地与港澳规则衔接的示范基地。继续实施粤港澳大湾区青年交流"1234N"计划、"五乐"行动计划，建设一批港澳青年创新创业示范基地，为港澳青年提供在穗创业、就业、实习和从事志愿工作等机会，积蓄国际化后备人才力量。

（六）营造良好的国际人居环境氛围

为促进国际人才深度融入广州生活，广州更要塑造与国际接轨的公众友好环境，不断提高社会环境的开放程度，形成吸引国际人才来穗的良性循环。学习国内外先进国际社区的建设经验，立足"本土化"国际化生活环境，营造"类海外"体验氛围，及时搜集国际居民的诉求与意见，帮助国际人才建立新的社会支持网络。在尊重不同文化习俗的情况下，组织汉语及粤语培训、本地民俗、国际节庆、美食品鉴、体育赛事等中外文化交流以及线上线下联谊活动，满足国际人才对于学习、娱乐、交友、情感认同等方面的需求，提高获得感、幸福感、安全感。综合提升居民的国际化素养，不仅要加强全体市民的英文常用语普及，也要扩大常识性的国际理解教育，在"美美与共"中促进共识凝聚。

参考文献

刘延国：《关于引进外籍人才软环境建设的几点看法》，《国际人才交流》2012 年第 8 期。

潘庆中：《国际人才引进、激励、融入战略探析》，《人民论坛·学术前沿》2021 年第 24 期。

姜炎鹏、王鑫静、马仁锋：《创新人才集聚的理论探索——全球人才流动的城市选择视角》，《地理科学》2021 年第 10 期。

魏浩、王宸、毛日昇：《国际间人才流动及其影响因素的实证分析》，《管理世界》2012 年第 1 期。

B.4
提升"留学广州"吸引力
助力建设国际人才高地[*]

谢笑珍[**]

摘 要： 全球百年未有之大变局正加速演进，科技革命和产业技术变革日新月异，推动产业重塑、重构、重组，科技创新和高水平人才成为国际战略博弈的关键。国际留学生是一个特殊人才群体，也是一国、区域和城市极为宝贵的科技创新资源，是广州打造国际人才高地的主要支撑力量之一。广州亟须从各层面提升"留学广州"吸引力，以推进科技创新能力，驱动高科技新产业发展，确保科技创新型经济活力。广州具备大规模吸引留学生的潜在优势，留学生教育卓有成效，但是与广州致力于打造国际人才高地的发展战略目标存在"落差"，亟须从政府和高校层面，制定并实施切实有效的行动路径，提升"留学广州"吸引力，从国内消失的"人口红利"中寻求国际"人才红利"支撑，将广州建设成为全球高端人才的"汇聚地"，打造具有全球影响力的科技创新强市。

关键词： 国际留学生　留学生教育　国际人才高地

---

[*] 本文为广州市哲学社会科学发展"十三五"规划2018年度课题"提升'留学广州'吸引力　推动城市国际化的路径研究"（编号：2018GZGJ09）研究成果之一。
[**] 谢笑珍，博士，华南理工大学高等教育研究所研究员，硕士研究生导师，研究方向：高等教育、科技创新、产教融合。

提升"留学广州"吸引力 助力建设国际人才高地

我国面对的百年未有之大变局正在加速演进,新一代科技革命和产业革命为我国经济社会发展带来机遇的同时也带来挑战,国际科技竞争激烈,高水平人才成为国家间战略博弈争夺的对象。广州作为国家中心城市、粤港澳大湾区创新驱动和产业转型的引领者、科创型经济的驱动者,其发展战略是持续不断提升科技创新能力,驱动高科技新产业发展,有力保障科技创新型经济活力,服务并支撑国家发展战略。高层次创新人才是科技创新的主力军,国际留学生是科技创新主力军的有机组成部分,是全球各国政府、区域、城市争夺的宝贵人力资源。为实现建设国际创新中心和国际科技成果转移转化中心的战略目标,广州市秉承"人才是第一资源,创新是第一动力"的发展理念,加大各项举措,提升"留学广州"吸引力,从全球汇聚足够数量和质量的高水平人才,从国内逐渐消失的"人口红利"中寻求国际"人才红利",力争将广州建设成为全球高端人才的"汇聚地",打造具有全球影响力的科技创新强市。

一 留学生教育对广州建设国际人才高地的意义

(一)打造国际人才高地是广州发挥粤港澳大湾区核心引擎功能的重要体现

2021年9月27日习近平总书记出席中央人才工作会议并发表重要讲话,强调加快建设世界重要人才中心和创新高地,明确将北京、上海、粤港澳大湾区建设成为高水平人才高地。充分利用粤港澳大湾区优势,将粤港澳大湾区全面建设成为高水平人才高地,为推动粤港澳大湾区建设提供重要的人才保障和科技创新支撑。粤港澳大湾区综合经济实力强大,各类创新要素集聚,为建设高水平人才高地提供了重要支撑。大湾区社会经济体量规模巨大,建设高水平人才高地具有雄厚的产业基础。粤港澳大湾区以产业技术实践为导向的科技型研究引领产业技术变革成为大湾区各界共识,并以此推进先进制造业向中高端发展,为粤港澳大湾区高水平人才提供科技研究及成果转化的"用武之地"。粤港澳大湾区内高等院校、科研机构、高科技企业等创新主体数量众多，创新氛围浓厚，技术创新生态已成体系，打造高水平人才高地具有良好的环境基础。

（二）打造国际人才高地是广州建设国际科技创新中心的重要抓手

广州作为大湾区发展战略的引领者，致力于打造国际科技创新中心和国际科技成果转移转化中心。为实现这一总目标，广州强化人才是第一资源的创新理念，从国内拓展至全球集聚国际一流科技创新人才，建设顶尖创新人才高地。广州市为此出台一系列相关政策和举措，吸引包括国际留学生在内的国际高层次人才。2019年中共广州市委、市政府发布《关于实施"广聚英才计划"的意见》，从人才培养、机制创新、鼓励创业和加强服务等方面，推出19项措施，在全球范围内集聚"高精尖缺"人才，构建优良人才发展环境，构筑创新引领、辐射带动的创新人才高地。2022年2月广州市人民政府办公厅颁布《广州市科技创新"十四五"规划》，提出要集聚一批具有国际水平的战略科技人才、科技领军人才和青年科技人才，引进海外人才数达到1.8万人，每万名从业人员中从事研究开发人员数达到150人；要建立健全人才制度，围绕科技创新客观规律，完善人才引进、使用、评价、激励等机制。其目标是到2025年，将广州建设成为世界重大科学发现和技术发明先行之地、国际科技赋能老城市新活力的典范之都、全球极具吸引力的高水平开放创新之城。①

（三）留学生教育是广州建设国际人才高地的重要支撑

国际留学生是大学生中的一个特殊群体，也是一国、区域和城市极为宝贵的科技创新智识资源。这部分群体在本国已接受较长时间的系统学习和专业训练，知识储备丰富、思维能力突出、创新创造水平较高，在本国同龄群体中属于表现优异的人群；从年龄构成上来看，国际留学生普遍较年轻，体

---

① 《广州市科技创新"十四五"规划（2021—2025年）》，http://kjj.gz.gov.cn/xxgk/kjglhxmjf/glzd/content/post_8085441.html，2022年2月18日。

力、精力、智力均处于最优阶段，开展科技创新的基础扎实，因此是良好的科技创新人力资源。因此，构建完善的留学生教育政策与举措，提升国际留学生吸引力，对广州建设国际人才高地具有重大意义。一是能够完善科技创新人才的培养体系。高等教育机构拓展生源，使人才来源国际化，培养具有国际竞争力的人才，助推大学科研水平和国际影响力提升，带动本地科学技术水平提高，服务经济社会建设。二是在国际科技人才竞争与人才争夺中抢占先机，参与全球智力共享。21世纪以科技创新驱动综合国力竞争，具有国际视野、跨文化交流与沟通能力、熟悉科技文化的科技创新型人才自然成为各国争夺的对象。美国成为科技创新强国的重要因素就是善用留学生政策延揽全球人才。在商业经济领域，全美上市公司估值最高的前50家企业中，其创始人或创始团队有一半具有海外移民背景；在科学研究领域，据统计20世纪60年代至今，美国获得诺贝尔奖的科学家中有72位是海外移民。留学生教育将大大拓展人才选拔的范围，中国可以像美国、新加坡等国那样，把从"14亿人"中选拔人才扩展到从全球"70亿人"中选拔人才，招收培养世界上优秀的青年才俊。广州作为国家中心城市，其发展战略更要求其从全球留学生人才库中争夺人才。三是拉动大学国际化，促进一流大学建设，提升本地大学在全球大学中的排名。为争夺全球高等教育资源，延揽全球优秀人才，21世纪的中国大学应将留学生教育纳入大学学科建设和世界一流大学建设的总体规划中，通过国际化路径形成一种全球大学模式；通过借鉴世界一流大学通行的办学机制和运行模式，建立起现代大学一流的管理制度，来应对全球化挑战和实现自我更新，提升其在世界大学中的排名及在全球的知名度。

二 广州留学生教育现状

广州是国内最早与国外开展各种交流的城市之一，城市的精神文化开放和包容。改革开放后，广州的经济取得了长足的进步，经济的外向度极高，吸引留学生的潜力巨大。

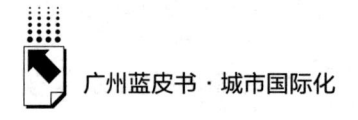

（一）坚持开放发展，教育国际化水平显著提升

进入21世纪，通过一系列提升高等教育办学水平和教育国际化的政策及相关的举措，广州市高等教育质量、教育国际化水平显著提升且卓有成效。"十三五"期间，广州坚持教育优先发展战略，高水平教育体系建设持续发力。通过增加资源供给、实施更为开放的办学方式等措施，市属高校中外合作办学实现零的突破，香港科技大学（广州）落户南沙，广州南方学院中美人才培养计划等4个中外合作办学项目获批，华南师范法学与法国留尼汪大学合办的孔子学院成立。成立广州国际友城大学联盟，共有13所高校成为联盟的成员。职业高等教育国家化建设初现成效，多个海外培训中心相继成立，国际影响力得到持续提升。在2022年教育部、财政部以及国家发改委刚刚颁布的第二轮"双一流大学"建设名单中，广东有8所大学入选，其中7所位于广州市，显著增强广州教育国际影响力，"留学广州"吸引力相应随之提升。截至2020年11月，根据广州市政府发布的相关数据，在广州市就读的国际及港澳台地区学生达到4.3万人，预计到2025年规模将扩大至6万人。广州市高等教育国际化影响力延伸至基础教育阶段，实现基础教育与高等教育国际化的整体衔接，基础教育国际化为市域内高等教育提供优质的留学生生源。广州充分发挥城市国际化程度高以及毗邻港澳的优势，通过缔结姊妹学校的方式推进国际化基础教育体系建设，缔结88对国际姊妹学校、289对穗港澳台姊妹学校，试点港澳子弟班25个，数量及规模均居全国前列。进一步发挥广州作为粤港澳大湾区核心城市的引领效应，全面深化与深圳、佛山、肇庆、清远等城市的教育合作，促进优质教育资源公平分配，形成广州教育的溢出辐射效应。《广州教育"十四五"规划（2021~2025）》明确提出：深化广州市高水平大学建设，以高水平特色化发展为指引，坚持分类发展分类评价，优化高等教育结构，切实提升高校创新能力和社会贡献度，建立与广州城市定位和社会经济发展相适应的高等教育体系；加快对外开放，提高教育国际化水平，加强与全球各国高等教育机构之间的合作，将国际先进高等教育经验本土化，完

善对外开放体系，丰富高质量国际教育资源供给，全面提升师生国际素养，提高教育国际化水平。

（二）实施"广聚英才计划"，提升对卓越人才吸引力

围绕科技创新，打造国际人才高地，广州市充分发挥创新资源优势以及雄厚的经济实力，不断完善各项政策与举措。从2019年起广州市实施"广聚英才计划"，拓展引才视野和渠道，发挥重大创新平台的"磁场效应"，坚持"高精尖缺"定位，依托省重大人才工程以及市级人才计划重点专项，聚焦前沿领域，造就一批符合产业发展导向，具有独立知识产权和自主创新能力，善于凝聚力量、统筹协调的国际卓越一流战略科技人才、科技领军人才、高层次人才和高水平创新团队；实施引进与培养相结合的"引才"理念，依托重大科技任务和重大创新基地培养发现高端人才；支持女性科技人才创新创业，更好发挥女性科技人才在推动创新驱动发展中的重要作用；构建有利于人才发展的外部环境，助力广州建设成为竞争优势充足、辐射带动能力强大的国际创新人才高地。探索实施"机构化、成建制"引才项目，打造各类创新平台，营造创新创业的发展环境，增强包括留学生在内的卓越人才吸引力。"十三五"期间，广州地区高校及其附属医院共打造国家级创新机构63家，省部级创新机构780家。《广州市科技创新"十四五"规划》提出继续深入实施"广聚英才计划"，并明确广州要引进更多能够把握世界科技大势、善于统筹协调的世界级科学家和领军人才，加快培育青年科技人才，全方位培育、引进、用好人才，形成"才源广进"的整体发展格局。这一系列的政策和举措还将极大提升包括留学生在内的国际卓越人才吸引力。

（三）高等教育国际化和留学生教育形成自身特色和优势

国际化程度高，对外开放氛围浓厚，高等教育开放合作具有坚实的基础。经过多年发展，广州高等教育国际化建设已取得成效，留学生教育本地特色优势明显。一是广州市的各项高等教育资源配置以及相关的激励机制，

均将广州市的发展战略与广州市留学生教育及高等教育国际化、建设世界高水平大学、人才战略、科技创新、产业技术革新等多重使命整合集成在一起，使得广州留学生教育服务并支撑城市发展战略的特色极为鲜明，这是广州留学生教育极为突出的特色和优势，广州市"十四五"规划进一步强化这一特色和优势。二是广州高等教育区域合作和国际交流已成为广州教育的另一个重要特色。在"一带一路"倡议的带动下，广州要加大吸引全球各国尤其是东南亚以及非洲各国留学生。三是广州开放、包容、多元化的城市精神文化，极有利于国际留学生学习、生活和就业。四是广州市高等教育国际化影响力延伸至基础教育阶段，实现基础教育与高等教育国际化的整体衔接，基础教育国际化为市域内高等教育提供优质的留学生生源。

（四）面向更高水平人才战略有较大提升空间

在全球留学生教育体系中，中国多年来是全球第一大留学生输出国，但在留学生输入国中一直位居第八，留学生输出与输入之间存在巨大的"逆差"，且输出留学生的整体质量远远高于输入留学生的整体质量。具体到广州，留学生数量和质量也与广州打造国际科技创新城市的战略地位存在落差。在穗留学生以语言培训即语言学习为主，本科以上高学历层次的研究生比例偏低，留学生数量及整体质量、生源结构、专业水平、学历结构等均难以满足广州市打造国际科技创新中心的巨大需求，尤其是当今广州市急需的基础科学研究人才、关键核心技术攻关人才、产业发展复合型人才等极为紧缺，迫切需要从国际人才库中得到补充。从这一角度看，广州国际人才宏观政策和人才竞争力依然存在较大的提升空间，尤其是留学生生活保障体系、就业体系、工作签证等方面社会制度均不同程度滞后于未来留学生教育发展趋势。优质高等教育资源供给也有待进一步加强。在高等教育层次上，广州地区的知名院校少，目前广州市内的"双一流"大学以及"985"和"211"高校等高水平大学的数量相对较少。研究型大学明显不足，适配国际科技创新的高水平高等职业院校则亟须提质。广州缺少一批在国际高等教育市场有影响力的综合性大学，对国外优质生源吸引力有限。

三 广州提升"留学广州"吸引力的行动路径

中国开启了来华留学生大规模增长的新时代,这对中国的大学来说是绝佳的发展机会,也存在巨大的挑战。如何在这新一轮的世界高水平大学建设中,通过留学生教育快速推动高等教育国际化,既留住本国丰富的高等教育资源,又吸收全球高等教育资源,使高等教育拉动中国国家整体发展,推动中国创新驱动经济发展与科技自主创新迈上新台阶,是中国当前亟待解决的难题。依托粤港澳大湾区发展战略、"一带一路"的政策优势,将"提升留学广州吸引力"置于广州城市整体发展战略的框架之中,大规模吸引国际优秀学生,打造国际人才高地,加速国际科技创新优势资源聚集,为广州打造国际科技创新中心提供有力的人才支撑和保障。

(一)规划广州留学生教育和高等教育国际化行动路线

广州要制定完整、系统的留学生教育和高等教育国际化的行动纲领。要以第二轮"双一流"大学建设为契机,研制并出台广州留学生教育和高等教育国际化的行动纲领,将广州留学生教育以及高等教育国际化纳入"一带一路"以及粤港澳大湾区建设、国际科技创新中心建设的国家战略框架之中,将留学生教育以及高等教育国际化作为广州建设国际科技创新中心的新型路径之一。行动纲领需明确规定广州留学生教育和高等教育国际化的原则、目标、资源配置举措、具体的行动策略和行动路线图等内容,且行动纲领作为推动广州留学生教育和高等教育国际化的行动指南,必须"形而上"与"形而下"结合,既有提纲挈领的"形而上"的原则与战略阐述,更要有"形而下"的"务实"的行动路线图,以及可行性的行动策略,切实有效推动广州留学生教育和高等教育国际化。

(二)构建留学生"一站式"服务体系

留学生所代表的国际"人才红利"是助力广州建设国际人才高地的重

要支撑，要着力制定、完善及实施一批服务留学生在穗实习、就业、创业的政策措施。制定契合广州市产业布局的专项"引智计划"，给予优秀留学生创新创业工作签证、实习签证，吸引优秀留学生来广州留学。建立完善的国际留学生出入境签证、永久居留、科技研发、外汇使用、医疗保障等便捷绿色通道。优化国际人才绿卡认定及发放政策，完善鼓励在穗留学生创新创业的政策措施，激发留学生的创业活力。

（三）进一步扩大开放办学，提升高校品牌可辨识度

推动构建更加多元、开放、包容、灵活、层次结构完善的高质量的广州区域国际化高等教育体系，逐步奠定和树立广州高等教育的国际地位与声誉。从长远的整体发展战略来看，广州各高校在国际化的建设过程中，应植根于中国以及岭南本土文化，构建在全球高等教育系统中具有可辨识度的高等教育模式，塑造高校品牌，走出复制和"跟跑"欧美高校模式的误区。全面推进高校国际化改革，包括高校内部治理机制、师资队伍、课程体系、留学生管理体系等，做好"内功"来应对大规模吸引留学生的挑战，同时作为有实力的主体主导或参与构建区域高等教育联盟。高校要进一步主动适应国际化要求，构建国际化的高校内部治理机制，形成开放、包容的国际化的学术环境，采取多种合作形式与各国高校合作，既与发达国家世界一流高校一流学科合作，也与发展中国家的高水平高校合作，快速提升自身的学术知名度与学术能力。同时主动"走出去"，将自身的优势学科作为国际教育品牌，推介给全球各国，吸引国际留学生；与国外高等教育机构合作办学，共建合作办学基地，在他国本土直接吸收留学生。

（四）发起成立以广州为中心的区域国际化教育联盟体系

以政府为主导、高校为主体，从整体上构建以广州为中心的区域国际化教育联盟体系，打造高水平、开放型、国际化高等教育资源聚集高地，将广州建设成为"一带一路"区域的高等教育枢纽。可以借鉴香港打造亚洲区域教育枢纽的经验，推动以广州为中心的各种层次、各种类型的区域教育联

盟建立。以广州市高等教育为中心，逐步向外拓展至区域教育一体化，构建以广州为中心的区域高等教育联盟。2016 年设立的粤港澳高校联盟，经过近些年发展汇集了大湾区范围内粤港澳三地 40 所高校，形成第一圈层。依托粤港澳大湾区高等教育联盟体系，推动东亚各国高等教育机构建设，形成东亚高等教育联盟，这为第二圈层。依托东亚高等教育联盟，构建亚洲高等教育联盟，这是第三圈层。在此基础之上，构建亚非高等教育联盟，形成第四圈层。粤港澳三地高等教育机构开展合作交流，深度推进联合建设，形成一体化的高校联盟机制。东亚高等教育联盟、亚洲高等教育联盟、亚非高等教育联盟则可建成松散的耦合性合作联盟。在各联盟内部，可构建各种层次、各种类型的专业教育联盟体系，包括国家层面的高等教育联盟、卓越大学联盟、职业教育联盟、各类学科专业教育联盟、各高校之间的合作联盟等。根据国家、区域、城市之间的互补差异，可设计不同的高等教育联盟运作机制。依托各类区域联盟，构建良好的高等教育枢纽适配政策，以此将广州高等教育作为广州的名片推介到共建"一带一路"各国及地区乃至全球。

（五）采用引进带动本土人才培养的机制，组建国际化师资队伍

师资队伍的国际化是高校国际化的主要指标，对留学生直接形成品牌效应。广州市域内高校根据自身的学科优势与发展战略方向，逐步引进具有世界影响力的学术领军人物与学术团队，重点订单式成建制引进广州建设国际科技创新中心急需的几类稀缺人才，包括基础科学研究人才、关键核心技术攻关人才、产业发展复合型人才等，整合本土的师资队伍，组建卓越的学科团队和研究团队，推动教学内容与教学方法以及研究国际化。国际化人力资源投入有两种方式：一是吸引国际人才，这是最便捷的方式，可以快速解决人才短缺的问题，但是这不是长久之计；解决人力资源短缺还需仰赖另一个路径，即本土人才国际化培育。采用引进带动本土人才培养的机制，既能够降低人力成本，又能有效提升本土人才队伍国际化水平，快速国际化。

参考文献

张跃国主编《广州城市国际化发展报告（2017）》（广州蓝皮书），社会科学文献出版社，2017。

王辉耀主编《中国留学发展报告（2020~2021）》（国际人才蓝皮书），社会科学文献出版社，2021。

莫家豪：《打造亚洲教育枢纽：香港的经验》，《北京大学教育评论》2016年第10期。

曾小军：《广东提高来华留学生教育吸引力的举措及路径选择》，《高教探索》2015年第10期。

李志刚、闵飞：《中国模式下的"全球化城市"营造：广州经验》，《规划师》2011年第2期。

刘长敏：《刍议大学国际化与城市国际化的良性互动》，《中国高等教育》2011年第5期。

何卫华、黄文革：《高等教育水平与城市国际化内在联系探析》，《管理观察》2015年第7期。

屈哨兵：《推进教育国际化进程 走新型城市化发展道路》，《世界教育信息》2013年第12期。

谢笑珍：《留学生教育可发展为朝阳产业》，《光明日报》2017年4月2日。

Olds K., Yeung H., Pathways to Global City Formation: A View from a Developmental City-state of Singapore, *Review of International Political Economy*, 2004 (3): pp. 489-521.

Ronald K. Vogel, et al., Governing Global City Regions in China and the West, *Progress in Planning*, 2010 (73): pp. 1-75.

城市评价篇
City Evaluation

B.5 2021年全球城市评价排名分析

胡泓媛 杨静萱*

摘　要： 2021年新冠肺炎疫情继续深度影响着世界局势，全球城市发展受到巨大拖累，但也显示出强大的发展韧性，成为世界经济复苏的"领头羊"。科尔尼公司全球城市系列指数、森纪念财团全球实力城市指数、全球金融中心指数和世界知识产权组织创新集群相继更新排名榜单，基础数据基本反映了全球受疫情影响首年的情况，更加直接地体现出疫情对于全球各大城市的影响，更加清晰地揭示出不同城市复苏路径。全球城市发展要取得防疫与可持续发展的平衡，就必须重视科技创新的应用，选择适合自身特点的发展路径。

关键词： 全球城市　城市排名　城市评价

---

* 胡泓媛，广州市社会科学院城市国际化研究所副研究员，研究方向：全球城市评价、国际传播；杨静萱，广东省社会科学院硕士研究生。

全球城市评价排名是把握全球城市发展走势和未来趋向的重要研究工具。多个国际知名的城市研究机构长期跟踪全球城市发展，建立了较为成熟的全球城市评价排名体系，已成为全球城市研究的重要参考。尤其是在新冠肺炎疫情发生两年多来，世界局势不确定性陡然上升，对全球城市格局变化的宏观把握更显必要。2021年，科尔尼公司全球城市系列指数、森纪念财团全球实力城市指数、全球金融中心指数和世界知识产权组织创新集群相继更新了排名榜单，基础数据基本反映了全球受疫情影响首年的情况，更加直接地体现出疫情对于全球各大城市的影响。综合各大排名情况并与往年进行比较分析，可以更加清晰地揭示出全球各大城市不同的复苏轨迹与路径，对全球局势进行较为准确的展望。

一 科尔尼公司全球城市系列指数

从2008年开始，世界知名咨询公司科尔尼启动了全球城市指数研究，以世界主要区域的经济和政治中心城市为研究对象，通过定量研究和分析，评估城市当前的竞争力和未来的发展潜力，形成了评价城市当下发展水平的全球城市指数（Global Cities Index，GCI）和评估城市未来十年发展潜力的全球潜力城市指数（Global Cities Outlook，GCO）两大排名。科尔尼聚焦作为社会、政治和经济活动中心的全球城市，不断纳入新的全球城市作为观察对象，围绕城市聚集的多样化商业活动、人才、知识对城市进行评估和预测，以此反映不断变化的全球环境动态。

2021年全球城市报告（2021 Global Cities Report），记录了新冠肺炎疫情和相关封锁措施对于城市的影响，并继续以全球城市指数和全球潜力城市指数研判全球城市发展态势。本次榜单收录了156座城市，共增加了五座城市，包括横滨、高雄、济南、合肥、昆明，全部位于亚洲，进一步体现出亚洲经济体在全球经济中日益增长的重要性。

(一)2021全球城市系列指数:全球城市复苏新前景

2021年科尔尼全球城市报告将关注亮点从疫情影响转移到复苏上来,《全球城市:全球复苏的新前景与新格局》(*Global Cities: Divergent Prospects and New Imperatives in the Global Recovery*)多次强调城市在面对冲击时发挥的独特韧性。最直接的反映是医疗质量对于城市其他维度指标的强烈连锁反应。全球潜力城市指数中居民满意度得分的普遍下降,显示出城市居民的健康状况以及由之产生的幸福感与城市繁荣程度密切相关。尽管如今全球许多城市的新冠肺炎病例数量有所下降,但它们的城市卫生系统仍然面临巨大压力。

新冠肺炎疫情发生以来,全球城市呈现出前所未有的大变局,新的发展前景开始逐渐显现。全球城市的发展轨迹出现明显差异,那些与全球联系最紧密、往往最依赖其全球连通性和国际特性的城市绝对分值下降最为显著,而国际联系度较低的城市受到的影响则相对较小,但是疫情对宏观经济的拖累也会在后者中逐步显现。国际城市韧性则通过吸引人才和保留国际资本的能力来体现。从这一预判来看,已经显现出复苏态势的全球城市在未来一段时间将继续扩大其领衔优势。

(二)全球城市发展前景出现新变化

1. 全球城市指数:当前全球城市格局变动出现新图景

纽约、伦敦、巴黎与东京2021年继续保持全球城市指数排名前四的位置,进一步展示出它们应对全球动荡的韧性。不同的优势推动第五名以下的城市上下浮动,其中洛杉矶上升2个位次、列第五名,北京、香港分别下降1个位次,居第六名、第七名。芝加哥和新加坡稳定在第八名、第九名。上海和旧金山得益于2020年GCI增加的关于独角兽公司数量的指标,排名取得巨大进步,而上海更胜一筹,在2021年击败旧金山,首次进入全球城市指数排名前十的行列,从侧面反映出疫情促进了上海数字经济和先进技术的发展。在全球城市指数排名前三十的城市中,伊斯坦布尔与墨尔本的排名分别上升7个、6个位次,是排名上升最大的两座城市。

表1 2017~2021年全球城市指数排名前十的城市

排名	2017年	2018年	2019年	2020年	2021年
1	纽约	纽约	纽约	纽约	纽约
2	伦敦	伦敦	伦敦	伦敦	伦敦
3	巴黎	巴黎	巴黎	巴黎	巴黎
4	东京	东京	东京	东京	东京
5	香港	香港	香港	北京	洛杉矶
6	新加坡	洛杉矶	新加坡	香港	北京
7	芝加哥	新加坡	洛杉矶	洛杉矶	香港
8	洛杉矶	芝加哥	芝加哥	芝加哥	芝加哥
9	北京	北京	北京	新加坡	新加坡
10	华盛顿	布鲁塞尔	华盛顿	华盛顿	上海

资料来源：A. T. Kearney, 2021 Global Cities Report。

表2 2021年全球城市指数各维度榜首城市一览

指标	榜首城市	指标	榜首城市	指标	榜首城市
商业活动维度：	纽约	**人力资本维度：**	纽约	**文化体验维度：**	伦敦
财富500强企业	北京	非本国出生人口	纽约	博物馆	莫斯科
全球领先服务企业	伦敦	高等学府	波士顿	艺术表演	**纽约**
资本市场	纽约	高等学历人口	东京	体育活动	洛杉矶
航空货运	香港	留学生数量	**墨尔本**	国际游客	**迪拜**
海运	上海	国际学校数量	香港	美食	**伦敦**
ICCA会议	巴黎	医学院数量	**伦敦**	友好城市	圣彼得堡
独角兽企业数量	旧金山				
信息交流维度：	巴黎	**政治事务维度：**	布鲁塞尔		
电视新闻接收率	**多哈**	大使馆和领事馆	布鲁塞尔		
新闻机构	**纽约**	智库	华盛顿特区		
宽带用户	苏黎世、日内瓦	国际组织	日内瓦		
言论自由	奥斯陆	政治会议	布鲁塞尔		
电子商务	新加坡	国际性本地机构	巴黎		

注：加粗字体城市为与2020年相较的新晋榜首城市。
资料来源：A. T. Kearney, 2021 Global Cities Report。

2021全球城市指数榜单中亚洲及大洋洲（不含中东）城市63座、欧洲城市29座、中东城市22座、北美洲城市17座、拉丁美洲城市15座、非洲及其他地区城市10座，总体上延续了新兴经济体地区城市多、欧美城市少的分布格局，亚洲城市的影响力进一步增强。从城市表现上看，亚洲及大洋洲、拉丁美洲等新兴经济体城市排名波动较为显著。23.8%的亚洲及大洋洲城市（不含中东）、40%的拉丁美洲城市排名上升，57.1%的亚洲及大洋洲城市（不含中东）、53.3%的拉丁美洲城市排名下降。中东城市显示出崛起态势。2021年GCI排名上升6名以上的21座城市中，有6座城市来自中东。地区外交关系的恢复是中东快速崛起的重要因素。在卡塔尔和海湾邻国恢复外交关系之后，多哈排名迅速上升了15个位次，在这次排名中出现最显著的飞跃。其中，人力资本、信息交换和文化经验三方面的贡献最大，反映了全球城市因恢复地区关系经济联系加强，继而影响城市复合利益的关系状态，同时也体现出自给自足和全球连接之间平衡关系的重要性。

2. 全球潜力城市指数：个人满意指标反映疫情的冲击性影响

全球潜力城市指数根据城市目前的状况和政策，评估了未来10年城市成为全球中心的潜力。由于居民幸福感维度的得分显著下降，全球潜力城市指数得分总体都有所下降，但前十名的城市基本保持不变。与前两年一样，2021年伦敦仍然居于榜首，与巴黎、东京和新加坡一样是在GCI和GCO中都排在前十的城市。阿姆斯特丹是居民幸福感得分下降的突出代表，排名跌出前十，下降了11位，集中反映在当地医疗保健指标得分的下降。旧金山也因为疫情对其医疗系统造成冲击下降了14名，跌出前25名。继2020年上升13名之后，阿布扎比的排名进一步上升，得益于其高质量的医疗设施、保健服务以及政府承诺减少对环境的影响，这些都是与个人满意度高度相关的因素。多伦多则因为经济表现低迷排名下降6位，目前排名第八。欧洲城市本期表现远远好于北美城市，超过北美地区成为前景最好的地区。

表3　2017~2021年全球潜力城市指数排名前十的城市

排名	2017年	2018年	2019年	2020年	2021年
1	旧金山	旧金山	伦敦	伦敦	伦敦
2	纽约	纽约	新加坡	多伦多	巴黎
3	巴黎	伦敦	旧金山	新加坡	慕尼黑
4	伦敦	巴黎	阿姆斯特丹	东京	阿布扎比
5	波士顿	新加坡	巴黎	巴黎	都柏林
6	墨尔本	阿姆斯特丹	东京	慕尼黑	斯德哥尔摩
7	慕尼黑	慕尼黑	波士顿	阿布扎比	东京
8	休斯敦	波士顿	慕尼黑	斯德哥尔摩	多伦多
9	斯德哥尔摩	休斯敦	都柏林	阿姆斯特丹	悉尼
10	莫斯科	墨尔本	斯德哥尔摩	都柏林	新加坡

资料来源：A. T. Kearney, 2021 Global Cities Report。

从地域上看，中国的城市正在崛起，与欧洲城市共同构成全球城市新格局。上海、广州、深圳等中国领先城市继续实现排名小幅攀升。作为新冠肺炎疫情期间中国对外开放的主要入境口岸，在经济基础优势的支撑下，中国领先城市还继续巩固了其在商业活动与人力资本上的优势。受到高成长性独角兽公司的发展拉动，城市的商业活动表现良好，尤其是互联网、金融科技、软件、网络安全、电子商务和健康领域等企业在应对疫情危机时展现巨大的活力，反映出数字经济在疫情期间爆炸式增长的巨大影响。

（三）中国城市上升驱动力更加显著

1. 全球城市指数：中国城市迎来数字时代

2021全球城市指数榜单入选的中国城市为31座，增加了合肥、昆明、济南、高雄等4座城市。随着上海迈进全球第十名，已有3座中国城市进入全球前十的行列，追平数量最多的美国城市。西安上升4位列第96名，使进入前100名的中国城市增加至13座。可以看出，中国城市在面对疫情

表4 2021年全球潜力城市指数各维度榜首城市一览

维度	城市	维度	城市	维度	城市	维度	城市
居民幸福感	名古屋	经济状况	基础设施	纽约	创新	北京	治理	斯德哥尔摩
稳定性和安全性	东京、名古屋、大阪、**横滨**	基础设施	迪拜、阿布扎比	人均专利拥有量	明尼那波利斯	科层制质量	多伦多、蒙特利尔、温哥华
健康保障	莫斯科	人均国内生产总值	阿布扎比	私营投资	旧金山	营商环境	努尔-苏丹、阿拉木图
基尼系数	伦敦	外国直接投资流入量	**华沙**	大学赞助的孵化器	莫斯科	透明度	**新加坡**
环境表现	卢森堡						

注：加粗字体城市为与2020年相较的新晋榜首城市。

资料来源：A. T. Kearney, 2021 Global Cities Report。

时展现出了独特的城市韧性。疫情催生的数字经济转型对中国城市的发展形成有效驱动。广泛应用数字技术开展疫情防控、改善商业活动和文化活动的城市取得较好的发展，广州、深圳、杭州和苏州等互联网和信息技术领先的城市，公共服务数字化转型带来的疫情防控和经济社会发展平衡能力更强，财富500强企业数量、独角兽企业数、全球领先服务业企业数量等持续上升，为未来全球城市发展开辟新的思路。

表5　2017~2021年中国城市在全球城市指数榜单中的排名情况

序号	城市	2017年	2018年	2019年	2020年	2021年
1	北京	9	9	9	5	6
2	香港	5	5	5	6	7
3	上海	19	19	19	12	10
4	台北	47	45	44	44	49
5	广州	71	71	71	63	60
6	深圳	80	79	79	75	72
7	杭州	116	117	91	82	80
8	成都	88	89	89	87	88
9	南京	87	88	86	86	90
10	苏州	112	115	95	98	92
11	天津	92	87	88	94	93
12	武汉	100	102	104	93	94
13	西安	114	113	109	100	96
14	长沙	—	124	113	103	102
15	重庆	115	114	105	102	107
16	高雄	—	—	—	—	109
17	青岛	109	110	110	105	110
18	大连	107	106	108	118	120
19	郑州	123	128	119	121	121
20	济南	—	—	—	—	122
21	宁波	—	123	116	122	126
22	沈阳	124	120	118	128	131

续表

序号	城市	2017年	2018年	2019年	2020年	2021年
23	哈尔滨	117	118	114	126	132
24	合肥	—	—	—	—	133
25	昆明	—	—	—	—	134
26	无锡	—	130	124	138	144
27	佛山	—	131	125	142	148
28	烟台	—	132	127	141	149
29	东莞	127	133	128	143	150
30	泉州	128	135	134	144	152
31	唐山	—	134	130	145	155

资料来源：A.T. Kearney, 2021 Global Cities Report。

2. 全球潜力城市指数：中国城市居民幸福感上升显著

回顾全球潜力城市指数发展，中国始终是最值得关注的地区。2021年排名上升超过10位的8座城市中，有5座城市在中国，包括广州（+20）、上海（+15）、深圳（+15）、重庆（+12）和苏州（+10）。中国对其城市长期持续的投资被证明是成功的，为它们发展成为全球城市创造了有利的条件。尤其是在新冠肺炎疫情的处置中，中国城市将体育馆或会议中心等公共场所改造为"方舱医院"以及快速建设野战医院，都为中国城市提供了额外的、急需的床位，通过果断与创新的行动成功控制了病例数量的增加。互联网对于疫情的控制也成效明显，中国医院使用人工智能诊断系统、绘制迁移地图的大数据等高科技，控制了人与人的接触、减少了疫情传播的可能性，都展示了中国城市在城市公共卫生危机治理中的智慧，获得民众的巨大支持和认可。

表6 2017~2021年中国城市在全球潜力城市指数榜单中的排名

序号	城市	2017年	2018年	2019年	2020年	2021年
1	北京	45	47	39	32	23
2	台北	44	38	25	26	24
3	深圳	47	52	49	41	26

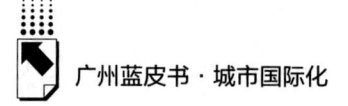

续表

序号	城市	2017年	2018年	2019年	2020年	2021年
4	上海	61	64	51	45	30
5	广州	56	59	65	54	34
6	苏州	57	55	54	55	45
7	高雄	—	—	—	—	53
8	香港	54	54	52	62	54
9	无锡	—	57	64	63	59
10	南京	62	56	57	60	63
11	杭州	60	70	59	68	64
12	武汉	67	71	63	69	66
13	天津	63	65	60	65	67
14	泉州	70	72	67	70	68
15	东莞	84	81	68	71	69
16	长沙	—	67	80	73	71
17	佛山	—	69	75	72	72
18	宁波	—	62	72	74	74
19	重庆	89	88	78	87	75
20	合肥	—	—	—	—	76
21	西安	82	66	61	80	78
22	大连	72	74	69	76	79
23	沈阳	71	77	70	77	80
24	烟台	—	73	81	78	81
25	成都	77	76	73	82	82
26	哈尔滨	78	80	71	79	83
27	济南	—	—	—	—	84
28	唐山	—	75	77	81	85
29	青岛	92	90	79	83	87
30	郑州	85	84	74	85	88
31	昆明	—	—	—	—	90

资料来源：A. T. Kearney, 2021 Global Cities Report。

二 森纪念财团全球实力城市指数

从2008年起，日本森纪念财团城市战略研究所研发全球实力城市指数（Global Power City Index，GPCI），定期跟踪40~50个全球最领先城市的综合竞争力发展状况，为城市管理者、研究者把握最领先城市的发展态势，并相应制定本市的发展战略提供有益参考。全球实力城市指数每年发布一期，采用主客观量分的方式，评价维度包括经济、研发、文化交流、宜居性、环境及交通便利性等方面。

（一）顶级城市排名稳定，但疫情影响仍然深远

2021年全球实力城市指数显示，尽管顶级城市的排名没有发生重大变化，但与新冠肺炎疫情相关的旅行限制、活动限制、工作方式和城市环境的改变仍然影响了各项指标，对于全球城市的发展走势产生了显著的影响。受到新冠肺炎疫情影响的指标具体有股票市值和世界500强企业、文化互动中的文化活动数量、城市宜居性、总失业率、工作方式的灵活性、环境中的空气质量以及国际直航城市的游客数量等。例如，香港、台北和新加坡由于航空旅客显著下降，在航空旅客数量的排名中下降幅度最大，分别下降88%、81%和83%。文化活动的数量指标中，北京、伦敦、东京和莫斯科的得分都较低。而关于工作方式的灵活性指标排名中，日内瓦和东京的排名相比于2020年有所上升，工作方式变得更加灵活，可见疫情进一步增加了工作方式的灵活度。关于城市环境的排名，墨尔本得益于其在城市清洁度、绿化和低二氧化碳排放方面的高分，占据全球第四的高位，尤其在定居吸引力指标上从第9名跃升至第1名，使其成为本轮少数综合排名上升较大的城市之一。

（二）全球城市评分呈总体下调趋势，欧洲城市抗跌能力较强

绝大多数城市在2021年全球实力城市指数中综合评分都出现了下滑，相对排名波动不大。在全球逆境当中，欧洲城市本轮显示出较强的"抗跌"

能力。17座欧洲城市中，有7座实现排名上升，仅有5座城市排名小幅下调。伦敦仍然保持榜首位置，尽管新冠肺炎疫情导致其国外游客数量下降了近75%，但其在文化交流维度中名列前茅。其他欧洲城市经济维度得分均有所提高，是本轮排名提升的主要动力。马德里排名上升4名，首次进入排名前十，主要由于其宜居性得分非常高，得益于其工作方式的灵活性和居民所享有的幸福感、安全感。米兰排名上升最多，从第39名上升至第33名，哥本哈根和布鲁塞尔的排名也分别上升4位，都是源于GDP指标的上升，使城市的"市场吸引力"排名有所上升。报告指出，英国脱欧使欧洲其他主要经济中心的获益逐步显现。

表7 2017~2021年全球实力城市指数中排名前十的城市

排名	2017年	2018年	2019年	2020年	2021年
1	伦敦	伦敦	伦敦	伦敦	伦敦
2	纽约	纽约	纽约	纽约	纽约
3	东京	东京	东京	东京	东京
4	巴黎	巴黎	巴黎	巴黎	巴黎
5	新加坡	新加坡	新加坡	新加坡	新加坡
6	首尔	阿姆斯特丹	阿姆斯特丹	阿姆斯特丹	阿姆斯特丹
7	阿姆斯特丹	首尔	首尔	柏林	柏林
8	柏林	柏林	柏林	首尔	首尔
9	香港	香港	香港	香港	马德里
10	悉尼	悉尼	悉尼	上海	上海

资料来源：Institute for Urban Strategies：The Mori Memorial Foundation，Global Power City Index，2017-2021。

（三）中国城市保持稳定，上海首次进入前十

上榜的中国城市表现基本稳定。上海凭借全面的优异表现继续保持全球前十。香港近年来受到一系列事件的影响，社会动荡加剧，对人员往来和文化交流产生了较大的负面影响，排名自2014年以来首次跌出全球前十，列第13名。北京、台北排名波动不大。

表8 2017~2021年中国城市在全球实力城市指数中的排名

城市	2017年	2018年	2019年	2020年	2021年
香港	9	9	9	9	13
上海	15	26	30	10	10
北京	13	23	24	15	17
台北	36	35	39	37	38

资料来源：Institute for Urban Strategies：The Mori Memorial Foundation，Global Power City Index，2017-2021。

中国城市的传统优势主要集中在经济发展的"硬实力"上，并孕育出研发维度的新优势。报告指出，在经济维度上北京虽然排名没有变化，但得分与前一位城市伦敦的差距进一步缩小；香港在世界500强企业中的地位有所增强，实现其在经济维度的小幅进步；上海的GDP增长出现提速，新增工作场所的增加也使经济维度评分得到提升。在研发维度，过去五年来中国城市稳居全球前10~20位，普遍高于城市综合排名，报告对中国城市的发展潜力表示重点关注。

由于新冠肺炎疫情，旅行受到限制，中国城市与全球发展趋势类似，也出现了国际人流的大幅缩减。中国城市外国人访问数指标在榜单中下降最为显著，上海降幅达87%，但上海还能够实现机场进出港旅客数的相对高位，成为机场进出港旅客数指标的榜首城市，并跃居交通维度排名全球第一，与中国国内大循环的有效拉动有密切关联。上海传统短板居住维度和环境维度的排名正在逐年小幅改善中，疫情使城市宜居性改造更为迫切，推动政府更有力的作为。而文化交流受到疫情的影响更为深重。社交距离的严格限制使文艺演出等聚集性文化活动难以开展，导致中国城市在文化维度的进一步失分。

表9 中国城市在2021年全球实力城市指数各维度排名表现及近年来波动情况

城市	总排名	经济	研发	文化	居住	环境	交通
香港	13	5	10	24	33	24	13
近1年	-4	+1	-1	-4	+5	+5	-3
近5年	-4	+2	+1	-2	+3	-6	-8

续表

城市	总排名	经济	研发	文化	居住	环境	交通
上海	10	10	15	26	37	39	1
近1年	/	+1	/	-7	/	+3	+2
近5年	+5	-5	+3	+9	+1	+2	+2
北京	17	3	12	19	41	43	19
近1年	-2	/	/	-5	+2	+2	-6
近5年	-4	/	+2	-12	-9	/	-4
台北	38	30	23	43	35	19	24
近1年	-1	/	/	/	-4	/	/
近5年	-2	-2	/	+1	+7	-4	-5

资料来源：Institute for Urban Strategies：The Mori Memorial Foundation, Global Power City Index, 2021。

三 全球金融中心指数

全球金融中心指数（Global Financial City Index, GFCI）由英国智库Z/Yen集团与中国（深圳）综合开发研究院共同编制，采用主客观相结合的研究方法对国际金融中心城市发展状况进行评价排名，是目前被国际金融业界使用最为广泛的金融业城市发展状况评价体系之一，自2007年起，于每年3月、9月各更新一期。主要研究方法是通过全球金融从业者对金融中心城市地位的主观评分选择研究对象城市，以营商环境、人力资本、基础设施、金融业发展水平及声誉五大维度构建"要素评估模型"，收集相关发展数据进行客观量化评分，综合得出排名结果。2021年全球金融中心指数如期发布第29期、30期报告，分别有114个、116个城市入选正式榜单，观察城市范围继续小幅扩大。

（一）GFCI30：疫情对于经济影响仍然深刻

第29期中新加入柏林、特立尼达和多巴哥以及波哥大三座城市，全球金融中心数量从111个上升到114个，第30期中再增加内罗毕、华沙两座城市，至此，全球金融中心数量达到116个。新冠肺炎疫情的深度影响也体现在全球金融中心指数中。第30期榜单城市平均得分下降2.05%，这是连续第三期的平均得分下滑，继续低于2019年的水平。纽约仍然居全球金融中心指数排行榜的榜首，伦敦位居第二，这两个中心的评分都略有下降。香港和新加坡虽然继续排在第三和第四，但评分均下降了25个百分点。整体排名前10的金融中心中，仅有1座城市实现评分上升。旧金山、洛杉矶和巴黎进入全球前十名，主要得益于其金融科技的大幅发展。这些排名结果表明，国际贸易持续的不确定性、新冠肺炎疫情大流行的影响，以及地缘政治和地方社会动荡，使人们对世界经济仍然缺乏信心。

（二）北美、中东、东欧及中亚表现相对强劲，亚太中心金融信心回落

从地域上看，北美、中东、东欧及中亚的中心表现更强，而过往表现较强的亚太、西欧中心则整体有所退步。北美11个入选的城市中，有8个中心保持排名或实现排名上升，已有7个北美金融中心进入前20名。GFCI30报告指出，这是由于美国和加拿大逐步摆脱疫情影响，从业者对其国际金融业前景乐观看好。尤其是尽管过去18个月疫情使纽约工作时间和场地发生了重大变化，但是其金融服务业仍成功地维持了业绩。中东和非洲的城市中，居地区首位的迪拜和阿布扎比全球排名均略有提升，卡萨布兰卡也继续保持非洲领先的态势，而开普敦、约翰内斯堡和内罗毕的评分逆势提高了20多分。基加利和拉各斯作为两座新城市则首次加入全球金融中心指数排行榜。

西欧金融中心地区只有伦敦继续在该地区保持领先地位，其他西欧金融中心则表现不一。巴黎、阿姆斯特丹、马德里、斯德哥尔摩、汉堡和慕尼黑的排名有所上升，但法兰克福、苏黎世、爱丁堡、卢森堡、斯图加特和布鲁塞尔则有所退步，报告指出这是受英国脱欧后西欧中心竞争日趋激烈的影响。亚太地区的中心在GFCI30中的评分普遍下降，只有少数城市排名相对

表10 2017~2021年全球金融中心指数排名前十的城市

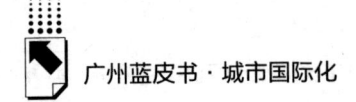

排名	2017年		2018年		2019年		2020年		2021年	
	第21期	第22期	第23期	第24期	第25期	第26期	第27期	第28期	第29期	第30期
1	伦敦	伦敦	伦敦	纽约	纽约	纽约	纽约	纽约	纽约	纽约
2	纽约	纽约	纽约	伦敦	伦敦	伦敦	伦敦	伦敦	伦敦	伦敦
3	新加坡	香港	香港	香港	香港	香港	东京	上海	上海	香港
4	香港	新加坡	新加坡	新加坡	新加坡	新加坡	上海	东京	香港	新加坡
5	东京	东京	东京	上海	上海	上海	新加坡	香港	新加坡	旧金山
6	旧金山	上海	上海	东京	东京	东京	香港	新加坡	北京	上海
7	芝加哥	多伦多	多伦多	悉尼	多伦多	北京	北京	北京	东京	洛杉矶
8	悉尼	悉尼	旧金山	北京	苏黎世	迪拜	旧金山	旧金山	深圳	北京
9	波士顿	苏黎世	悉尼	苏黎世	北京	深圳	日内瓦	深圳	法兰克福	东京
10	多伦多	北京	波士顿	法兰克福	法兰克福	悉尼	洛杉矶	苏黎世	苏黎世	巴黎

资料来源:Z/Yen,China Development Institute (CDI):The Global Financial Centres Index, 21st–30th edition。

表11 2017~2021年中国城市在全球金融中心指数排行榜中排名变化

城市	2017年 第21期	2017年 第22期	2018年 第23期	2018年 第24期	2019年 第25期	2019年 第26期	2020年 第27期	2020年 第28期	2021年 第29期	2021年 第30期
香港	4	3	3	3	3	3	6	5	4	3
上海	13	6	6	5	5	5	4	3	3	6
北京	16	10	11	8	9	7	7	7	6	8
深圳	22	20	18	12	14	9	11	9	8	16
广州	37	32	28	19	24	23	19	21	22	32
成都	—	86	82	79	87	73	74	43	35	37
青岛	38	47	33	31	29	33	99	47	42	38
台北	26	27	30	32	34	34	75	42	40	67
杭州	—	—	—	89	99	104	98	109	108	111
天津	—	—	63	78	81	102	100	108	110	112
大连	75	92	96	100	101	101	102	110	111	113
南京	—	—	—	—	—	103	101	89	113	114
西安	—	—	—	—	—	—	—	105	112	115
武汉	—	—	—	—	—	—	—	111	114	116

资料来源：Z/Yen, China Development Institute (CDI)：The Global Financial Centres Index, 21st–30th edition。

上升。在新冠肺炎疫情的拖累下，亚太地区的经济效益与追赶地区的相对差距缩小，发展前景预期相对回落。

（三）中国内地金融中心金融科技排名位于前列

疫情对中国城市金融业发展的打击确为显著，GFCI30仅有香港和青岛排名有所上升，其他中国城市排名均出现下滑。从细分维度上看，上海、北京、香港、深圳在银行、投资管理、保险、专业服务、政府和监管、金融、金融科技和贸易细分排名中入围全球前15名，未来前景看好。在最值得生活和工作的城市调查问卷中，香港、北京和上海均入围，主要是因为城市的金融服务和城市文化对于受访者的吸引力更大。

虽然金融业现阶段受打击较大，出现一定的回撤，但国际金融从业者对中国城市的长期发展前景还是较为乐观。上海、北京、香港、青岛、广州、深圳等6座城市继续入选全球15个"有望进一步提升影响力的金融中心"榜单。

表12 有望进一步提升影响力的金融中心

排名	第25期	第26期	第27期	第28期	第29期	第30期
1	上海	青岛	青岛	古吉拉特邦国际金融科技城（GIFT）	古吉拉特邦国际金融科技城（GIFT）	古吉拉特邦国际金融科技城（GIFT）
2	青岛	上海	斯图加特	斯图加特	首尔	首尔
3	法兰克福	斯图加特	上海	青岛	斯图加特	新加坡
4	新加坡	香港	北京	上海	上海	上海
5	古吉拉特邦国际金融科技城（GIFT）	巴黎	首尔	新加坡	青岛	斯图加特
6	成都	法兰克福	深圳	首尔	新加坡	北京
7	香港	深圳	广州	北京	北京	香港

续表

排名	第25期	第26期	第27期	第28期	第29期	第30期
8	巴黎	北京	新加坡	广州	深圳	青岛
9	卡萨布兰卡	新加坡	香港	深圳	广州	纽约
10	都柏林	东京	巴黎	香港	香港	广州
11	斯图加特	伦敦	法兰克福	巴黎	纽约	伦敦
12	深圳	首尔	伦敦	迪拜	巴黎	迪拜
13	北京	努尔苏丹（曾用名：阿斯塔纳）	都柏林	法兰克福	伦敦	基加利
14	伦敦	都柏林	努尔苏丹（曾用名：阿斯塔纳）	成都	迪拜	深圳
15	阿斯塔纳	苏黎世	东京	纽约	法兰克福	法兰克福

资料来源：Z/Yen, China Development Institute (CDI): The Global Financial Centres Index, 25th-30th edition。

数字经济时代，金融科技成为中国城市在全球金融中心排名中"弯道超车"的重要抓手，已显现出明显的回报。在全球金融科技中心排名前二十城市中，中国城市占据5席，仅次于美国。中国城市全球金融科技中心排名普遍高于其全球金融中心指数的综合排名，大部分城市排名比综合排名高出十位以上，对综合排名表现形成有效的拉动。

表13 中国城市在GFCI30全球金融科技中心排名中的表现

城市	金融科技中心排名	综合排名	城市	金融科技中心排名	综合排名
上海	2	6	成都	60	37
北京	5	5	天津	73	112
深圳	7	16	杭州	77	111
香港	8	3	大连	85	113
广州	13	32	南京	93	114
青岛	26	38	西安	96	115
台北	43	67	武汉	105	116

资料来源：Z/Yen, China Development Institute (CDI): The Global Financial Centres Index, 30th edition。

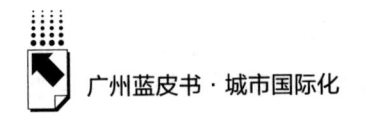

四 全球创新指数创新集群排名

由世界知识产权组织、康奈尔大学、欧洲工商管理学院联合推出的全球创新指数（Global Innovation Index，GII），始创于2007年，每年发布一期，评估各经济体创新表现，为各国创新政策的制定提供参考，同时呼吁全球重视创新环境的营造和创新活动的支持。创新活动具有地理区位的相对集中性，"创新集群"对于全球创新能力的贡献尤为突出。为此，从2017年起，GII报告设置"创新集群"排名，聚焦全球领先的科技创新集群城市发展动态。集群依据过去五年时间窗口，世界知识产权组织的专利合作条约（PCT）所提交专利申请中列出的发明人的地理编码地址划定，通过与处于某一集群的发明人有关的PCT申请数量衡量识别集群的规模，通过该编制方法可以评估不同集群的表现如何随着时间推移而变化。

（一）全球创新指数2021：创新投资展现极大弹性

世界知识产权组织《2021年全球创新指数报告》（GII2021）介绍了全球创新趋势和132个经济体的创新表现，通过对研发支出或获得创新融资等维度的分析，考察新冠肺炎疫情如何影响全球创新的绩效。报告提出，全球创新投资自新冠肺炎疫情以来呈现出不同于以前的发展特征。历史证据表明，以往大流行病来袭时，创新投资都会大幅下降，但本轮新冠肺炎疫情来袭时，已经处于历史最高峰的创新投资却展现出极大的弹性。2020年科学产出、研发支出、知识产权申请和风险资本交易在危机前高峰表现的基础上继续增长。例如，全球科学文章出版增长7.6%；研发支出增长的研发密集型企业占比达60%；风险资本交易甚至增长5.8%，超过了过去10年的平均增长速度。新兴经济体持续改善其创新表现和体系，亚太地区的经济增速超过了北美和欧洲地区的降幅，非洲及拉丁美洲和加勒比地区也出现了两位数的增长。中国、土耳其、越南、印度和菲律宾的进步速度尤其显著，过去十年，这五个经济体的排名平均跃升了22位。它们通过国际技术转让与成功的国内创新形成互补,在创新方面实现了追赶。由于它们都是大型经济体,这一变化有可能从根本上改变全球创新格局。

(二)创新集群格局悄然变化

新的科技集群正在涌现,其中大部分集中在少数国家。2021年全球前100个创新集群榜单成员出现了小幅调整,沈阳、大连和韩国的大邱集群成为新晋成员,而法国的格勒诺布尔、巴塞尔,美国俄亥俄州的哥伦布出局。全球前十名的变化中,北京超过首尔,位居第二;上海与纽约市排名互换,上升到第八名。排名上升最多的三个集群全部位于中国——青岛(升16位)、沈阳(升14位)和大连(升13位)。

表14 2017~2021年排名前十的创新集群

排名	2017年	2018年	2019年	2020年	2021年
1	东京-横滨	东京-横滨	东京-横滨	东京-横滨	东京-横滨
2	深圳-香港	深圳-香港	深圳-香港	深圳-香港-广州	深圳-香港-广州
3	加利福尼亚州圣何塞-旧金山	首尔	首尔	首尔	北京
4	首尔	加利福尼亚州圣何塞-旧金山	北京	北京	首尔
5	大阪-神户-京都	北京	加利福尼亚州圣何塞-旧金山	加利福尼亚州圣何塞-旧金山	加利福尼亚州圣何塞-旧金山
6	加利福尼亚州圣地亚哥	大阪-神户-京都	大阪-神户-京都	大阪-神户-京都	大阪-神户-京都
7	北京	波士顿-剑桥	波士顿-剑桥	波士顿-剑桥	波士顿-剑桥
8	波士顿-剑桥	纽约	纽约	纽约	上海
9	名古屋	巴黎	巴黎	上海	纽约
10	巴黎	加利福尼亚州圣地亚哥	加利福尼亚州圣地亚哥	巴黎	巴黎

资料来源:世界知识产权组织《全球创新指数报告》(2017~2021年)。

资本充裕的地区对创新活动的投入更多，但随着对创新活动的重视程度提升，更多的中等收入经济体加大创新投入，打造出居世界前列的创新集群。东南亚、东亚和大洋洲正在缩小与北美洲和欧洲的全球创新鸿沟。本期泰国在企业投资研发方面排名第一，德里、孟买和伊斯坦布尔创新投入也出现了强劲的上涨。前100个科学技术集群由26个经济体组成，其中有六个中等收入经济体，分别为巴西、中国、印度、伊斯兰共和国、土耳其和俄罗斯。从收入水平来看，排名前100的创新集群中属于高收入水平的集群有72个，占比72%；属于中等偏上收入水平和中等偏下收入水平的创新集群分别有25个、3个。

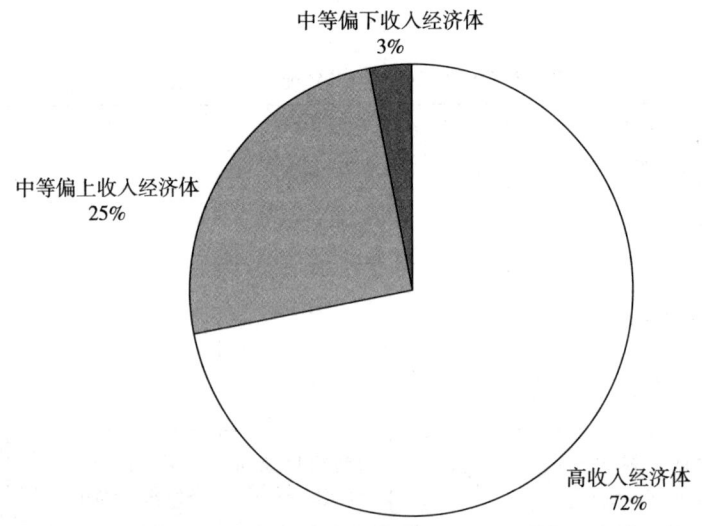

图1　2021年各收入水平创新集群数量分布

资料来源：世界知识产权组织《2021年全球创新指数报告》。

美国继续拥有最多的创新集群（24个），其次是中国（19个）、德国（9个）和日本（5个）。中国创新集群的科技产出增长最大，拥有增长最快的创新集群青岛（+33.1%）和苏州（+21.7%）创新集群。除中国以外的其他中等收入群体也有强劲的增长，包括德里（+6.6%）、孟买（+6.3%）和伊斯坦布尔（+5.5%）创新集群。高收入经济体创新集群的增长速度低于中等收入经济体,例如,美国创新集群内部的下降是经济增长放缓的主要原因。也有一些明显的例外,即日本的金泽(+12.1%)、大戎(+9.0%)及澳大利亚的墨尔本(+7.8%)创新集群。

欧洲和美国创新集群科技活动更为活跃。美国有9个创新集群列全球前25名当中,其次是德国和瑞典(各有三个)。销售强度更高的科技公司活动驱动了一个集群的输出,排名前25个集群中有15个集群的大部分输出是专利。

(三)中国创新发展水平再创新高

以中国为首的部分中等收入经济体正在悄然改变创新格局。GII2021中国创新能力综合排名第12,较2020年排名上升2位,首次进入东南亚、东亚和大洋洲(东南亚—大洋洲)地区前三位,并继续领跑中等偏上收入组,仍是唯一进入前30位的中等收入经济体。特别是在创新产出方面,按国内生产总值计算,中国的本国人专利、商标和工业品外观设计申请量均高于日本、德国和美国。但在人力资本和研究(尤其是研究人员、高等教育入学率)、市场成熟度和商业成熟度、创新制度等指标方面仍呈现明显的劣势。

中国创新集群领先优势不断强化。本期新增了沈阳、大连,上榜中国城市达20个,与美国集群数量差距缩小。深圳—香港—广州集群继续稳居全球第二、国内第一。全球前十当中,北京、上海也实现了排名提升,进一步巩固中国的创新领先地位。增长最快的集群也在中国,如青岛(+33.1%)、苏州(+21.7%)创新集群。

表15 2017~2021年中国创新集群在世界创新集群中的排名情况

序号	集群名称	2017年	2018年	2019年	2020年	2021年
1	深圳-香港-广州	2（广州63）	2（广州32）	2（广州21）	2	2
2	北京	7	5	4	4	3
3	上海	19	12	11	9	8
4	南京	94	27	25	21	18

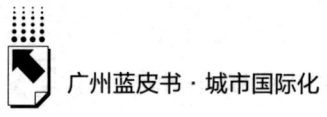

续表

国内排名	集群名称	2017年	2018年	2019年	2020年	2021年
5	杭州	85	41	30	25	21
6	武汉	—	43	38	29	25
7	西安	—	52	47	40	33
8	台北—新竹	—	40(台北)	43(台北)	27	28
9	成都	—	56	52	47	39
10	天津	—	67	60	56	52
11	长沙	—	68	67	66	59
12	青岛	—	—	80	69	53
13	苏州	100	100	81	72	63
14	重庆	—	—	88	77	69
15	合肥	—	97	90	79	73
16	哈尔滨	—	93	87	80	75
17	济南	—	99	89	82	76
18	长春	—	95	93	87	81
19	沈阳	—	—	—	—	90
20	大连	—	—	—	—	97

资料来源：世界知识产权组织《全球创新指数报告》（2017~2021年）。

五 后疫情时代全球城市发展的启示

毫无疑问，全球城市正在引领世界从新冠肺炎疫情中复苏。这场疫情给世界造成了重创，但也创造了历史性的机遇，使下一代城市发展目标的实现，即以人民福祉为中心、以可持续发展为导向的人类命运共同体的构建，凝聚更大范围、更深程度的世界共识。围绕这一目标做出不懈努力的全球城市，都在全球城市体系中收获更高的位次和威望。

（一）防疫与可持续发展的平衡极具考验

在新冠肺炎疫情期间，全球城市都在经历一项根本的权衡，即重新开放以确保经济发展与继续封闭以减少风险暴露之间的抉择。世界各国乃至地方决策者都在不断的决策实践中为其他地方提供多种路径的探索和试错。中国、澳大利亚都实行了较为严格的边境关闭政策，将本国与世界其他地区隔离开来，使得国内流动得以暂时快速地恢复正常化。这些地区城市也因此在国内文化、环境等方面表现较为突出，全球排名得以上升。迪拜重新向国际旅客开放的时间相对较早，这得益于其严格的检测要求、蓝牙技术在流行病学调查中的应用以及疫苗的快速推出。这些措施都维护了经济发展的收益。另外，民众的健康福祉也是决策者的重要考量。世界各地的干预研究已经证明，最大限度的非医疗干预措施，即封锁边境、限制聚集、保持社交距离等在与疫情的对抗中发挥着更大的作用，是对民众生理健康最有利的保护方式。但与此同时却容易滋生心理健康的问题以及生活成本问题，不利于民众的情感和社会福祉。两年多来，多数国家和地区都在反复的封闭和开放中小心翼翼地前行。值得注意的是，这些反复探索最重要的价值在于为医疗体系的扩容和公共服务技术的升级争取时间，以确保在未来不可避免的危机中保持城市韧性，而不是将暂时性的封闭措施常态化。

（二）城市要重视科技创新的应用

科技创新对于城市发展全方位的促进作用在本次疫情期间得到了淋漓尽致的反映。前沿技术为我们控制疫情传播带来巨大的希望。世界知识产权组织掌握的数据显示，软件和信息通信技术（信通技术）服务、信通技术硬件和电气设备以及药品和生物技术的创新投资增长尤其快，其成果为遏制大流行病及减轻其后果提供了重要的技术支撑。新冠疫苗的快速研发是技术进步的最直接体现，信通技术为流行病学调查和传播风险预判提高了科学性、精准性，在油价高企的市场环境下人们更加接受可再生能源技术以降低对化石能源的依赖。过去多年中，全球创新指数研究机构一直在呼吁世界各国重视创新投入，以改变创新活动仅在少数高收入经济体聚集的状况，但进展有限。这场大流行病则使全世界深刻地认识到必须充分利用创新的力量，共同实现富有凝聚力和活力的可持续复苏。一些中等收入经济体近年来已经在采取持续的行动，追平创新的领先者。面向未来，还值得关注的是未能对大流行病产生直接遏制作用的部门的创新刺激。这些部门的研发支出由于经济的衰退受到不同程度的削减。政府在将创新和研发作为当前经济刺激计划优先事项时，要特别注意对各个领域创新的广泛覆盖，鼓励创新技术更广泛地应用于提高生活水平、改善人类健康和保护环境。

（三）城市要探索符合自身特点的复苏路径

虽然全球复苏的道路将曲折而漫长，但从上述排名结果来看，仍有不少城市抓住全球格局变动的契机，找准自身优势，在逆境中实现发展。上海、旧金山等城市提前布局，积蓄数字经济和金融科技主体力量，在疫情特殊环境下显现出巨大的发展优势，使它们在多个排名中取得突出的表现。墨尔本、阿布扎比等城市大力完善医疗系统、提升城市环境，其在宜居方面的优势提升了人们居住的安全感和幸福感，从而推动了全球排名的稳定上升。马德里、米兰等西欧经济中心城市虽然不断承受封城和开放的挑战，但是大力推出有利于工作方式灵活性等应对改革措施，成功在英国脱欧的进程中吸收了更好的市场机会，疏解了经济下行的压力，为疫后经济的复苏重振打下良好的基础。在人员流动受到限制的情况下，地区首位城市的信息和资源配置枢纽功能愈加凸显，也形成了一波全球城市体系中后部城市的上升潮，中东和非洲地区的金融中心表现得尤为显著。全球格局的变动是挑战更是机遇，在多数国家开放重启、世界经济缓慢复苏的当下，城市决策者要更加重视审视和反思这场危机当中本城市具有的优势和短板，找准适合的发展道路和突破口，取得可持续的健康发展。

参考文献

伍庆、胡泓媛等：《全球城市评价与广州发展战略》，中国社会科学出版社，2018。
世界知识产权组织：《全球创新指数报告》（2017~2021年）。

唐承辉、张衔春:《全球城市区域合作网络结构演变——以粤港澳大湾区为例》,《经济地理》2022 年第 2 期。

姜炎鹏、陈囿桦、马仁锋:《全球城市的研究脉络、理论论争与前沿领域》,《人文地理》2021 年第 5 期。

郭靖、倪鹏飞:《新视角下全球城市分级的理论依据与实践启示》,《区域经济评论》2021 年第 2 期。

A. T. Kearney: *Global Cities Report*, 2008-2021.

Institute for Urban Strategies: The Mori Memorial Foundation, Global Power City Index, 2008-2021.

Z/Yen, China Development Institute (CDI): The Global Financial Centres Index, 19th-30th edition.

国际经贸篇
International Economics and Trade

B.6 广州对外投资合作的特征、成效与发展战略研究

伍 庆　胡泓媛　吴子衿　罗世晴*

摘　要： 2011年以来，广州对外投资合作快速发展，快速拉动广州本地经济社会发展。宏观数据显示，2011~2020年广州境外投资额高速增长，投资方式多样化，在区位选择上形成以亚洲为中心辐射全球的投资布局，尤其是面向香港、RCEP地区以及共建"一带一路"新兴经济体的投资关系加速发展；在产业布局上商贸类投资突出、制造业投资和高科技合作攀升、资源类投资促进绿色发展。重点企业走访调研显示，广州企业国际市场竞争力全面增强，高效利用资源壮大国内大循环，产能合作参与国际循环质量大幅提高，并提供了构建人类命运共同体的生动实践。尽管广州对外投资合作取得上述成就，

---

* 伍庆，广州市社会科学院城市国际化研究所所长、研究员、博士，研究方向：全球城市、国际交往；胡泓媛，广州市社会科学院城市国际化研究所副研究员，研究方向：城市形象、国际传播；吴子衿，广东粤海控股集团有限公司财务共享中心主管，研究方向：国际金融；罗世晴，广州开发区战略研究院有限公司研究主管，研究方向：国际经贸。

广州对外投资合作的特征、成效与发展战略研究

还是面临不少困难。新形势下推动广州对外投资合作高水平发展，要推动建立广州企业高水平对外投资合作的战略体系，实施全球产业布局优化战略、投资主体联动发展战略、对接平台功能提升战略、综合管理服务提升战略，为企业对外投资合作保驾护航。

关键词： 对外投资合作　投资区域　投资产业　广州企业

广州是中国对外经济贸易合作的先行城市，多年来积极构建高水平开放经济体系，大力推动企业"走出去"，境外投资结构持续优化。尤其是"一带一路"倡议提出以来，广州加速向共建"一带一路"地区布局，越来越多的企业把创新实践从广州拓展到海外市场。"十三五"期间广州市新增对外直接投资额约占累计投资总额的一半，对广州本地经济社会发展起到了良好的拉动作用。国家《"十四五"商务发展规划》明确了提升对外投资和经济合作水平的主要任务，支持企业参与全球产业链供应链重塑，促进国内外产业协同，引导对外投资合作平稳有序发展，推动中国产品、服务、技术、品牌、标准走出去。在加快构建新发展格局的"十四五"时期，广州要把握"一带一路"高质量发展和RCEP签署的机遇，用好企业对外投资在"双循环"格局中的连接功能，为我国经济高质量发展做出更大贡献。联合课题组通过宏观数据分析、实地走访在穗对外投资重点企业的方式，分析掌握广州企业对外投资合作的结构特征、成效及遇到的实际问题，研究进一步推动对外投资纵深发展、促进广州产业转型升级、提升广州企业的国际竞争力和影响力的战略思路。

一　广州对外投资合作的结构特征与发展趋势[①]

改革开放以来，广州企业跟随国家对外投资合作发展步伐不断加快，经

---

① 本部分基于广东省对外投资合作数据库2011~2020年注册地为广州的企业境外投资数据分析。

历了"起步探索（1979~1991年）""调整恢复（1992~2001年）""快速发展（2002~2012年）""全面发展（2013年至今）"等阶段，形成了以民营企业为投资主力，投资规模持续扩大，主要地区国家、主要行业门类全覆盖的发展格局。"十二五"以来，广州企业对外投资合作发展势头强劲，把握住"一带一路"倡议的机遇实现全面发展，投资布局持续拓展，投资结构、方式优化升级，成为推动社会经济发展的重要力量。

（一）总体情况

2011~2020年，广州境外投资高速发展，改革开放以来绝大部分境外投资在这十年间进行。广州企业经核准备案投资设立1563家非金融类境外企业（机构），中方协议投资额235.87亿美元。其中，对第三产业投入最大，占该时期新增中方协议投资总额的75.5%；第二产业占比为21%，主要集中在制造业、采矿业等传统工业；第一产业境外投资正在逐步兴起，但受到产业体量的限制，占比仅为3.6%。占该时期新增中方协议投资总额5%以上的门类有租赁和商务服务业，批发和零售业，房地产业，制造业，信息传输、软件和信息技术服务业。

从投资方式上看，广州企业投资呈多样化的趋势。随着投资视野、投资思路的不断拓宽，广州企业愈加大胆地探索新的、因地制宜的投资方式，企业并购成为近十年投资方式的热门增长点。并购类投资企业数量占比由十年前的6.5%上升到近十年的16.3%，且普遍应用于各行业的对外投资中。仅2017年，广州企业对境外投资国家和地区实施并购366起，新增中方协议投资额达64.91亿美元。采用并购方式的对外投资面临更复杂的政策市场环境和管理风险，广州企业海外投资并购企业数量和规模的快速上涨，反映越来越多的广州企业在资金投入、技术开发、人才储备、跨国管理能力等方面已具备开展跨国并购的实力和条件，对外投资愈加成熟自信。

（二）区位选择特征与发展趋势

广州企业形成以亚洲为中心辐射全球的投资布局，尤其是面向香港、

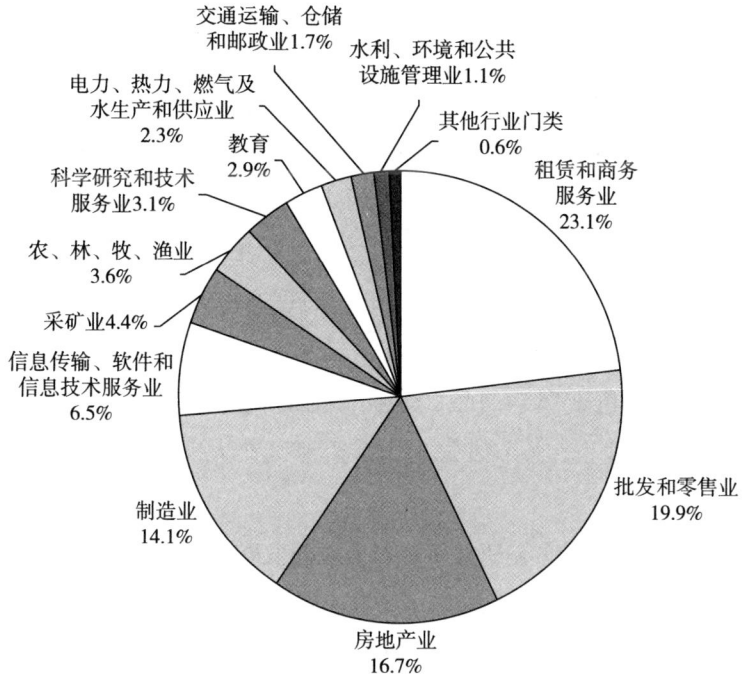

图 1　2011~2020 年广州新增中方协议投资额行业门类分布

资料来源：广东省对外投资合作数据库。

RCEP 地区以及共建"一带一路"新兴经济体的投资关系加速发展。

1. 香港成为广州企业走向国际的"超级联系人"

广州企业长期以来与香港保持着紧密的联系。香港一直是广州企业的投资重点区域，早年大批批发零售业企业到香港投资从事转口贸易业务，投资企业数量及投资额均稳居各目的地地区首位。近年来广州企业利用香港的"超级联系人"地位，赴港设立子公司，开展全球贸易中转、分销和融资相关业务。2011~2020 年新增港澳地区投资企业（机构）数量为 721 个、占比达 47.86%，新增中方协议投资额为 108.43 亿美元、占比达 47.64%。在香港投资体量较大的广电运通金融电子股份有限公司、赫基（中国）服饰有限公司等都是为了更好地运作本企业品牌产品全球销售网络。以越秀企业（集团）有限公司为代表的企业还广泛涉猎股权投资、工业加工制造、石油制品、进出口贸易、物业管理服务等领域。

2. 与RCEP成员供应链建构初具雏形

RCEP成员，尤其是东盟十国是广州企业投资最密集的外国地区。2011~2020年新增RCEP成员投资企业（机构）数量290个、占比达18.55%，新增中方协议投资额为49.62亿美元、占比达21.04%，其中东盟十国投资企业（机构）数占比11.9%、新增中方协议投资额占比达14.01%。东盟地区往往是广州企业对外投资的首站，近年来投资继续保持较大的新增规模。新增投资重心正在从轻工业产品的批发零售转向大宗商品供应业务，有色金属、油品、煤炭、化工制品进出口业务投资增幅较大，可见广州企业正在逐步发掘利用东盟地区在大宗商品全球供应链中的枢纽优势。

3. 面向"一带一路"新兴经济体投资蓬勃发展

新兴市场国家，尤其是共建"一带一路"国家是近十年广州境外投资重点发展的区域。"一带一路"倡议的深入推进，为境外投资搭建了很多新的重要平台，推动共建国家合作发展步入新阶段。2011~2020年广州对共建"一带一路"国家新增投资企业（机构）267个、占比17.08%，新增中方协议投资额50.11亿美元、占比达21.24%。

表1 2011~2020年广州新增对外投资主要区域流向

单位：%

区域	新增企业(机构)数比重	新增中方投资额比重
港澳	47.86	47.64
东盟十国	11.90	14.01
中东	1.47	5.29
非洲	4.22	6.00
欧盟二十八国	6.72	6.79
共建"一带一路"国家	17.08	21.24
RCEP成员	18.55	21.04

资料来源：广东省对外投资合作数据库。

共建"一带一路"国家，尤其是亚非地区国家广阔的市场、丰富的自然资源和优越的自然条件，对广州租赁和商务服务业，批发和零售业，消费品制造业，采矿业，以及农、林、牧、渔业形成巨大的吸引力。采矿业和农、林、牧、渔业在亚非国家的投资尤为突出。2014年广州东送能源集团有限责任公司依托乌干达苏库卢地区丰富的矿产资源，投资苏库卢多金属矿综合产业开发项目，并以此为基础建设中国（广东）—乌干达国际产能合作工业园。农、林、牧、渔业的投资已发展为育种、种植、养殖、收购、加工、仓储、贸易、出口等多环节共建的格局。代表企业广东海大集团股份有限公司投资行业门类涉及第一、第二、第三产业，在印度、越南、印度尼西亚进行农、林、牧、渔服务业投资，提供渔业服务业、鸭的饲养、内陆养殖相关业务，并进行饲料、畜禽、水产品、动物保健品、农副产品制造业和批发零售业投资，形成从生产到销售的一体化投资模式。

（三）投向产业特征与发展趋势

广州企业投资的产业分布充分显示出千年商都的时代特征，制造业和高科技产业投资的攀升正在释放新的增长动能，资源类投资对全球绿色发展做出了突出贡献。

1. 商贸类投资特征突出

广州对外投资合作的"枢纽"功能十分突出，商贸流通类的投资至今仍占据主体地位，主要体现在租赁和商务服务业，批发和零售业，交通运输、仓储和邮政业等行业发展上。租赁和商务服务业是广州企业对外投资合作的最主要行业，"十二五"以来仍保持高增长势头，2011~2020年租赁和商务服务业新增中方协议投资额54.39亿美元。得益于广交会的带动作用，批发和零售业也成为广州最早"走出去"的行业门类之一，"十二五"以来仍然保持为广州对外投资合作的第二大产业，其中批发业体量显著大于零售业，反映出广州作为国际贸易重要枢纽城市、珠三角制造业门户城市的特点。国际综合性交通枢纽功能的持续完善，交通运输、仓储和邮政业扩大对外投资，有效支撑国际商贸的物流发展。2011~2020年交通运输、仓储和邮政业新增44个境外投资企业（机构），新增中方协议投资额4.09亿美元。体量较大的南方石化集团有限公司的仓储物流投资，已形成布局中国沿海、辐射亚太地区的国际级先进仓储物流群，服务涵盖仓储、码头、国际航运、海上供油、船舶管理等石化物流的各个环节，成为华南区域面向国际供应链物流的重要一环。

商贸相关企业面向北美洲的投资趋强。租赁和商务服务业在美洲的网络平台建设、海外仓储、商品展销、国际旅游、产品展示等业务增幅较大。适应美国消费市场需要的批发零售企业投资增速呈加快趋势，如广东和泰金安黄金交易有限公司、美国名创优品生活百货公司等，经营范围主要涉及黄金产品等金属制品及金属矿产品批发、日用品销售、货物进出口贸易等业务。

2. 制造业投资稳步攀升

"十二五"以来广州制造业投资规模逐步增大，其中装备制造业、消费品制造业是主要的行业选择。高技术制造业[①]实现较快增长，2011~2020年新增中方协议投资额4.98亿美元，占该时期制造业新增中方协议投资额的15%。其中医药制造业新增境外投资企业（机构）数量最多，占高技术制造业总量的23.7%；投资规模最大，占高技术制造业总量的51.4%。广州医药集团有限公司做出了突出贡献，主要投资范围涉及中药材种植，各类商品的生产、经营、进出口、运输、配送等服务，提供从生产到配送的一体化中成药综合服务。计算机、通信和其他电子设备制造业新增境外投资企业（机构）数量也较多，占高技术制造业总量的19%，但投资规模较小。消费品制造业公司以广州汤臣佰盛有限公司为代表。广州汤臣佰盛有限公司投资于保健食品制造行业，主要经营范围涉及益生菌产品、保健食品、普通食品和婴幼儿用品的研发、生产和销售，2018年成功收购澳洲知名益生菌品牌LSG。

制造业在各地区的投资都有明显增长。其中欧盟、东盟十国、北美洲、

---

① 依据国家统计局的国民经济分类指导意见，高技术制造业主要包括：医药制造，航空、航天器及设备制造，电子及通信设备制造，计算机及办公设备制造，医疗仪器设备及仪器仪表制造，信息化学品制造等6大类，本文依此口径进行数据统计。

非洲、港澳地区新增境外投资企业（机构）数量增幅较大。新增中方协议投资额也出现大幅上升。对中东的制造业投资项目不多，但单个投资体量大，如广州泛亚聚酯有限公司在沙特投资的泛亚沙特能源集团有限公司对制造业投资总量贡献较大。

3. 高科技合作异军突起

广州企业以新一代信息技术、通信技术投资及产品研发技术合作为目的的高科技对外投资合作正在打开新的局面。信息传输、软件和信息技术服务业对外投资发展时间较短但发展迅猛，2011~2020年该行业新增境外投资企业（机构）已达175个，并从2015年起进入提速状态。2015年以前每年新增中方协议投资额不足1亿美元，2015~2019年每年平均新增中方协议投资额达2.94亿美元。其中，电信、广播电视和卫星传输领域资本规模较大，中方协议投资额超5000万美元的7个项目中有4个项目涉及电信、广播电视和卫星传输服务或相关基础设施建设。科学研究和技术服务业"走出去"规模也大幅增长，新增中方协议投资额6.92亿美元。企业愈加重视在5G、人工智能、芯片等领域研发投入，研究和试验发展服务业实现较快增长，新增境外投资企业（机构）22个。

信息传输、软件和信息技术服务业投资区域广泛覆盖亚洲、欧洲、非洲、北美洲、拉丁美洲、大洋洲等地区，少数国家（地区）的集中度较高。美国是互联网及信息技术的领先国家，相关投资商对美国的优质资产具有极大兴趣。广州汇量网络科技股份有限公司成功收购美国全球移动原生广告平台 NativeX LLC。科学研究和技术服务业的投资集中度很高，主要分布在美国、中国香港、新加坡等国家（地区）。面向美国的投资项目最多，且涉及领域广泛。在美国新增境外投资企业（机构）53个，占该时期科学研究和技术服务业总量的96.3%。在美投资企业经营范围广泛，涉及人工智能、激光雷达、生物科技、新能源汽车、新型材料、医药及医疗器械等多方面业务。

4. 资源类投资助力绿色发展

资源类对外投资项目较少，但是资金规模较大，对上游技术、设备、人才以及下游供应链生产带动作用强，因此资源类产业"走出去"也是不可忽视的。在广州的资源类企业中，采矿业和电力热力企业对外投资较为突出。2011~2020年广州采矿业新增境外投资企业（机构）仅有8个，但中方协议投资额超过10亿美元。电力热力产业是对广州经济发展贡献度较大的产业之一，"十二五"以来电力、热力生产和供应业，风力发电等对外投资合作迈开步伐，广州企业的清洁能源发电技术备受市场青睐。

采矿业投资集中于非洲的乌干达和东南亚的老挝、柬埔寨、越南、印度尼西亚四个国家。电力、热力、燃气及水生产和供应业投资集中分布在亚洲、欧洲、非洲三个大洲，其中欧洲规模最大。广东民营投资股份有限公司在葡萄牙波尔图进行风力发电和电力供应投资。

二 广州对外直接投资发展成效

重点企业走访调研显示，广州企业发展势头强劲，投资布局持续拓展，投资结构、方式优化升级，不仅使自身竞争力大大增强，更有利于反哺和带动广州本地经济社会的发展，切实践行了共建共享的"一带一路"倡议，成为推动社会进步的重要力量。

（一）国际市场竞争力全面增强

广州企业通过对外投资合作获得了多重市场空间，赢得了市场、引入了资源、壮大了规模、提升了质量，提振企业国际发展竞争力。第一重是扎根目标市场。广州对外投资合作的企业以贸易型企业居多，企业从早期出口贸易供给国际市场，发展到深入目标市场投资，设置营销分公司、生产基地，实现本地制造、本地管理，降低经营成本，提升盈利水平。广州企业是我国最早一批进入非洲等海外市场的国际贸易企业，快速发展本地化制造业，建立起集工业制造、网络营销、战略采购、海运与陆运运输、仓储管理的完整产业链。第二重是反哺了国内市场。利用国外原材料、劳动力成本的价格优势乃至技术、品牌等要素优势，进行海外采买和生产，供应国内市场。广州企业为国内大宗商品的全球采买提供供应链服务，业务节点沿着"一带一路"发展至亚洲、欧洲、美洲和非洲等地。广州供应链企业也注重建立战略资源储备及深层次产业合作，覆盖有色金属、黑色金属、化工、能源等大宗商品，围绕"资源开采及采购—全品类大宗商品交易—供应链服务—产品高端制造及分销—物流仓储"的大宗商品全产业链思路为市场提供稳定的资源性产品。第三重是绕拓欧美市场。长期以来，我国企业进入欧美市场的贸易壁垒阻碍较大，单纯的对外贸易利润空间逐年缩小。而东南亚、中东、非洲等地区国家则是欧美较为鼓励进口的来源地区。在海外设立生产基地，取得第三国企业身份进军欧美市场，更有利于企业增强全球竞争力。广州高新区投资集团抓住沙特意欲推动产业多元化的契机，与沙特方共同推动的中沙产能合作项目，将沙特欢迎的化工下游、产业互联网、新材料、石化装备、食品加工、环保建材等优质中资企业引入沙特设立公司，更好地开拓欧美市场。

（二）高效利用资源壮大国内大循环

全球化是优化资源配置、提高生产效率的最佳路径。广州企业通过对外投资合作吸收了世界各地的优势资源，壮大国内大循环发展力量。一是能源原材料资源。东南亚、中东欧、南美洲的农产品原料，中东的石油，遍布全球的矿产，都是中国企业重点利用的原材料资源。广州企业面向亚洲、南美洲等农业生产大国采买农业原料，进行饲料等农产品生产，有效扩大国内市场份额。把握中沙产能合作的契机，广州企业赴沙特吉赞经济城投资设厂，依托阿美吉赞炼油厂2000万吨炼油和85万吨/年PX生产和供应能力，建设以PTA/PET生产+柴油加氢为核心业务的大型化工企业，扩大企业产能。二是海外资金资源。大多数对外投资企业在香港设立了融资平台，不仅可以发挥香港作为国际金融中心的优势实现跨境资金拨转的便利，还通过香港融资将海外成本较低的资金引入国内，促进国内项目建设发展。越秀集团利用创兴银行、越证控股等下属港资企业，发挥境内外资本市场、资金市场和上市平台直接融资功能，综合考虑汇率、利率和税收因素，选择最优融资渠道，有效降低融资成本，使资本经营进一步放大产业经营的效能。三是劳动力资源。当前国内人口红利已逐步消退，相较之下东南亚、非洲等地区的劳动力价格优势逐步凸显，对国内劳动密集型企业扩大生产形成巨大吸引力。尤其是非洲地区的工资水平仅为国内的1/3左右，促使广州企业在非洲扩大轻工、家具、建材、五金、木材加工等投资。四是技术资源。先进技术始终是推动发展的要素之一。早在21世纪初广州企业就已迈开步伐去往发达地区开展研发业务。截至2020年底，广州企业在境外设立并处于正常经营的研发机构达271家，尤以软件和信息技术服务业、软件开发业、研究与试验发展、医学研究和制造、装备制造领域居多，主要集中在美国、中国香港、新加坡等国家（地区）。尤其汽车企业赴美国硅谷、底特律等地研发中心，开展产品技术试验、标准认证等研发相关业务，有效突破了异地高水平人才服务我国产业需求的地理环境限制。五是优质企业资产。跨境并购的投资形式应用日益广泛。与海外企业强强联合、优势互补，大大增强了广州企业的国际竞争力。汤臣倍健收购澳大利亚保健品公司LSG，获得了澳洲益生菌一线品牌Life-Space，在益生菌市场中站稳脚跟。汇量网络科技通过收购欧美公司增强市场覆盖能力和数据分析能力，实现更精准的信息服务，都是极为成功的并购案例。

（三）产能合作参与国际循环质量大幅提高

广州企业"走出去"不仅使企业自身获得良好的发展，也有力促进了国内国际双循环发展格局的形成。一是科技型企业积极走出国门贴近国际客户打入高端市场。近年来广州先进装备制造，软件、信息技术和通信产业等高科技企业"走出去"步伐不断加快。汽车装备供应链企业赴德国、美国、日本等汽车头部企业聚集地设立子公司，到客户"家门口"开展定制化服务，服务品质深得客户信任。广州企业自主研发的云成本优化解决方案在全球两大云商市场阿里云市场和AWS market place上架，建立起覆盖全球240多个国家和地区、每日超100亿次展示量的移动流量体系。二是零售企业搭建起中国制造业和供应链参与国际市场循环的桥梁。根植于广州的零售企业正在成为嫁接中国供应与国际需求的重要渠道,国内制造业企业通过广州零售企业搭建的销售平台,将大量高性价比消费品输出国外,遍及美国、加拿大、巴西、澳大利亚、德国、西班牙等近90个国家和地区,集成化树立"中国制造"品牌。三是制造业企业输出国内产能服务全球生产。制造业企业立足国内巨大的生产能力,为全球产业链各个环节加强供应。中国(广东)—乌干达国际产能合作工业园主营建设选矿厂、磷肥厂、钢铁厂以及湿法冶炼厂等,为国际生产供应优质原材料。广州企业在全球化工新材料行业尤其是改性塑料产业中占据重要地位,生物降解薄膜类原料、热塑性复合材料等主打产品及服务远销全球130多个国家和地区,在欧美市场占据相当大的市场份额。广电运通金融服务终端产品及服务远销全球80多个国家和地区,已成为土耳其、俄罗斯、希腊、葡萄牙、缅甸等国家的主流智能金融设备供应商。

(四)提供构建人类命运共同体的生动实践

经过多年发展,广州企业对外投资合作已形成扎实的本土化经营基础,深度融入国际社会,成为中国开放发展、与各国命运紧密相连的生动写照。首先,广州企业积极为东道国实现经济和社会效益。投资有效拉动了当地生产力、扩大了就业、改善了民众的生活。尼日利亚广东经济贸易合作区形成了规模化的陶瓷业、造纸业生产销售产业链,广州企业在非洲的本地化制造业为非洲多国提供数以万计就业岗位,培养本地技术工人,丰富非洲发展中国家商品品类,满足新兴市场人民的消费需求,为非洲多国提供有竞争力的产品。其次,广州企业为共建"一带一路"国家和地区提供了优质的公共产品。广州企业积极践行"一带一路"共同发展、合作共赢的理念,承接大量与改善民生息息相关的重大项目。广州企业在老挝全境建设4G网络,建设过境东南亚的光缆,提供5G、IoT、AI、VR、区块链、大数据等业务,为老挝乃至东南亚打破数字鸿沟提供技术支撑。广州地铁联合体承担巴基斯坦首条地铁线路拉合尔橙线的运营维护,运力保持在每天25万人次,后期还将进一步提升至每天50万人次,极大改善拉合尔市1200多万人民的交通状况。再次，企业管理运营融入文化交流增进了国际友谊。在企业本地化经营过程中，广州企业非常注重对当地民众开展技能培训、社会公益活动和文化交流活动，在提高劳动能力的同时也增进彼此文化的理解、巩固友谊。海大集团自2014年开始在越南陆续建立35个免费技术服务站，为越南养殖户提供免费的检测服务、交流平台，传播、推广养殖新技术；还针对不同市场的特点，配置流动服务，定时、定点服务越南的养殖户，为越南农民脱贫增收提供了实惠。一个个实实在在的民心工程，不断传递着中国与世界美美与共的美好愿望。新冠肺炎疫情以来，广州企业纷纷调集资源向当地政府捐赠口罩、防护服、药品、医疗器械等防疫物资，积极支援当地抗疫活动，受到当地民众的普遍赞誉。

尽管取得了显著成效，但是广州企业对外投资受国际形势、相关政策和企业自身资源限制等多种因素的影响，对外投资合作过程中还面临着不少困难。企业可链接的资源有限，存在竞争话语权弱的劣势；境外市场资源信息获取困难，项目融资困难，境外经营风险日益增多，国际化运营人力资源支持也存在挑战。随着全球经济复苏的不确定性大幅上升，"走出去"风险陡然增加，迫切需要发挥政府的统筹协调作用，整合多方资源，挖掘广州企业优势，引导企业"走出去"与国家发展导向深入对接，在国家战略大局中趁势而上，获得更好更大的发展。

三 新形势下推动对外投资合作高水平发展的对策建议

推动对外投资合作高水平发展是中国主动担当大国责任、应对全球经济衰退、加快构建人类命运共同体的"中国方案"。《2021年世界投资报告》显示，全球外国直接投资总额下降了1/3以上，降至1万亿美元（2019年为1.5万亿美元），尤其是脆弱经济体的新绿地项目数量下降了42%，导致基础设施增长的国际项目融资交易下降了14%，食品、农业、卫生和教育领域与实现可持续发展目标相关的领域投资一直在下降。新冠肺炎疫情带来的真正挑战"不仅仅是重振经济，而是让复苏更具有可持续性，对未来的冲击更具抗御能力"。而加大面向"一带一路"的投资力度，促进"五通"发展，推动"一带一路"高质量发展正是维护全球经济可持续发展的有效手段。与此同时，推动对外投资合作高水平发展对我国更好面对外部环境变化、以开放促发展具有重要意义。我国对外投资存量规模已居全球第三位，为降低海外投资风险、增加协同效应，需要更注重提升投资质量，鼓励上下游产业链投资，形成更为健康的产业生态。我国企业技术、产能、资本各方面能力已形成较大的比较优势，更具有参与全球生产分工的实力和意愿。而与自身经济总量相比，对外投资规模还存在巨大的上升空间，量质齐升的中国资本在全球的发展前景十分广阔。持续优化企业对外投资合作环境，将助力企业持续释放对外投资合作潜力。"走出去"战略的深化实施将在新发展格局的构建中对反哺国内大循环、实现国内国际双循环连接畅通起到更重要的作用。面对企业对外投资合作面临的问题和困难，广州要充分发挥对外开放门户的地位优势，通过制定战略和完善服务，推动更多实业企业走出国门，为国际循环注入"广州力量"。

（一）推动建立广州企业高水平对外投资合作的战略体系

积极融入"一带一路"建设、粤港澳大湾区建设等国家重大规划战略布局，把加快企业对外投资合作与建设"一带一路"重要枢纽城市、服务粤港澳大湾区高水平对外开放门户枢纽建设紧密结合，抢抓 RCEP 签署的重大机遇，通过全球产业布局优化战略、投资主体联动发展战略、对接平台功能提升战略、综合管理服务提升战略等四大战略，显著提高参与全球经济合作与竞争的水平，提升在全球产业链、供应链和价值链中的地位，建立全方位、多领域、高水平对外投资合作发展格局，增强对广州及区域发展的服务带动作用，形成对外投资合作畅通国内国际双循环的发展生态，主动担当国家对外投资合作门户城市，推动广州国际化大都市建设达到更高水平，服务国内大循环中心节点城市和国内国际"双循环"战略链接城市建设，为广州高质量发展注入新动力，为"一带一路"建设做出积极贡献。

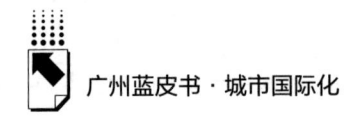

（二）全球产业布局优化战略

以广州产业、企业发展需求和特征为基础，结合世界各个国家（地区）市场和投资环境的优势，更有针对性地结交国际合作伙伴，优化全球布局。

1. 面向港澳地区，加强企业联动出海和全球资本运作服务合作

加强穗深港澳"四核联动"，四地企业优势互补、信息互通、服务共享，提升粤港澳大湾区企业在国际市场的综合竞争能力，全面提升在全球价值链竞争与合作中的整体地位。要充分利用港澳高度成熟开放的资本市场、金融体系及国际化专业服务业优势，加强粤港澳大湾区的跨境资本市场建设，为企业对外投资合作搭建全球资本运作服务平台。

2. 面向RCEP区域，全方位加强合作促进产业链深度融合

借助RCEP的自由贸易有利条件，将对外投资设厂、进出口贸易、劳务合作、工程承包等结合联动发展，推进电子信息、节能环保、农业生产、食品加工、纺织服装等领域企业与RCEP成员及地区合作建设研发生产基地，形成与RCEP成员的供应链、产业链闭环，实现区域经济生态的健康发展。

3. 面向非洲、中东地区，加强国际产能合作和消费市场开拓

鼓励电子信息、装备制造、家用电器、农业、食品加工等行业发挥竞争优势，面向非洲、中东地区建立境外生产加工基地，加强"广州品牌"与当地市场需求的衔接，培育一批具有国际竞争力的成长性跨国公司。引导工程机械、轨道交通、新型电力、能源化工和冶金等制造和工程企业，积极开展非洲、中东国际产能合作，承揽重大工程项目，开展产业合作试点。

4. 面向中东欧地区，以技术人才交流为抓手加强装备制造和科技合作

中东欧地区的装备技术和研发人才优势突出，与广州科研机构也有深厚的合作基础。要用好与东欧国际科技创新合作纽带，引导广州装备制造企业在东欧设立研发中心，搭建技术和人才输入国内大循环的重要桥梁。

5. 面向欧美发达国家，加强战略性新兴产业合作

围绕广州新兴优势产业如大数据、人工智能、数字安防、电子商务、区块链等数字经济领域，生物医药、高端医疗器械等医疗领域，加强对欧美发达国家相关产业资本和智力资源的吸收利用,通过参股、并购、共建研发机构、建立战略联盟、管理及技术人才联合培养等方式,大力培育拥有核心技术、品牌等核心资产的跨国公司。

6. 面向拉美等新兴市场地区,加强市场培育和合作拓展

利用拉美等新兴市场地区自然资源和环境优势,鼓励开展农、林、牧、渔业和资源类投资项目和工程合作,引导企业开展属地化经营管理,培育拓展有关市场,逐步扩大广州产业在当地的影响。

(三)投资主体联动发展战略

培育一批国际竞争力强、市场影响力大,占据价值链制高点的龙头跨国企业集团,以本地跨国企业集团为龙头"链主",向上联合中央企业组建对外投资合作共同体、向外加强国际企业合作拓展国际化发展空间、向下带动本土专精特优中小企业抱团出海,形成优势互补、良性循环的国际化企业主体梯队。

1. 支持本土跨国企业做强做大带动产业链"走出去"

要对本土大型企业集团、行业龙头企业、大型高科技公司的国际化发展战略提供强有力的支持,树立"广州品牌""广州企业"国际体系,打造具有岭南风情、广州特色的"一带一路"民心工程。发挥本土大型跨国企业的龙头效应,带动供应链内的中小企业对外投资合作,实现集聚化配套发展。引导本土跨国公司创新股权投资、战略联盟、技术许可、基金投资等方式加强国际合作,将价值链高端环节移回广州,带动广州打响世界级产业名片。

2. 鼓励央地联合组建对外投资合作共同体

建立央地企业对外投资合作联动机制,参与重大对外工程承包项目,开展产业链供应商、制造商合作,借助央企国际运营网络和投资经验分享,带动广州成套设备、技术标准及服务"走出去",实现企业国际化运营能力的培育。

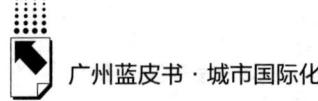

3. 扶持专精特优企业开展国际化投资与经营

依托产业集群和重大要素交易平台，放大广州商品采购、交易、流通网络枢纽优势，支持有实力的专精特优企业参与大型跨国企业供应链，鼓励有实力的专精特优企业在海外联合建立营销网络、公共售后服务中心、仓储物流基地和分拨中心，实现全球化抱团发展。

（四）对接平台功能提升战略

针对企业对外投资合作涉及的各项发展要素，综合运用广州城市国际化的各类资源，发挥城市集聚、辐射和带动功能，提升和打造各类境外投资促进平台载体，对广州企业对外投资合作形成市场、资本、运营、人才等全方位的发展支撑。

1. 扶持境外合作载体平台

深入境外主要目标地区，推动广东东送能源集团中国（广东）—乌干达国际产能合作工业园、广东新南方集团尼日利亚广东经济贸易合作区等一批重点境外经贸合作区提档升级，积极对接吉赞经济城、中白工业园等国家级境外合作区，融入高层次中外合作平台框架，扶持境外合作载体平台发展。打造国家、省、市级多层次多产业多功能的境外合作区体系，助力广州企业在境外集群化发展。

2. 提升会展会议投资促进平台

开辟"家门口"的投资对接平台，利用广州国际会展中心地位优势在广州重要的国际性品牌展会设置"走出去"专区，鼓励重点产业及企业参加进博会、广交会等国内高端区域国际合作展会开展市场拓展活动，为企业对接国际同行开展对外投资合作提供便利。提升广州名品世界巡展的场次和规模，支持企业、行业协会参加世界知名展会，举办境外展会、合作洽谈会等市场拓展活动，展示企业产品和企业形象。

3. 完善金融支持保障平台

谋划培育一批对"一带一路"建设具有重大影响的对外投资合作重点项目。建立与政策性金融机构、商业银行、保险机构、企业的定期对接机制，推动产融合作创新境外投资信贷产品和服务。协调争取国家开发银行、中国进出口银行等涉外政策性银行为对外投资合作重点项目提供融资担保和贷款优惠。

4. 优化综合服务平台

依托广州市"一带一路"投资企业联合会，链接境内外商会、行业协会、中介服务机构资源，打造集法律、会计、融资、安保、教育、智库于一体的对外投资合作综合服务平台，帮助企业实现抱团出海。支持南沙区建设中国企业"走出去"综合服务基地，支持黄埔区依托广州开发区建设"一带一路"合作创新示范区，为企业"走出去"提供高水平综合服务。加快培育面向境外投资和跨国经营的中介服务机构，进一步完善企业开拓国际市场"互联网+"信息服务机制，实现"走出去"信息即时共享。

5. 搭建对外投资合作互助平台

发挥广州汽车、摩托车、家居家电、快销品等产业联盟的示范效应，鼓励各行业成立境外企业商（协）会，定期举办投资国中资企业经验分享交流会，引导外经、工程、建筑、设计、产业等企业采用市场化运作方法组成对外投资合作联合体，整合资质、客户渠道、融资能力、专业人才、技术等集聚优势，打造广州"走出去"服务旗舰。

6. 搭建人才支持平台

联合国内高校开展校企合作，鼓励高校培养既懂工程技术、管理，又懂金融、投资、法律，通晓外语、计算机的复合型人才。利用海交会推介和展会平台组团招聘对外投资合作企业人才，组织对外投资合作专项国际人才培训，加快补充对外投资合作的人才。

（五）综合管理服务提升战略

通过改进政府管理、完善服务，进一步减轻企业对外投资合作的顾虑，推动更多实业企业走出国门。

1. 优化投前指引和资源配对服务

建立对外投资合作审批备案流程、对外投资合作国别政策、对外投资合作典型案例和经验教训、预测预警等各类政策、法规、信息的整理汇编和发布机制，开

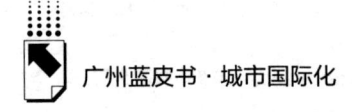

展对外投资合作工作培训,开展投资促进活动,开发多媒体的投资指引产品。

2. 提高投中交易监管便利化水平

实现对外投资合作备案全程网上办理,推动主管部门后台申报材料数据共享,降低企业的申办难度。将企业外派人员的出入境相关流程接入数字政府平台,实现一站式线上办理,压缩办理时限,提高人员流动的便捷性。研究制定外汇管理、税务、海关、检验检疫等跨境业务便利化措施,并争取国家有关试点率先落地广州。

3. 加强投后管理延伸服务

结合广州市企业对外投资合作重点区域制定年度城市综合推广计划,策划组织对外投资合作重点行业宣传计划,广泛利用高层互访、国际友城交往、国际组织交往、重大国际会议等多种对外交往渠道,健全地方多双边投资合作促进机制,开展广州企业经贸对接会等投资洽谈活动,促进国际经贸务实合作。

4. 构建多样化投资促进境外工作网络

增设驻外经贸联络点,强化各类境外办事处、联络处的对外经贸交流和投资促进职能,依托广州港海外办事处网点建立海外经贸投资信息交换站,实现境外经贸合作、科技招商、文旅产业联络网络促进对外投资合作一体化发展。完善在地企业(办事处)基层党组织建设,建立境外企业党建联盟,提高企业境外应对复杂局面和独立工作的能力。

5. 健全海外利益保护机制

进一步完善境外人员和机构海外利益保护工作机制,做好海外突发事件人身安全和企业利益风险预警、快速响应应对救助服务,督促指导境外企业和机构建立常态化安全保障和应急管理制度体系,加快建立境外投资风险公共保障机制。

参考文献

国家发展改革委、外交部、商务部:《推动共建丝绸之路经济带和21世纪海上丝绸之路的愿景与行动》，2015。

推进"一带一路"建设工作领导小组办公室：《共建"一带一路"：理念、实践与中国的贡献》，2017。

推进"一带一路"建设工作领导小组办公室：《共建"一带一路"倡议：进展、贡献与展望》，2019。

陈高、刘锋、胡迎东：《"一带一路"倡议下中国对外投资的出口效应影响研究》，《统计与决策》2020年第8期。

黄凌云、刘冬冬、谢会强：《对外投资和引进外资的双向协调发展研究》，《中国工业经济》2018年第3期。

杨波、柯佳明：《新中国70年对外投资发展历程回顾与展望》，《世界经济研究》2019年第9期。

张爽：《从"理性投资"到"高质量发展"的中国对外投资合作》，《国际经济合作》2020年第1期。

B.7
新贸易环境下加快广州外贸创新发展的对策措施

胡彩屏*

摘　要： 当今世界正经历百年未有之大变局，新一轮科技革命和产业变革深入发展，对外贸易发展面临的外部环境发生了深刻复杂变化。本文在总结广州外贸近年来发展成果的基础上，立足新发展阶段，围绕构建以国内大循环为主体、国内国际双循环相互促进的新发展格局，结合"十四五"商务发展规划、对外贸易高质量发展等规划，提出新形势下优化国际市场布局、提高贸易产品质量、培育外贸新动能、拓展特色服务贸易、优化发展环境等加快广州外贸创新发展的对策措施，加快提升广州对外贸易的综合竞争力。

关键词： 新贸易环境　对外贸易　创新发展　广州

广州作为历史悠远、长盛不衰的对外贸易中心，充分发挥外贸在国内国际双循环中的重要作用，聚焦全面增强国际商贸中心功能，强化贸易领域科技创新、制度创新、模式和业态创新，优化货物贸易结构，创新发展服务贸易，奋力推动外贸高质量发展。面对复杂多变的国际贸易环境和新冠肺炎疫情的严重冲击，广州积极应对全球经济深度衰退和贸易保护主义的影响，保持了对外贸易的平稳增长，为经济高质量发展，实现老城市新活力、"四个出新出彩"提供了有力支撑。

---

* 胡彩屏，广州市商务局办公室一级调研员，研究方向：对外贸易、开发区管理、电子商务。

一　国内外经济形势影响下的新贸易环境

"十四五"时期，我国全面进入建设社会主义国家的新发展阶段，外贸发展环境深刻变化，世界贸易增长不确定性增大，带来新的机遇和挑战。

（一）国际环境复杂严峻

经济全球化进入调整期，跨境贸易和投资明显减弱，国际市场需求增速放缓，新冠肺炎疫情影响广泛深远，外部环境复杂严峻。联合国《2022年世界经济形势与展望》指出，受新冠肺炎疫情、劳动力短缺、供应链中断、通胀压力上升等因素影响，全球经济复苏面临巨大的压力，全球经济增速预计将由2021年的5.5%放缓至4%。世界贸易组织预计，全球货物贸易量增速将由2021年的10.8%放缓至4.7%。从供给角度来看，全球产业链供应链面临两大不稳定因素。一是国际供应链加速重构，发达经济体片面追求产业回归，正在分化市场，降低全球资源配置效率。二是全球供应链紊乱和瓶颈效应短期内难以彻底解决。原材料价格过高、运力结构性失衡、芯片等重要零部件短缺等问题一直持续存在。

和平与发展仍然是时代主题，合作共赢依旧是长期趋势。经济全球化的大趋势没有改变，全球主要市场的需求实现恢复增长，国际合作空间依然广阔。各国控制疫情、恢复生产、促进消费，增加了对我国产品的直接和间接需求。最引人关注的是，《区域全面经济伙伴关系协定》（RCEP）于2022年1月1日正式生效，给区域内企业和消费者带来实实在在的好处。我国与东盟、澳大利亚、新西兰之间的立即零关税比例将超过65%，与韩国相互之间立即零关税比例将分别达到39%和50%，与日本相互之间立即零关税比例将分别达到25%和57%。在服务贸易方面，RCEP成员总体上均承诺开放超过100个服务贸易部门，互联网金融、跨境电商等新业态、新模式将迎来更大发展机遇。

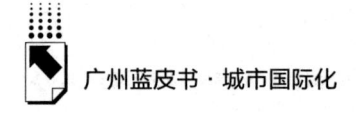

（二）国内发展稳中向好

我国外贸产业基础雄厚，长期向好的基本面没有改变。受新冠肺炎疫情叠加世界经济衰退影响，我国经济发展面临需求收缩、供给冲击、预期转弱三重压力。但我国已转向高质量发展阶段，经济持续稳定，创新动能有效增强，超大规模市场优势日益显现，货物贸易进出口已连续正增长，外贸恢复发展态势良好。

广州产业体系完备，配套较完善，产业链供应链韧性较强，能够快速适应国际市场需求变化。消费市场成熟庞大、流通体系顺畅发达、人力资源丰富、新兴科技快速发展、数字化和绿色转型步伐加快，奠定外贸创新发展的优势和基础。综合判断，"十四五"时期，广州外贸发展机遇大于挑战，但在新的战略机遇期，机遇和挑战都有新的发展变化，外贸面临的不确定不稳定不平衡因素增多。在2021年破万亿规模、13.5%高速增长的基数之上，2022年外贸形势十分严峻，稳增长的困难和压力前所未有。

二 广州外贸质量效益发展现状

"十三五"期间广州外贸进出口年均增幅2.8%，2019年首次突破万亿元。近年来，广州外贸新旧动能转换加快，外贸结构发展更趋合理优化，实现了对外贸易的持续协调发展。

（一）货物贸易恢复增长、结构优化

在新冠肺炎疫情的影响和国际贸易环境复杂多变的形势下，广州对外贸易实现了恢复增长和调整优化。2021年，广州市实现外贸进出口总值10825.9亿元，同比增长13.5%，其中，出口6312.2亿元、增长16.4%，进口4513.7亿元、增长9.6%。广州外贸力保稳定，在保持进出口总量增长、结构渐趋平衡的同时实现了贸易方式、商品结构、经营主体、市场布局进一步优化提升。

1. 贸易方式创新发展

广州市一般贸易进出口增势良好，外贸自主发展能力增强。2021年，一般贸易进出口5969.7亿元，同比增长22.1%，占全市外贸总值的55.1%。珠宝首饰进出口重点推进，加工贸易订单恢复增长。2021年，加工贸易进出口2280.4亿元，增长17.6%，占全市外贸总值的21.1%。特殊经济区域带动作用凸显，保税物流进出口额达939.9亿元，同比增长8.9%，占全市外贸总值的8.7%，对全市外贸的贡献度为6%。

2. 新业态新模式增势迅猛

广州是跨境电商等新业态新模式蓬勃成长的沃土，各类平台和商户充分发挥在线营销、无接触交易、短距离配送等各种优势，助力外贸逆势增长。跨境电商和直播电商成为广州深化外贸领域改革创新的重要动力。2021年，广州市跨境电商进出口675亿元，同比增长87%，其中，零售进口规模连续8年居全国首位，已形成跨境电商发展的"广州模式"。市场采购贸易试点市场迅速拓展，广州已认定新大地服装城、万菱广场、中港皮具城、步云天地、广州流花服装批发市场5家为拓展试点市场。2021年，广州市场采购出口达1403亿元，占全市出口总值的22.2%。外贸综合服务平台建设助力企业出口快速增长。近几年，广州还获批了多项国家级试点，承接国际航行船舶加油许可权创新试点正式落地，推动汽车平行进口、二手车出口、飞机融资租赁、毛坯钻石进口等贸易新业态蓬勃发展。

3. 商品结构优化升级

机电、高新技术产品出口显著增加。2021年，广州机电产品出口额达3143.3亿元，同比增长16%，占全市出口总值的49.8%。高新技术产品出口额达997.9亿元，同比增长28%，占全市出口总值的15.8%。主要进口产品结构调整，消费品和农产品（与消费品有交叉）进口增长较快，进口额分别为765.3亿元、555亿元，同比分别增长0.9%、13.8%，对国内生活消费需求支持良好。

4. 经营主体活力增强

民营企业市场活力尽显。2021年，广州民营企业进出口额达5717.4亿元,同比增长17.4%,占全市外贸总值的52.8%,可谓占据"半壁江山"。外资企业、国有企业带动作用增大,进出口总值分别达到3861.6亿元、1145.1亿元,同比分别增长10.8%、5.8%,占全市外贸总值的35.7%、10.6%。民营企业、外资企业均为进口大户,进口额分别占全市进口总值的41.2%、43.2%。大型外贸企业发挥龙头带动作用,进出口额超亿美元的企业有300多家。广州外贸企业的竞争力不断增强,全市有AEO（高级认证）企业300多家,进出口额占全市的40%左右。

5. 国际市场广泛开拓

市场多元化持续推进,广州市前六大贸易伙伴为东盟、欧盟（不含英国）、美国、日本、中国香港、韩国,进出口均保持较快增长,2021年,广州对六大市场进出口6911亿元,占全市外贸总值的63.8%。东盟十国继续保持广州第一大贸易伙伴地位,2021年,广州对东盟进出口额达1767.8亿元,同比增长13.9%,占全市外贸总值的16.3%。广州进口市场以欧盟（不含英国）、东盟、日本、韩国、美国为主,五大市场进口额2920.6亿元,占全市进口总值的64.7%。《区域全面经济伙伴关系协定》（RCEP）生效实施后,RCEP14成员（东盟十国、日本、韩国、澳大利亚、新西兰）成为重要的贸易市场,2021年,广州对RCEP14成员进出口3655.2亿元,同比增长7.8%,占全市外贸总值的33.8%。广州充分利用我国与共建"一带一路"国家贸易畅通带来的红利,贸易合作保持良好发展态势。2021年,广州市对共建"一带一路"国家进出口额达3070.1亿元,同比增长17.3%。

（二）服务贸易、服务外包规模进一步扩大

1. 新兴服务贸易发展迅猛

数字贸易、知识产权使用费、文化娱乐等新型服务贸易业态大幅增长,服务贸易对经济高质量发展的支撑作用不断增强。"十三五"期间,广州服务贸易年均增长15.9%,占对外贸易比重由17.9%上升至26.6%。2021年,广州服务进出口额约500亿美元,同比增长34%。全市数字服务贸易规模达到235.8亿美元,同比增长42.8%。国家级特色服务出口基地增加至5个:

国家中医药服务出口基地（广东省中医院）、国家知识产权服务出口基地（广州开发区）、国家文化出口基地（天河、番禺）、国家数字服务出口基地（天河）。

2. 服务外包产业向价值链高端延伸

新兴数字化服务及知识密集型服务外包快速增长，服务外包企业从最初简单的人力外包向解决方案转变，研发设计、供应链管理、数据处理和互联网营销推广服务等新兴业态已成为服务外包增长的生力军。2021年，广州服务外包全口径合同签约额201.8亿美元，同比增长36.2%；全口径执行金额114.1亿美元，同比增长18.3%。广州企业承接信息技术外包（ITO）合同额同比增长50.4%，业务流程外包（BPO）合同额同比增长43%，知识流程外包（KPO）合同额同比增长14%。传统制造业与服务外包创新合作，开展基于互联网的定制化服务，打造个性化定制生产。2021年，广州企业承接境内外工业设计服务9.8亿美元，同比增长8.3%。广州与粤港澳大湾区的经济深度融合进程加快，2021年，广州承接港澳的服务外包执行额达18.8亿美元，同比增长47.3%。

3. 中国服务外包城市建设成效显著

广州在全国31个服务外包示范城市综合评价中排第5位，探索形成20多个创新发展案例，其中船舶边检查验"零待时"、"独联体国家跨境技术转移平台"和"中医药特色优势服务贸易发展模式探索"入选2021年中国国际服务贸易交易会成就展示范案例。天河区"打造粤港澳大湾区世界级电竞中心"入选国家文化出口基地首批创新实践案例。

（三）特殊功能区域、重大发展平台提质增效

1. 经济技术开发区高质量创新发展

南沙新区经济总量突破2000亿元，中新广州知识城上升为国家级双边合作项目，广州开发区综合实力居国家级开发区第二位，广州高新区跻身全国十大世界一流高科技园区。2021年，广州市特殊经济区域和海关特殊监管区域进出口额达3795亿元，占全市外贸总值的35.1%，实现大幅增长。

经济技术产业开发区进出口额达1246.5亿元,同比增长7%,占全市进出口额的11.5%;高新技术产业开发区进出口额达1066亿元,同比增长10.3%,占全市进出口额的9.8%;南沙、黄埔、白云机场三大综合保税区的进出口额达1288.2亿元,同比增幅均高达30%以上,占全市进出口额的11.9%。

2. 改革开放试验田作用彰显

南沙自贸试验区2021年形成762项制度创新成果,在全国、省、市分别复制推广43项、119项、28项,"企业专属网页政务服务模式""跨境电商监管新模式""智能化地方金融风险监测防控平台"等入选商务部自贸试验区"最佳实践案例"。特殊监管区域新兴业态发展成效明显,南沙综保区跨境电商业务、白云机场综保区租赁贸易业务和维修业务均处于全国领先地位。

3. 外贸转型升级基地建设加快

广州已建成国家级外贸转型升级基地8个,省级外贸转型升级基地1个,其中有3个基地的进出口额超过百亿元。花都声频电子基地升级为国家外贸转型升级基地,琶洲人工智能和数字经济示范区获批国家电子商务示范基地,广州在建设国家级出口基地和服务外包示范城市过程中,不断完善政策支持,进一步优化贸易环境,为打造"外贸强市"奠定了良好基础。

(四)营商环境改革成效显著

1. 跨境贸易营商环境整体上处于世界先进水平

广州对标世界银行标准,连续实施了多轮营商环境改革,跨境贸易手续更简易、办理更快捷、费用更实惠,跨境贸易指标全国排名第二。通过各部门联合监管,广州不断探索新政策、推行新举措、试验新流程,跨境贸易便利化水平显著提升,国家发展改革委发布的《中国营商环境发展报告2020》将广州评为跨境贸易指标标杆城市。

2. 广州国际贸易"单一窗口"同步对接国家标准

近年来,广州推行简化单证办理手续等贸易便利化改革创新举措,有效降低了出口环节的耗时和成本,"广州海关24小时智能通关"入选国务院优化营商环境复制推广案例。通过应用第五代移动通信（5G）、虚拟现实（VR）、增强现实（AR）、大数据等前沿技术，口岸联检部门信息化平台不断优化，通关效率不断提高。2021年，海关进口、出口整体通关时间较上年压缩10%、21%左右。落实口岸收费目录清单制度并强调动态更新，口岸提效降费成效明显。

3. 全市统一政务区块链平台效率提升

广州创新推出政策兑现"一站式"集成服务平台，打造"一网通办、全市通办"的"穗好办"政务服务品牌，实现"零次到场""全程网办"。在全国率先推出市场采购贸易收汇小程序"广采通"，助力新业态发展。

4. 广州口岸功能不断强化

充分发挥海港、空港优势，全方位打造货物贸易枢纽。2021年，广州港净增外贸航线20条，广州中欧（含中亚）班列开行193列，同比增长73.9%，货值9亿美元，同比增长91.5%。以南沙港区为枢纽港，创新实施"湾区一港通"通关模式，通过水路运输实现港口间货物自由调拨流动，使华南地区"港口—腹地"的物流更加便捷顺畅。白云机场口岸创新开展"三互三联"跨部门联合检查模式，将海关查验和机场安检作业由串联变并联，极大提高了航空口岸的运营效率。

综上所述，广州外贸在稳步发展和提升中取得了较大突破，但整体仍处在调结构、促创新、提质量的攻坚期和转型期。从规模上看，广州的货物贸易功能相对弱化，"需求收缩、供给冲击、预期转弱三重压力"在外贸领域凸显，缺芯、缺柜、缺工等"三缺"问题依然困扰着外贸企业，物流成本高企、原材料涨价、劳动力成本增加等因素叠加，影响了出口规模和增值率的提升，跨越发展步履维艰。从质量上看，相当部分出口产品和服务仍处于价值链中低端位置，真正有国际市场影响力和竞争力的知名品牌、具有自主知识产权和核心技术的产品比较少，产品溢价一般，利润率相对较低，创新能力等新的竞争优势尚未形成。从业态上看，跨境电商先发优势减弱，市场采购增长效果不及预期，缺乏标杆型外贸综合服务平台，外贸新业态的配套政策、有效监管及精准服务机制尚显不足。从平台上看，综合保税区等特殊

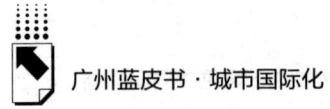

经济区域存在建设进度缓慢、质量效益有待提升、整合优化滞后等问题,制约了改革政策红利释放。错综复杂的贸易环境更对广州外贸带来了新矛盾、新困难、新挑战。

三 加速推进广州外贸创新发展的对策措施

持续推动结构调整优化,推动进口与出口、贸易与产业、货物贸易与服务贸易、传统贸易与数字贸易协调发展。不断加大创新力度,激发外需、政策、供给和新业态等外贸高速增长的新动能,做好跨周期调节,助企纾困,特别是扶持中小微外贸企业,促进外贸平稳发展。优化平台载体、提升营商环境、提供制度政策保障,全面提升外贸的综合实力、创新能力和国际竞争力。

(一)创新开拓方式,优化国际市场布局

1. 推进市场多元化战略

继续深耕发达经济体市场,持续拓展亚洲、非洲、拉美市场,不断扩大与周边国家的贸易规模。重点将RCEP生效实施作为稳外贸重要抓手,进一步做大电子信息、纺织服装、家具等优势产品对东盟出口规模,建设RCEP区域生产资料和中间产品分拨中心,推动打造RCEP区域经贸枢纽。着力深化与共建"一带一路"国家的贸易合作,大力支持企业在共建"一带一路"国家(地区)建设贸易平台。推进"一带一路"电商大市场建设,积极发展丝路电商。推动中欧、中亚班列提质扩容,加强与共建"一带一路"国家和地区的互联互通。拓宽跨境物流大通道,加快与东盟市场对接。

2. 提升公共服务水平

打造广州企业参与国际合作的高端平台,利用中国进出口商品交易会、广东21世纪海上丝绸之路国际博览会、广州名品世界巡展、中国国际进口博览会等重要展会,为企业提供合作交流平台。充分利用AR、AI、大数据等新信息技术及线上展会、电商平台等新渠道开拓国际市场,支持企业开展

线上推介、洽谈和签约等业务，引导外贸全流程数字化转型。大力推进贸易促进平台建设，以龙头企业、行业商协会、贸促机构、专业服务机构和研究院所等为依托，搭建研发、营销、检测、物流等方面的公共服务平台。

3. 发挥行业龙头企业引领作用

鼓励跨国公司在广州设立区域性、功能性总部，培育一批具有全球采购和配送能力的供应链服务商，带动上下游产业、相关行业提质增效。建设企业进出口联盟，鼓励中小企业走国际化道路。增强中小企业国际市场竞争力，推动中小企业加快融入国际供应链，培育"专精特新"中小企业，尽快形成一批资源配置能力更高、市场竞争力更强的"小巨人"企业。支持市场主体内外贸一体化经营，推动中华老字号等知名企业"走出去"，培育一批国内国际市场协同互促、有较强创新能力和竞争实力的优质品牌企业。

（二）创新发展模式，提高贸易产品质量

1. 做大做强一般贸易

支持软件业、大型成套设备、家用电器、电子计算机和通信技术产品扩大出口，提高广州高新技术产品和机电产品的国际市场占有率。促进广州优势产业的商业模式创新和业态创新，推动广州高端装备、智能制造、绿色制造和服务型制造产品及其增值性服务走向国际市场，提高制造业国际化发展水平。鼓励企业加强研发、品牌培育、渠道建设，增强关键技术、核心零部件生产和供给能力，提高生物、节能环保、新一代信息、新能源、机器人等新兴产业的国际竞争力。支持外贸企业建立品牌推广中心、开展国际品牌并购，鼓励推动区域性、行业性品牌形成。通过对外投资、承包工程等"走出去"战略，带动设备、机电产品出口。把握广州市率先开展国际消费中心城市培育建设的有利契机，吸引企业扩大优质消费品进口，挖掘新的消费增长点。依托国际空港海港物流枢纽及分拨产业集群，打造国际消费品进口集散分拨枢纽和进口冷链基地。扎实推进平行汽车进口和二手车出口试点工作，支持汽车平行进口试点企业开展品牌化、集团化经营，依托南沙沙仔岛建设广州汽车国际贸易中心，带动机电产品及相关服务拓展国际市场。

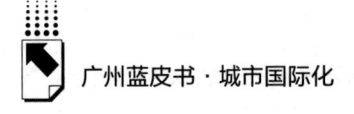

2. 推动加工贸易稳定发展

培育一批具有全球资源配置整合能力的百亿级加工贸易龙头企业，大力推进加工贸易企业与新模式、新业态的融合进程，提升加工贸易产业的技术含量与科技附加值，推动其产业链从加工组装向技术、营销、品牌等环节延伸。创新贸易业态，积极争取钻石进出口一般贸易通关和税收优惠政策落地，推进加工贸易企业开展海关特殊监管区域保税维修业务，扩大企业产能合作。鼓励企业对接国际标准，在国际认可的产品检测认证体系下开展生产质量检验。

3. 促进贸易与产业互利双强

依托产业集聚区，培育外贸转型升级基地，重点支持广州高新技术出口基地建设，以广州国际创新城、中新广州知识城、生物岛、大学城、天河智慧城等为重点，推动国际科技创新枢纽建设。发挥粤港澳大湾区科创优势，打造"科创+产业"的良性产业链格局。发挥跨境电商对于传统产业出口的助推作用，着力加强跨境电商平台"线上贸易+线下物流"一体化建设，形成外贸集聚效应。培育大型外贸综合服务平台，推动散货集拼、国际分拨、融资租赁等产业集聚形成生态圈，打造高端要素自由流动的新型国际贸易枢纽。把握国际航行船舶加油许可权创新试点机遇，增强广州港航运综合服务，推动开通更多国际航线，带动船舶修造、航运交易保险、期货交易、旅游业等相关产业加快发展。

（三）创新业态模式，培育外贸新动能

1. 推动市场采购贸易拓区扩品类

培育一批市场采购贸易龙头企业，建立具有广州特色和广州优势的市场采购贸易政策体系，实施科学高效监管，全力促进市场采购贸易试点业务可持续发展。支持外贸综合服务企业发展，引导企业规范内部风险管理，建设综合服务信息平台，积极参与市场采购。进一步推动一般贸易企业转型为外贸综合服务企业。发挥广州专业批发市场的资源优势，通过市场采购贸易新业态新模式，加快专业批发市场转型升级和国际化发展，为广州制造、广州

小商品走向国际创造有利条件。

2. 打造跨境电子商务国际枢纽城市

鼓励生鲜、医药等垂直电商企业向线上发展、向海外拓展，做大网上零售和跨境电商业务。支持直播电商等电商新业态，数字化赋能传统商贸业转型。调整跨境电商零售进口商品清单，优化扩大进口类别，大力支持跨境电商零售进口药品试点，更好地适应消费需求多元化趋势。鼓励企业参与海外仓建设，培育优秀海外仓企业，推动海外仓数字化、智能化发展。鼓励金融机构以市场运作方式加大对各类企业建设和使用海外仓的支持，促进海外仓高质量发展。加快跨境电商产业园区建设，培育一批具有示范性、产业带动明显、在全国有影响力的电子商务平台，做强跨境电商服务链（跨境物流、跨境金融、跨境营销），打造优质生态圈。

3. 加强外贸新业态的融合发展

完善外贸综合服务模式，推行"外综服+跨境电商零售出口模式"，做大做强市场采购实体商户模式，探索将专业市场纳入市场采购贸易集聚区范围，加强与大型电商平台合作创新，协调海关、税务、外汇管理等部门实现更多政策创新，形成政府引导、市场主导推动市场采购发展的合力，打造市场采购"广州模式"。推动外贸细分服务平台发展壮大，在外贸细分领域（营销、支付、交付、物流、品控等）共享创新，在各区域、各行业深耕垂直市场，走"专精特新"之路。加快拓展飞机、船舶、成套装备等领域的融资租赁业务，打造华南融资租赁集聚中心。鼓励企业运用人工智能、云计算、虚拟现实等先进技术改造升级，将数字化技术广泛运用于企业的研发设计和个性化定制化智能化生产、数字化营销、数字化售后服务环节，实现商品推广、业务洽谈对接国内外线上展会平台，运用数字化技术提升产品品牌价值与企业运营管理水平。

（四）稳步拓展特色服务贸易，加快推进服务外包转型升级

1. 全面深化服务贸易创新发展

积极争取国家服务业开放综合试点，推动广州服务业进一步对外开放。

加快发展新兴服务贸易，推动服务贸易数字化升级，争创国家数字贸易示范区。大力发展数字应用服务，支持5G、大数据、人工智能、区块链等软件和信息数字服务进出口。加快先进数字技术在科教文卫及旅游、通信等服务行业的广泛应用，实现服务贸易向数字化、智慧化、高端化、融合化发展。建设贸易数字化公共服务平台，支持企业提升贸易数字化水平，鼓励企业加强智能化管理能力。完善管理体制和政策体系，推动服务贸易创新发展，做强广州服务品牌。加强与RCEP成员在信息基础设施、数据中心、游戏动漫等数字服务领域交流，促成一批文化、中医药、教育等重点合作项目落地。

2. 提升服务贸易综合竞争力

推动研发、高端维修、金融服务、文化、中医药、会展、国际物流等重点领域服务贸易发展。推动专业服务贸易发展，支持知识产权、人力资源、语言服务、地理信息、法律、会计等专业服务"走出去"，拓展国际市场。推动管理咨询和检测认证、设计咨询等高附加值服务业发展，保持创新链、产业链、供应链稳定。大力发展高端旅游，深化港澳游艇自由行，发挥南沙邮轮母港带动作用，建设国家邮轮旅游试验区。扩大环境服务、节能环保等知识密集型和技术密集型服务进口，推动服务贸易均衡协调发展。加快服务贸易示范企业（机构）和重点培育企业（机构）发展，加快融入全球供应链、产业链、价值链，提升在全球范围内配置要素资源、布局市场网络的能力。在新兴服务贸易行业和细分领域，积极培育外向度高、具有独特竞争优势的中小型服务贸易企业，重点扶持全球价值链中的"隐形冠军"，增强企业国际竞争力。

3. 支持服务贸易示范基地加快发展

积极争取打造国家服务贸易创新发展示范区和大湾区全球贸易数字化领航区，建设国家人力资源服务和语言服务出口基地，以特色服务出口带动服务贸易、服务外包全领域、全行业发展。加速建设国家数字服务出口基地，争创国家数字贸易示范区。巩固提升软件、创意信息、互联网等发展优势，推动企业开展数据跨境流动业务，推动数字服务与传统制造业、现代服务业交融发展。着力推动大湾区服务融合，推进穗港澳在知识产权、法律服务、金融、教育、医疗健康等服务领域规则对接，共同打造大湾区服务品牌。以天河中央商务区为载体，全力打造粤港澳服务贸易自由化示范区。

4. 加快建设国家服务外包示范城市

大力发展高端生产性服务外包，推动广州制造业服务化、服务业数字化发展。引导企业重点发展软件开发、工业设计、金融外包、新一代信息技术、文化创意等知识和技术密集型服务外包业务，加快发展众包、云外包、平台分包等新模式新业态，推动广州服务外包产业向高技术、高附加值、高品质、高效益方向转型升级。打造一批特色鲜明的高质量服务外包发展基地和园区，依托广州开发区、南沙开发区等服务外包示范园区，大力发展大数据、人工智能、医药研发、融资租赁、文化创意等产业集群，打造服务外包产业发展高地。

（五）创新服务运营，优化发展环境

1. 加快国家营商环境创新试点城市建设

深入推进跨境贸易便利化专项行动，认真落实广州市营商环境5.0改革部署，推进制度创新、科技创新，坚持"大营商"理念，推动"三减一优"（减环节、减时间、减成本，优服务），持续提升广州口岸营商环境水平。深入推进"放管服"改革，改善通关服务、优化通关流程、降本增效，实现"人流、物流、资金流、信息流"与通关、服务一体化联动。大力实施国际贸易"单一窗口"深化建设工程，加快"智慧海关"与"单一窗口"对接，提升口岸联检单位、码头、企业等主体间的数据互通共享水平，构建全流程、智慧化的口岸运行体系，促进口岸数字化转型。推进粤港澳大湾区贸易自由化、通关便利化工作，加强贸易领域与港澳规则、制度对接，加强粤港澳大湾区协同合作。提升和强化以物流引导、通关协调为重点的外贸服务机制，支持企业申请AEO认证，提升企业全球通关便利化水平和外贸竞争力。打造立足广州、背靠粤港澳、面向国际的"辐射型、创新型、服务型"交易平台，构建全球采购、广州集散、辐射全球的优质供应链生态圈。

2. 全力谋划和推动南沙自贸试验区建设

充分发挥南沙自贸试验区"多区叠加"的创新优势，加快复制全国自贸试验区的先进经验，争取期货保税交割监管、创新账户体系管理等政策先行先试，释放新型贸易方式发展潜力。充分利用国家外汇局在南沙自贸试验区开展贸易外汇收支便利化试点和跨境贸易投资高水平开放试点的政策，支持符合条件的银行和重点企业参加，助力实体经济发展。争取国家支持在南沙设立对标RCEP等高水平经贸规则创新试点，打造面向RCEP贸易集聚区，建设一批重点进口平台、集散中心。推动南沙高水平建设进口贸易促进创新示范区，发挥其示范引领作用，促进进口、提升消费，扩大特色产品和知识密集型服务进口。加快建设广州南沙国际冷链项目，培育一批进口集聚区和进口平台。

3. 发挥海关特殊监管区域制度创新作用

推进广州知识城综合保税区整合优化，加快白云国际机场综合保税区功能完善。发挥综合保税区政策功能，保持现有的跨境电商、融资租赁的优势地位，用好用足启运港退税、国际航运保险税收政策，打造新型国际贸易枢纽。聚焦产业规模化发展，积极发展保税检测维修、研发设计、期货交割等新业态，做大做强保税文化艺术品、保税展示等创新业务，提升特殊监管区域的规模和产出效益。探索"保税+会展"新模式，将自贸试验区政策、保税政策与会展监管政策进行三重叠加，着力帮助企业完善对接国际、国内市场贸易渠道，形成"进口→仓储→展示→销售"产业链。

参考文献

倪月菊：《外贸转型升级基地助力我国外贸高质量发展和创新发展》，《进出口经理人》2021年第8期。

齐力：《海外仓建设获政策支持 企业加快重点市场布局》，《中国对外贸易》2021年第8期。

朱福林：《中国数字服务贸易高质量发展的制约因素和推进路径》，《学术论坛》2021年第3期。

B.8
加快推动南沙综合保税区高水平开放高质量发展的对策研究

曾玉娟 肖 凯 *

摘 要： 加快推动广州市南沙综保区开放发展，对促进广州开放型经济发展、助力粤港澳大湾区高质量发展及实施创新驱动发展战略具有重要意义。南沙综保区发展已取得优异成绩，包括跨境电商枢纽基地建设成型，汽车出海通道畅通，飞机保税融资租赁成势，亚太工程塑料分拨中心快速成长，国际中转集拼业务集聚，保税展示交易中心规模壮大，南沙综保区成为口岸监管创新重要平台。南沙及至广州今后需要进一步发挥南沙自贸区先行先试优势，推动系统研究谋划，创新监管模式，做大做强新业态，增强港区联动，加强区内软硬件设施建设，提升南沙综保区综合服务水平，加快南沙综保区高水平开放高质量发展。

关键词： 综合保税区 口岸监管 跨境贸易

广州南沙综合保税区是广州推进外贸新业态发展的重要载体和构建现代产业体系的重要支撑平台，对加快构建双循环新发展格局、促进外向型经济发展，实现更高层次的开放和更高质量的发展，具有重要的战略意义。

---

* 曾玉娟，广州市南沙经济技术开发区管理委员会办公室、南沙区人民政府办公室二级主任科员，研究方向：公共管理、跨境贸易；肖凯，南沙区口岸工作办公室中级经济师，研究方向：综合保税区创新业务。

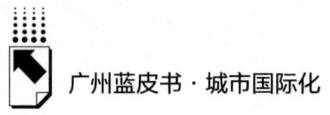

一 加快推动南沙综保区开放发展的意义

广州南沙综合保税区位于广州市南沙区，由广州南沙保税港区升级而成。广州南沙保税港区于2008年获国务院批准设立，首期于2009年7月通过验收正式运作，二期于2018年8月通过验收，全部投入使用。2019年7月26日，经国务院批复同意，广州南沙保税港区原址原面积整合优化为广州南沙综合保税区（简称"南沙综保区"），规划面积4.99平方公里（含港口区2.33平方公里、物流区1.3平方公里、加工区1.36平方公里）。据海关统计数据，南沙综保区企业有近400家，京东、唯品会、天猫、考拉海购、惠而浦、松下、沙比克、日通、欧司朗、达能、雀巢、大创、安利等国际化品牌均已进驻，南沙综保区已成为国际物流、新兴产业多元化发展的平台。

（一）南沙综保区是实施创新驱动发展战略的提速新动力

南沙积极培育优势特色产业，加快推进自贸试验区制度创新与产业深度融合，引导传统产业加快向产业链、供应链、价值链、创新链高端迈进，打造具有全球影响力的国际人才区、世界一流的原始创新和战略产业策源地、科技成果转移转化高地，南沙正在成为大湾区综合性国家科学中心的主要承载区。在国家加快完善社会主义市场经济体制和推进高水平对外开放的背景下，加快市场化要素配置的体制机制建设，将为南沙的发展释放新的红利。南沙正在推动开创性的改革、引领性的开放和前所未有的创新，探索中国经济走向制度开放，从外向型经济走向开放型经济。随着国家深入实施创新驱动发展战略和粤港澳大湾区建设国际科技创新中心，南沙不断加快先进科技成果的创新应用，为产业转型升级注入新动力。

（二）南沙综保区是粤港澳大湾区高质量发展的重要支撑平台

南沙与港澳全面合作正在纵深推进，南沙综保区积极加强与港澳的规则对接和产业衔接，推进规则互认，加强与港澳在溯源、采信、检验检测等方向互认合作，建立大湾区跨境涉税事项多方合作机制，启动大湾区跨境数据互信互认平台建设，努力推动南沙综保区实现高水平开放，迈向高质量发展。将南沙综保区打造成大规模通关物流的优质载体，帮助粤港澳大湾区拓展外贸发展新空间，加快建设高水平对外开放门户中心，为粤港澳大湾区实现更高水平的开放型经济发展、不断深化粤港澳全面合作带来新的重要发展机遇。

（三）南沙综保区是广州开放型经济发展的重要载体

在广州实现建设现代产业体系、扩大外贸发展新空间、加快打造高水平对外开放门户枢纽、打造链接国内国际"双循环"的重要节点任务中，南沙国际航运枢纽建设发挥着不可取代的重要作用。南沙综保区已发展成为广州市推进外贸新业态发展和构建现代产业体系的重要载体。近年来，南沙综保区通过发挥海关特殊监管区域的保税功能和监管制度优势，大力发展跨境电商、汽车平行进口、飞机融资租赁、大宗商品、集拼分拨等一批贸易进出口新业态，推动航运、贸易等开放门户枢纽功能不断提升。南沙保税港区获批成为完整的保税区，作为"千年商都"广州通向海洋的通道，标志着广州对外开放平台的进一步升级，扎实推进打造高水平对外开放节点，为建设高水平开放型经济贡献更大力量。

二 南沙综保区发展现状

2021年，南沙综保区全年进出口额820.4亿元，同比增长46.8%，在全国海关特殊监管区域中列第24位，在广州市海关特殊监管区域中排名第一。

（一）跨境电商枢纽基地建设成型

南沙已形成国内主要的跨境电商进出口供应链服务平台，成功打造了多个跨境电商品牌创新项目，全球优品分拨中心搭建了"一仓买全球、卖全球"的应用场景，雀巢、美赞臣、宝洁、达能等知名品牌将南沙保税港区作为国内集散中心，实现"一仓发全网"功能。全球溯源中心提供了"来源可溯、去向可查"的质量保证，跨境公共分拨中心实现了跨境电商包裹"当日处理、24小时送达"的消费体验，大湾区机场共享国际货运中心打造了海陆空铁立体式的联运通道。跨境电商业务量从2014年2.8万票增长到2021年超过6000万票，天猫国际、考拉海购、唯品会、京东、希音、抖音、拼多多等电商平台的物流基地相继落户，跨境电商网购保税进口约占全国1/5。新引进欢聚、海带宝等出口企业，促进南沙企业出口业务增长，出口成为新的增长动力，2021年跨境电商进出口达360亿元，同比增长超70%。

（二）汽车出海通道畅通无阻

南沙区连续两年（2019年、2020年）获评广东省制造业发展较好县（市、区），逐步形成汽车制造、高端装备、海洋工程等产业集群，构建了以先进制造业为主的产业体系，2021年汽车制造业实现产值1548.6亿元。目前，南沙区拥有华南地区大型专业化汽车滚装码头——南沙汽车码头，共建有5个3万~5万吨级深水泊位，可停靠国际最大型汽车滚装船。南沙综保区充分把握南沙自贸区开展平行进口汽车试点的机会，于2016年开展汽车进口业务。创新开展汽车保税流转、"保税+会展"等模式，南沙自贸区2021年完成汽车平行进口到港量超3200辆，货值17.2亿元，在全国汽车平行进口口岸中位列第二（仅次于天津口岸）。开通6条外贸滚装航线，2021年装卸雪佛兰、吉利、传祺、长安和比亚迪等各大汽车主机厂的出口新车2.7万辆。

（三）飞机保税融资租赁蔚然成势

南沙飞机租赁业务迅速发展，多项业务创新先后落地，已实现全国首单资产包跨境转让、全国首单交易平台跨境租赁资产交易、全国首单离岸租赁等业务创新。创新飞机租赁交易模式，实现国际飞机租赁商以"香港+保税港区"双 SPV 模式参与内地航空市场，这在全球为首创，租赁业务从整机租赁扩展到飞机资产处置、航材交易等全产业链条。近几年，南沙区累计引进 196 架飞机，其中 2021 年新增租赁飞机 38 架（进口 12 架），总体规模稳居全国前三。

（四）亚太工程塑料分拨中心快速成长

南沙港建有 16 个 10 万~15 万吨级及以上集装箱专用泊位，临港仓储面积达到 200 万平方米，可服务于保税、非保税、一般贸易、跨境电商等多种贸易方式。全面推广实施启运港退税政策和"湾区一港通"项目。累计开通 167 条班轮航线（其中 135 条外贸航线、32 条内贸航线），72 条驳船支线。开展南沙综保区与白云国际机场、深圳宝安国际机场等联运业务，海陆空立体多式联运体系逐步构建。依托珠三角地区庞大的制造业，南沙着力打造为生产制造企业服务的大宗生产原料集散地，已形成集仓储、分装、加工、贸易、配送、中转等功能为一体的工程塑料服务基地，为阿联酋博禄、沙特基础工业、德国巴斯夫等世界 500 强化工企业提供供应链服务。2021 年全年完成 48.2 万吨塑料粒中转，货值 5.3 亿美元。

（五）国际中转集拼业务集聚发展

广州市南沙区印发《促进跨境电商、国际集拼分拨业务发展的若干措施》，通过国际中转、分拨集拼、DIT、保税流转等创新举措，有效促进物流集聚。已形成达能、卓志为主的跨境电商分拨中心，骏德美酒美食分拨中心，生物医药等物流分拨项目，物流集聚效应逐渐增强。例如，实施"分类监管+区内转换"制度，提高南沙综保区的货物存储效能，提升申报手续便利度，帮助企业实现仓储与物流资源的集约化管理，吸引企业选择南沙作为集散地。2021 年，港口集装箱吞吐量达 1766 万标箱、增长 2.6%，货物吞吐量 3.55 亿吨、增长 3.6%；国际中转集拼业务进出口额增长 71.8%；全球优品分拨中心累计实现进出口货值约 200 亿元。

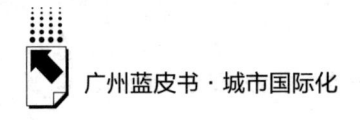

（六）保税展示交易中心规模壮大

大湾区国际艺术品保税产业中心落地运营，毕加索作品《男子与裸女》（Homme et femme nus）作为保税艺术品进入展厅。通过在文化保税产业发展上先行先试，不断优化文化产品从境外入区监管模式，简化备案程序，推出"全天候智能通关"模式，打造文物和文化艺术品"入区保税存储—出区展示"全链条便捷通道，努力发展成为对接港澳，连接上海、北京等国内主要艺术品市场，贯通全球的大湾区艺术品交易总部基地。2021年南沙综保区实现文化艺术品进出口7.7亿元。此外，南沙综保区创新开展毛坯钻石和成品钻石的保税展示、国际交易、转口加工贸易等业务，2021年完成交易69宗，金额约1.67亿元。

（七）成为口岸监管创新重要平台

叠加多重政策优势开展先行先试。近年来，南沙会同海关、边检、海事、港务和广州港等部门，定期研究优化口岸营商环境工作，推动海关落实减单证任务（从86项减到48项）并实现联网核查，在全国率先试点扩大范围实现政府购买查验服务"南沙模式"，累计免除口岸查验费用近4亿元。制定《南沙口岸促进跨境贸易便利化工作措施》等文件，推进无纸化通关、智能港口建设、降低货物港务费等事项。先后推出跨境电商出口退货合包监管新模式、进口汽车便利通关及保税展示模式、"异地委托监管+配套金融扶持"模式等创新制度。从海关统计的2021年海运进口、出口整体通关时间看，广州海关海运进口、出口整体通关时间均比长三角地区海关的最好水平还要快一半。目前，南沙自贸试验区已累计新增73项制度创新成果，其中7项、16项分别在全省、全市复制推广，全球溯源中心纳入国家社会管理和公共服务综合标准化试点。根据国家发改委《2020年国家级新区营商环境评价报告》，南沙新区跨境贸易指标在2020年中国营商环境评价中表现优秀，在18个新区中排名第一。

广州南沙综保区的短板主要集中表现在以下方面：一是改革纵深还有待

拓展。南沙综保区货物仍实行备案制管理和双侧申报制度，货物通关效率仍有提升空间，可借鉴上海洋山特殊综保区经验，继续推进改革，进一步提高贸易便利化程度。二是外贸能级还需进一步提升。目前南沙综保区业务主要集中在物流分拨、销售服务类别，类别不多且保税加工规模较小，需要在研发设计、检测维修等新兴业态上进一步拓展发展空间。三是产业结构上缺乏生产型龙头企业支撑。南沙综保区保税维修、境内区外委托加工、保税研发等业态引领型企业聚集仍然不够。此外，由于南沙综保区近年快速发展，综保区周边交通物流压力不断增大，综保区内仓库、商务办公、研发平台等配套设施亟须完善提升，这些都成为掣肘综保区发展的因素，需要加以研究解决。

三　国内主要综保区政策比较

针对一些发展中的瓶颈，国内其他地区已进行较有成效的探索，值得学习借鉴。

（一）上海洋山特殊综保区

2020年5月16日，洋山特殊综合保税区正式揭牌，规划面积25.31平方公里，是国内唯一的特殊综合保税区。该区在全面实施综合保税区政策的基础上，取消不必要的贸易监管、许可和程序要求，实现"一线充分放开、区内高度自由"。同时建设一体化信息系统管理服务平台，更加便利开展国际中转集拼业务等，极大提升贸易便利化。主要做法如下。

一是货物"一线"进境无须报关。洋山特殊综合保税区除依法需要检疫和安全准入管理的进出境货物需要向海关进行报关外，其余大部分货物在区内与境外之间进出时无须向海关报关，海关直接予以放行。南沙综合保税区对区内与境外之间进出的货物实行备案制管理，目前备案的手续和报关一样，同时对于不同贸易方式的货物，按照不同的方式进行备案申报和分区存放（如一般保税和跨境电商货物），不同贸易方式的货物转换还需再申报一次，而洋山特殊综合保税区则没有这些手续。

二是对区内货物取消账册管理。洋山特殊综合保税区海关不要求区内企业单独设立海关账册，免于手册核销、单耗管理等海关常规监管，实行区内企业自律管理，不干预企业正常经营活动。南沙综保区在现有政策框架下，依托全球优品分拨中心等创新项目进行流程优化，创新设置一个专用账册来满足不同贸易方式货物间同仓存储和调拨等需求，实现多种贸易方式货物的同仓存储和转换，比原来的监管有了一定的创新，但与洋山特殊综合保税区相比，最终区内货物还是要按海关要求进入不同的账册，分区存放。

三是"二线"进出口货物由区外企业单侧申报。在二线进出口环节，洋山特殊综合保税区将以往区内外企业双侧申报制度改为区外企业单侧申报制度，区内企业免办申报手续。南沙综保区仍实施区内外企业双侧申报制度，要求区内企业和区外收发货人分别按照规定向海关办理申报手续。特殊综合保税区由于实施"免报关"和"免账册"等一系列管理，在货物监管方面已同我国香港、新加坡对货物的管理相近，更有利于企业将其跨境贸易、一般贸易、中转等货物在一个仓储内自由存放调拨，实现全球供应链管理。

（二）海南洋浦保税港区

海南洋浦保税港区是我国设立的第四个保税港区，也是在华南地区设立的首个保税港区。洋浦保税港区位于海南省洋浦经济开发区内，占地面积为9.2063平方公里（其中，一期2.3平方公里已封关运作）。洋浦保税港区是海南对外开放的重要窗口，目前已有粮油加工、葡萄酒销售、船舶制造、珠宝首饰制造、智能勘测产品研发制造等多种类型的企业在洋浦保税港区投入运营。该区除适用上海洋山特殊综保区所有政策外，另有部分特殊政策。

一是洋浦保税港区对区内鼓励类产业企业生产的不含进口料件或含进口料件在区内加工增值超过30%（含）的货物，出区进入境内区外销售时，免征进口关税。

二是洋浦保税港区对在区内居住居民及设立营业性的商业设施等方面并无禁止性的规定，同时允许进口商品在区内销售，免征进口关税、进口环节增值税和消费税。南沙保税港区则明确规定区内不得居住人员，除保障工作生活需要的非营利性设施外，区内不得建立商业性生活消费设施和开展商业零售业务。洋浦综合保税港区作为海南自贸港建设的先行区，在贸易自由便利化方面，对货物贸易实行"零关税"和"零壁垒"政策，境外货物在区内能够便捷贸易、调拨和进行零售，基本趋同于香港自由贸易港。

（三）深圳前海综保区

2020年8月19日，原深圳前海湾保税港区顺利通过验收，升级成为深圳前海综保区，规划面积共2.9平方公里。前海综保区位于深圳大、小南山西侧，珠江入海口东侧，毗邻香港、澳门，是前海蛇口自贸片区及前海深港现代服务业合作区的重要组成部分，也是深圳海关助力粤港澳大湾区建设和深圳先行示范区建设的重要发力点。借助国家重大战略平台政策优势，前海综保区积极培育贸易新业态、新模式，落地跨境电商全业态，打通中欧班列电商专列，打造免税品仓储分销中心，实现了跨境电商"购—展—售—退"全链条发展，吸引天猫国际、淘宝全球购、虾皮、傲基等行业龙头进驻园区，带动上下游数千家电商、物流、货代企业稳步发展。以"保税+"为基础，前海综保区推出"全球中心仓""MCC前海国际中转集拼""离港空运服务中心"等制度创新举措。主要做法有：一是在仓储货物按状态分类监管政策的基础上，设立非保账册。构建"一区多功能，一仓多形态"，实现了多种物流及贸易形态可以在一个中心仓内一站式完成。二是综合运用通关便利措施，实现各类货物在区内自由中转、分拨、集拼。其中，"离港空运服务中心"完成空运货物的集合、分拨、分流、打板、运输等业务流程，送抵香港、广州、深圳机场后可直接"登机"。

四 加快推动南沙综保区高水平开放高质量发展的对策

南沙乃至广州今后需要进一步发挥南沙自贸区先行先试优势，不断加强改革系统集成，以更大力度、更大决心推动贸易便利化自由化，提升南沙综

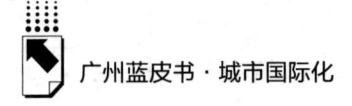

保区综合服务水平，探索形成更具国际竞争力的开放政策和制度体系。建议加强以下方面工作。

（一）加强系统研究谋划

2019年，国务院印发了《关于促进综合保税区高水平开放高质量发展若干意见》，其中提出的21项主要任务措施，在南沙综保区基本直接适用。一是南沙综保区要落实21项任务举措，学习借鉴上海洋山特殊综保区、海南洋浦保税港区、深圳前海综保区等地开放创新举措，把握RCEP签署机遇，加快完善南沙综保区规划建设。二是加强南沙综保区发展相关政策的研究和谋划。从市的层面出台关于支持南沙综保区发展的措施，举全市之力推动南沙综保区高水平开放高质量发展。同时，积极争取国家有关部委的支持，推动各地先进经验做法在南沙综保区复制推广。

（二）创新监管模式

一是积极探索实施高标准的贸易便利化制度，实施"一线放开、二线安全高效管住、区内自由"。推动"一线"进区的货物实施入境检疫，免予检验及检验前置性准入要求。对海关特殊监管区域之间保税货物的流转，取消事前审批，实行转入、转出方各自申报核注清单，企业自行运输，系统自动对碰的管理模式等。二是率先对港澳跨境服务贸易实施极简负面清单制度，促进与港澳服务贸易全面自由化，推动在生物医药研发、汽车飞机交易、知识产权运营、检验检测认证等领域建设一批区域性公共服务平台。三是推动与港澳跨境电商通关一体化，建设跨境电商枢纽港。支持布局建设"海外仓"，大力发展离岸贸易、转口贸易。

（三）支持做大做强新业态

南沙综保区要积极推动检测维修、支持再制造业、促进研发创新、支持医疗设备研发等业务开展。一是支持在南沙综保区开展境外汽车保税维修复出口试点。建议进一步加强与海关总署、商务部、生态环境部等上级单位的沟通汇报，大力协调支持南沙综保区在符合环境保护、安全生产的前提下，制定相应的准入标准，先行探索开展境外进口车辆等商品进境检测维修后复出口业务。二是支持南沙综保区探索开展非处方药品跨境电商进口模式。推动内地与港澳非处方药品的监管互认。三是支持建设广州南沙药品和医疗器械进口服务基地。在南沙自贸区内设立药品进口的受理专窗，开辟自贸区药品进口绿色通道。争取省、市食品药品检验所在南沙设立分支机构和食药监认证审评中心。

（四）增强港区联动

充分发挥南沙综保区政策优势和港口区位优势，加强港区联动发展。一是完善集疏运体系，利用南沙港铁路建成，大力发展海铁联运业务，构建海陆空铁联运物流体系，吸引华南、西南以及中东欧、中亚等地区货物在南沙中转进出口，壮大国际物流枢纽功能。二是扩大卓志全球优品、骏德美酒美食、广药生物医药等一批分拨中心产业集群，推动中外运、广州港湾区集拼、马士基等集拼项目建设，建立集拼仓储和运输网络，培育进口分拨、出口集拼的进出口贸易生态圈，将南沙打造成珠西地区集拼分拨基地。三是探索延伸综保区功能，以区外保税仓库等形式，为高新技术和研发企业提供保税服务。

（五）加强区内软硬件设施建设

一是从市层面优先安排用地指标、开通用海用地审批绿色通道、缩短用海用地手续办理时间、加大财政资金保障等多方面，大力支持南沙综保区改造升级。二是以南沙为主导，加快推动综保区内仓库、商务办公、研发平台等基础设施建设，通过退出机制、协商置换、改造更新等方式，盘活综保区土地资源，为新型产业发展预留足够空间。三是切实发挥广州港集团、海关、税务等省市部门联动作用，提升港口自动化和综合服务水平，推动监管高效及物流便利化，合力推动南沙综保区高水平开放高质量发展，为广州构建新发展格局、实现"四个出新出彩"做出更大贡献。

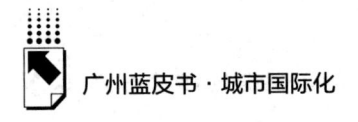

参考文献

房伟、郭庆利：《自贸试验区平行进口汽车业务前景分析——基于银行金融服务视角》，《港口经济》2016年第12期。

刘志云、史欣媛：《论自贸区金融创新立法的完善》，《厦门大学学报（哲学社会科学版）》2017年第5期。

赵吉：《支点型战略功能区：政策链视角下的国家级新区功能定位》，《地方治理研究》2019年第3期。

赵妍、贾巍、金延俊：《洋山特殊综合保税区业务问答》，《中国海关》2021年第3期。

交往与传播篇
Exchanges and Communication

B.9
营造优良的国际语言环境 助力广州国际交往中心建设

刘波*

摘　要： 国际语言环境是广州国际化服务环境的重要组成部分，是构建与国际接轨的公共服务体系的重要内容，更是广州建设国际交往中心的基础性工作。国际语言环境建设本身具有复杂性，对广州提出多方面挑战。广州市营造优良的国际语言环境，增强城市国际交往功能，要聚焦重点工作任务，协同开展语言环境建设工作；学习借鉴兄弟省市经验，尽快推动国际语言环境建设地方立法；加强源头防控，采取多种集中纠错行动；利用现代科技成果，推进国际语言环境大数据系统建设；践行"共建共治共享"治理理念，提高外语标识社会知晓程度；搭建平台，充分发挥志愿者、行业协会和专家团队的作用。

---

* 刘波，博士，北京市社会科学院国际问题研究所所长、研究员，研究方向：国际关系和国际大城市比较。

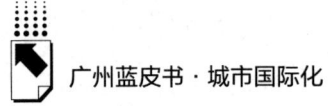

关键词： 国际语言环境　国际交往中心　外语标识　广州

国际交往中心城市是拥有辐射世界、服务全球的国际交往功能，并在全球或地区发挥突出作用和影响力的城市。语言作为人类沟通的桥梁，在城市交往中发挥重要作用，国际语言环境是向国际社会展示本国格调和品位形象的"第一扇窗户"，是衡量一个城市国际化程度的重要指标，更是一个城市作为国际交往中心最直观的外在体现。

一　广州国际语言环境建设的背景

粤港澳大湾区建设正在全面推进，广州正在高水平建设国际交往中心。随着国际化环境日趋成熟，国际交往总量规模日趋扩大，外籍人口比重不断增加，在穗举办的国际高端会议会展越来越多，国际语言环境建设重要性越发凸显。因此，提升广州市外语服务能力，建设优良的国际语言环境，全面展示广州包容、开放、自信的国际化大都市良好形象，是当前推动广州国际交往中心建设的一项基础性工作。

（一）国际语言环境是衡量国际城市竞争力的一项重要指标

从国内外国际交往中心城市建设的状况来看，大多从国际交往的设施和能力两方面开展建设。国际交往能力建设的一个重要方面就是国际化服务环境，而国际语言环境是国际化服务环境的基础。在全球城市评价体系中，国际语言环境建设同样也是展示城市软实力和城市形象、评价全球城市发展水平的一项重要指标。近年来，广州在全球城市评价中的排名呈现总体相对稳定、不断进步的趋势，尤其是在国际权威城市评价体系中进步明显。2020年广州在全球化与世界城市（GaWC）研究网络中排名全球第34，2021年在科尔尼咨询公司发布的全球城市指数中排名第60、全球潜力城市指数排名第34，表现不俗。这些城市评价指标体系在指标元素设置中，一般包括文化与交流、居住环境等领域，而以国际语言环境为重要内容的国际化服务环境是综合评价和排名的重要依据。此外，《粤港澳大湾区发展规划纲要》提出"充满活力的世界级城市群"和"'一带一路'建设的重要支撑"的战略目标定位，国际语言环境建设有利于连接广州、香港和澳门，为三地打造共同的城市语言文化系统，推动粤港澳大湾区合作向纵深发展。

（二）国内部分城市已出台较为完善的地方国际语言环境建设法规条例

在国际语言环境建设方面，近年来很多国内城市已经迈出一大步。北京、上海等市均以政府规章的形式，明确制度规范及责任分工。北京市早在2008年奥运会之后就出台了《首都国际语言环境建设工作规划（2011—2015）》，并全面实施公共场所外语标识管理规定，加快公共场所外文译写地方标准修订，推动出台专项指导文件。2021年11月26日，北京市第十五届人民代表大会常务委员会第三十五次会议通过《北京市国际交往语言环境建设条例》，把国际语言环境建设规范化、法治化提高到一个新的发展水平。上海市2015年发布实施《上海市公共场所外国文字使用规定》，对上海市公共场所外文的使用要求和译写规范做出了具体规定。此外，2012年，西安市出台《加强国际语言环境建设工作实施意见》；深圳市2007年推出《公共场所双语标识英文翻译规范及实施指南》，2019年又发布《公示语英文译写和使用管理办法》，对主管部门、责任分工、督查督办、审核流程等内容进行了明确规定，目前正筹备开展立法调研；2020年，海南省出台《全面提升公民外语水平行动方案责任分工》和《2020年全面提升公民外语水平行动工作要点与工作要求》。国内这些省市的做法，从政策的层面为加强城市国际语言环境建设提供了有力保障。

（三）加快国际语言环境建设是广州国际交往中心建设的重要内容

国际语言环境建设是广州市积极参与全球城市治理体系、构建立体化友好城市网络的需要，也是提升城市外籍常住人口比例、吸引更多国际人才集聚的支撑条件。近年来，作为公共服务领域的外语服务快速发展，语言种类及服务类型不断丰富。2010年广州亚运会期间，广州市积极推广普通话并鼓励市民学英语，国际语言环境建设取得了显著的成效，也向世界很好地诠释了岭南文化的深刻内涵。近年来，广州市提出国际交往中心建设，加快国际服务环境的整体规划，突出强调要推进国际语言环境建设。广州已初步形成英语标识地方审核机制，重点公共场所英语标识基本规范，外语标识纠错渠道更加广泛，各窗口行业外语服务能力显著提升，多语种服务热线960169开通，并与政府、企业公共服务及应急热线建立联通工作机制，涉外便民服务不断创新，国际语言环境水平大幅提升。广州市还积极开发"外语标识纠错"小程序，为市民了解公共英文标识相关知识、提供纠错意见建议提供便捷渠道，外事部门出台《广州市公共标识英文译法规范》，并定期向各部门收集新增词条，组织专家进行翻译。目前，广州正在积极探索以政府令的形式出台政府规章和通过人大立法出台管理条例。广州市"十四五"规划提出到2035年，广州要率先基本实现社会主义现代化，建成具有经典魅力和时代活力的国际大都市，朝着美丽宜居花城、活力全球城市阔步迈进。广州建设富有时代活力和"国际范"全球城市，必须着眼于提升国际化服务水平，营造"类海外"环境，增强城市的宜居度和亲和力，加快推动国际语言环境建设。

二 广州国际语言环境建设面临的挑战

（一）国际语言环境建设的复杂性导致工作难度大

从国内外城市语言环境建设的发展历程来看，国际语言环境建设是一项复杂的系统工程，具有长期性、反复性和变动性等多元化特点，建设难度很大。例如，日本东京在1960年奥运会期间，就提出加大城市国际语言环境建设；1986年10月，日本出台的《关于道路标志、区间以及道路指示的命令第十三次改正令》规定，城市主要标识要同时采用日语汉字、罗马字、英语,这一工作一直持续近40年。相较于国外城市建设更新较慢,广州等国内城市建设日新月异,很多城市建筑和道路不断翻新改造,公共场所外语标识设置、使用的日常监测难度大,导致城市语言标识的变动大,需要强有力的统筹协调。

(二)外语标识使用数量大、所涉范围广加剧纠错难度

以广州为代表的国际大都市往往外语标识点多、面广、量大,标识设置主体多元,这为动态管理更新外语标识提出较大挑战。即使开展了集中性的纠错活动,外语标识滥用错用的现象依然难以避免。尤其是在地铁、火车站、机场等重点公共场所,容易出现外文单词的大小写、拼写、标点符号使用不规范和措辞不当等现象,部分标识存在中式英语、易引发文化误解、使用场合不当、翻译生硬等问题。随着中国不断走近世界舞台的中央,广州市作为中国的一线超大城市,正在加快推进国际交往中心建设,承担的国际交往任务还将不断丰富扩展,一系列重大国际活动持续举办,这既给广州构建优良的国际语言环境提供新契机,同时也对广州市公共场所外语标识规范提出更高要求。

(三)涉外活动多对工作人员语言国际化要求高

广州是国内外贸出口新业态高度聚集的城市之一,其作为知名会议目的地的地位也日益强化。《财富》全球论坛、从都国际论坛、"读懂中国"广州国际会议、全球市长论坛等重要国际会议在广州成功举办,中国创新创业成果交易会、国际金融论坛等永久落户广州,这些都对广州涉外行业员工的外语水平提出了更高的要求。总体来看,为满足与国际接轨的服务环境所需,全市从事涉外服务行业的工作人员外语能力还需进一步提升。例如酒店、宾馆、餐饮和交通服务行业员工等要提升用英语或其他外语为来宾提供服务、解决问题的能力,需要加大面向重点人群的外语培训力度。

三 加快广州国际语言环境建设的对策建议

一个城市的语言环境建设，必须根据城市国际交往功能的需求，整体谋划、前瞻布局，充分发挥政府的主导作用。广州应立足粤港澳大湾区建设和国际大都市建设的要求，以实现老城市新活力、"四个出新出彩"为目标任务，释放城市国际交往的活力，统筹推进国际语言环境建设。为加快推进广州国际交往中心建设，促进高水平开放和高质量发展，提升城市国际化服务水平，广州需聚焦重点工作任务，学习国内其他先进城市，加快地方语言环境立法，采取源头治理推动集中纠错，并发动社会力量和各类行为主体共同参与，积极推动国际语言环境建设，建设具有岭南风范的国际化宜居环境。

（一）聚焦重点工作任务，协同开展语言环境建设工作

广州要提高认识、高度重视，组织开展城市用语用字情况检查，并及时向社会发布检查情况，确保广州城市语言文字使用符合国家有关方针政策和规范标准。要按照时间节点，统筹协调资源，尽快对交通、文化旅游、体育、商业等各个领域的外语标识地方标准予以修订。统筹广州在建的场馆和基础设施建设、会展会议服务、城乡环境面貌、无障碍设施环境建设等工作，形成工作合力，协同开展语言环境工作。政府外事部门应当加强对公共场所外语标识设置、使用活动的日常监测。紧密加强与国内智能科技公司合作，做好技术攻关，通过创新翻译类产品和服务，塑造良好沟通环境、提高各类国际会展会议的保障功能，逐步实现"人机互联、人际互通"的对话图景。要结合未来几年重点工作任务对国际语言环境的综合需求，将实用性和有效性相结合，从服务环境和生活环境两个内容角度，构建城市国际语言环境评价指标体系，形成动态的评价效果。加强政府各部门协调，建立健全月调度和季通报制度，确保国际语言环境建设各项任务落地落实，为全市营商环境建设、提升城市国际化水平贡献外事力量。

（二）学习借鉴兄弟省市经验，尽快推动国际语言环境建设地方立法

北京等国内一些城市已相继出台国际语言环境建设地方法规条例，广州应尽快着手启动此项工作，加快针对语言环境的地方立法，强化组织保障。加快推进地方标准修订，出台《广州市公共场所外语标识管理规定》，对公共服务领域外语标识使用予以规范。由于公共场所外语标识规范涉及面广、内容庞杂，需要各部门相互配合、落实责任，把国际语言环境建设工作纳入城市国际化建设的工作议程。广州市各区可设立国际语言环境建设工作领导小组，各成员单位要落实主体责任，逐步形成区领导重视、各部门协力、社会各界支持的良好局面。按照"谁设置、谁申报、谁负责"的原则，建立公共场所双语标识协作审核机制，持续跟进国际语言环境建设进展情况，适时开展阶段性总结评估，推动公共场所外语标识规范工作持久深入开展。完善广州市外语人才培养体系，挖掘人才储备和资源优势，培养高素质、复合型的外语人才和不同语种的外语人才，加大培养非通用外语翻译人才以及新型语言服务人才的力度，全方位满足城市对外交流合作的需求。

（三）加强源头防控，采取多种集中纠错行动

围绕塑造高品位、标志性的城市公共空间目标，展现城市国际化形象魅力，紧盯重点区域，采取集中纠错。从国内外城市实际操作层面来看，国际语言环境建设应先从较容易实施、较快见成效的外语标识规范化着手。对重点国际交往功能区域以及国际学校、国际医院、国际化社区等重点公共场所外语标识全面展开集中纠错。除"国际性"区域外，对广州城市核心区、天河CBD周边等重点区域，以及机场、地铁、火车站、公园、医院、银行等重点服务单位场所的不规范外语标识实施限时整改，及时进行更换；对一般性的不规范外语标识，可逐步推进老旧标识的更新整改，实现新老标识有序接替。提前介入新建涉外场所外语标识设置和译写工作，组织中外权威专家提供专业审查意见，从源头上避免错误外语标识的出现。结合新时代文明实践中心建设、市容环境景观改造提升等工作，组织中外专家对特定区域外

语标识内容审核把关,将规格不一、信息不全、英文不规范的标识整合压缩至设计统一、风格沉稳、英文规范的外语导视标识。对一些重点区域道路要统一制式标准,更换交通标志牌、指路牌、楼宇指示牌等标志标牌,实现主要交通及指示标识双语化。建立长效的检查纠错机制,把外语标识设置工作纳入日常工作,严格按照工作流程办理,确保新增外语标识和外文宣传口号翻译规范准确。

(四)利用现代科技成果,推进国际语言环境大数据系统建设

运用好现代科技,及时更新全市外语标识数据库。利用信息科技手段,建立多语种网络服务系统,加强多语种政府官方网站、城市咨询、法规政策、应急援助、经济文化动态、生活服务信息、翻译等系统建设。用好多语言服务热线工作机制,建设一站式双语政务服务大厅,提升重点窗口单位和服务行业外语服务能力。挖掘各类高校资源,创建专业的多语言服务团队。完善多语言服务管理体系和服务流程,更新全市外语标识数据库和网络查询平台,对全市各区、各窗口和服务行业现有外语标识数据进行重新整理,定期补充录入新增外语标识译法。加强数据整合利用,做到数据规范准确,完整可查,与重点搜索引擎网站以及广州市人民政府等有关政府网站进行链接,为社会各界免费查询使用提供便利。注重高科技、智能化手段的应用,鼓励运用现代科技创新外语标识设置,支持通过运用电子屏幕、手机导览、智能化触屏等方式,最大限度利用标识显示新形态,增大单位面积标识内的信息容量。在重点旅游场所为中外游客提供更多语种的导览设备,设立外语接待讲解机构,为游客提供全方位、多语种讲解服务。

(五)践行"共建共治共享"治理理念,提高外语标识社会知晓程度

外语标识规范化具有社会性强的特点,需要宣传动员社会力量一起参与。加大宣传推广力度,提升市民参与感与获得感,各区、各窗口行业要加大对公共场所英语标识规范和服务用语规范的宣传引导普及工作力度,加强

人员培训力度，提升各相关单位外语标识设立的规范意识。推动大部分市民掌握基本的外语日常会话能力，积极创造对外交流锻炼场合。创建英语学习的大众平台，培养市民的学习热情和积极主动性，向市民赠送发放外语普及手册，举办主题丰富多彩的外语活动，吸引市民广泛参与。巩固"线上纠错随手拍"活动，充分发动在广州生活、学习、工作、旅游的人士共同参与到规范外语标识的活动中来。在提升市民参与感的同时，对创建优秀外语服务品牌的单位、行业和个人给予奖励，可通过发放纪念品、评选"广州外语之星"等表彰活动，增强市民过程获得感。举办"牵手城市国际化——市民讲外语"等公益讲座，邀请中外公益讲师对一线工作人员开展行业英语培训，规范口语服务标准，提升外语服务水平。对重点企事业单位、青少年等重点人群，通过定期组织学习、筹划多种形式活动、培养"英语小教员"等方式，开展高质量的英语培训工作。注重培养跨文化交际意识，在大中小学生及普通市民中普及国际礼仪知识，提高市民整体素质，提升民间对外交流水平。在重点部门公务员中普及其他外语、教授国际交往常识，增强政府涉外服务和涉外管理工作能力，实现从业人员外语专项培训的常态化，提高对外公务交往水平。

（六）搭建平台，充分发挥志愿者、行业协会和专家团队的作用

发挥政府资金的杠杆作用，引导社会资本积极参与广州国际语言环境建设。加大政府对外语志愿服务的规范管理和培育激励，在更大范围内发挥志愿者参与国际语言环境建设的作用。组建志愿服务团队，向社会公开招募志愿者，在广泛招募高校学生志愿者的同时，重视吸引离退休涉外干部、高校外语教师等专业人士，驻穗领馆使节及配偶、外资机构驻华代表及配偶、留学生等外籍人士参与志愿服务活动。开展志愿服务专业培训，引导志愿者参与在穗举办的重大国际交往活动的服务保障工作，并在重大节假日期间为中外游客提供地区历史文化、旅游指引、英语咨询等志愿服务。积极发挥广州市标识行业协会的专业优势，加强与标识设计生产和翻译行业协会的对接服务，主动提供译写标准和数据库等专业支撑，推动将优质语言服务企业纳入

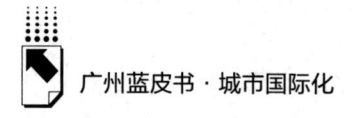

政府采购名录。依托行业协会机构，增强外语服务产业的社会使命感、责任感，不断提高翻译公司、外语培训机构等主体的规范化程度，营造政府监管、社会监督、行业自律的工作统筹局面。充分利用在穗高校和科研机构的学术资源，组建多领域专家团队，为城市语言环境建设提供专业咨询和决策参考。

参考文献

刘超：《北京营造优质国际语言环境》，《北京》2017年第21期。

张杰：《广州城市国际化语言环境建设存在的问题及对策研究》，《兰州教育学院学报》2016年第12期。

郭杰：《粤港澳大湾区语言环境建设研究》，《云南师范大学学报》2019年第6期。

B.10
粤港澳大湾区战略背景下提升广州国际传播力研究

——基于在穗外籍人士的调查*

佘世红　张鑫金　李春华**

摘　要： 本研究以在穗外籍人士对广州城市形象的感知评价为研究对象，综合运用传播学、新闻学、社会学等理论，通过对在穗外籍人士的问卷调查和深度访谈对广州城市形象的对外传播现状进行深入分析。研究发现，在穗外籍受访者多数认为大湾区战略会提升广州城市国际传播力；多数外籍受访者偏好使用社交媒介，对本土媒介使用较少；受访者对广州现代化地标建筑认可度高，但对城市历史文化了解不足；受访者认同广州"开放"的国际形象，但认为广州国际形象不够鲜明。本研究提出在粤港澳大湾区战略背景下广州提升城市国际传播力的对策建议，包括突出广州在粤港澳大湾区中城市定位的传播，加强广州与粤港澳大湾区其他兄弟城市传播的合作，促进广州与更多国际知名城市建立友好关系，构建基于外籍人士信息获取偏好的广州国际传播新格局，举办国际性活动提升广州在国际传播领域的"注意力"，培养在穗外籍人士作为广州国际传播的KOL等，也为粤港澳其他城市甚

---

* 本文为广州"羊城青年学人"课题资助项目（项目编号：18QNXR53）；广东省软科学项目"大数据时代广东省科技风险预警平台及预防机制的构建研究"（项目编号：2019A101002091）研究成果。

** 佘世红，博士，华南理工大学新闻与传播学院副教授，硕士生导师，研究方向：品牌传播与城市传播；张鑫金，华南理工大学新闻与传播学院硕士研究生；李春华，华南理工大学新闻与传播学院硕士研究生。

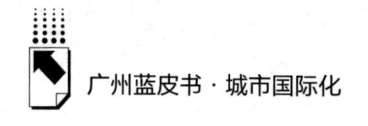

至内地城市的城市形象对外传播提供参考和借鉴思路。

关键词： 粤港澳大湾区 广州 城市形象 国际传播力

一 粤港澳大湾区与广州城市形象

（一）粤港澳大湾区战略背景下提升广州城市形象的重要意义

粤港澳大湾区（大湾区）包括香港、澳门两个特别行政区和广东省广州、深圳、珠海、佛山、惠州、东莞、中山、江门、肇庆九市。《粤港澳大湾区发展规划纲要》不仅对粤港澳大湾区在经济、科技等方面的发展提出了要求，同时在生态、人文等方面也做出了规定，力争把粤港澳大湾区建设成"宜居宜业宜游的优质生活圈"。根据中国社会科学院发布的《四大湾区影响力报告（2018）：纽约·旧金山·东京·粤港澳》，虽然粤港澳大湾区经济影响力居首位，但是整体影响力仅排第三，其在文化、宜居、形象等方面依然有较大的提升空间。杜明曦、侯迎忠（2020）在对182家外媒进行实证分析的基础上发现，在外媒对大湾区的形象建构中，"经济形象突出，缺乏历史文化元素与人文关怀"、"精英阶层话语叙事，公众因素缺位形象建构"以及"缺乏深度分析与细节刻画，局部报道碎片化呈现"是当前大湾区外部形象构建存在的主要问题。

如何塑造提升大湾区形象，讲好湾区故事，提高大湾区全球吸引力和影响力，已经成为政策与现实共同的指向和要求。广州作为湾区的核心城市与重要组成部分，对湾区形象的提升至关重要。《粤港澳大湾区发展规划纲要》共39次提及广州作为"国家中心城市和综合性门户城市"的引领作用，充分表明广州已经成为建设粤港澳大湾区的重要一环和关键所在，塑造和提升广州城市形象也是大湾区形象整体提升的战略任务。

（二）城市形象与国际传播力相关研究

城市的发展离不开城市形象的建设与传播。城市形象研究最早缘于美国，其概念最早出现在美国城市专家凯文·林奇（Kevin Lynch）所著的 *The Image of City*（译为《城市意像》）的书中，该概念重点强调城市形象是通过人的综合感知而形成的、多个对城市的印象叠加形成公众印象。与西方国家的城市形象研究相比，我国城市形象研究起步虽然晚，但是随着我国城市化快速发展，城市形象研究成为热点问题。董力三、吴春柳（2006）指出，良好的城市形象有利于城市旅游业的发展、吸引人才和招商引资、增强城市知名度和精神文明建设。张洪波（2019）指出现代城市形象是城市"物象"与"人文精神"的有机结合，是城市"形"与"神"的和谐统一，是城市的客观存在和人们认知感受的综合融汇。

国际传播力是一种重要的软实力，提升国际传播力是增强国际话语权的内在要求。国内外的学者虽从多个角度来解读传播力，但重点集中在媒体领域，较少涉及城市主体。国内也有不少学者将媒体传播力与国际竞争力相结合，重点探讨我国媒体的国际传播力与竞争力的提升（孟建，2020；程曼丽，2021；胡智锋，2020；李希光，2020 等）。本文指出，城市国际传播力属于城市竞争力的重要组成部分，在国际传播中建构独特的国际城市形象是国际传播力提升的重要途径。

（三）广州城市形象研究的价值与现状

广州作为我国国家中心城市、对外开放的前沿地，其城市形象的塑造与传播广受学界关注，积累了较为丰富的研究成果。目前对广州城市形象的研究维度大致分为以下两种：一是从宏观层面探讨城市形象传播的共性与特征，如涂聂等（2019）总结出城市形象传播中社会化媒体的塑造与导向作用，并指出品牌信任在城市品牌忠诚培养中起基础性作用；陈书杰、谢雅玲（2021）提出应当将品牌个性理论应用于城市形象塑造，认为通过研究提炼出一种城市性格，并通过传播活动引导公众形成一定的认知，有助于改变当前城市品牌推广中形象雷同、无特色的现象。二是从微观层面探讨广州城市形象传播的具体方案，如梁明珠等（2004）从生态视角切入，提出广州"花绿水城"城市形象定位的建议；何国平等（2011）探讨了后亚运时期广州应传播何种文化来提升城市国际形象、建设城市国际品牌；李薇（2018）以广交会为抓手，阐述广州城市文化品牌国际化建设的具体路径；鲍雨（2019）围绕广州"花城"形象，从城市品牌传播的资源、内容、方向、形式、渠道五个方面探究广州对外传播策略与经验等；黄永江、奚少敏（2021）以广州马拉松为切入点，指出广州应以举办马拉松为契机，从城市理念、城市行为和城市视觉等全方位向人们展现独特的城市魅力，进而强化广州的知名度和美誉度。

从研究内容维度来看，尽管学术界已取得丰硕的研究成果，但客观地讲，对广州国际形象与国际传播力的相关研究仍然具有较大提升空间。在粤港澳大湾区战略背景下，提升广州城市国际传播力是一个重要的实践问题。本研究提出，提升广州国际传播力必须从国际公众入手，也就是从"他者"的角度切入。用"他者"视角来研究城市国际形象建设和城市形象对外传播，能够跳脱出"自我"视角下"不识庐山真面目，只缘身在此山中"的局限，通过"照镜子"的方式来反观城市形象对外传播中所存在的不足与问题。在穗外籍人士是从"他者"的视角感知广州城市形象的重要群体。因此，我们尝试从在穗外籍人士视角来探讨大湾区背景下广州国际传播力提升的问题。

二 研究设计与执行

（一）研究方法与研究假设

根据研究目标，本次调查对象是在穗外籍受访者，主要采取实证研究方法，具体的研究方法如下。

1.问卷调查法

通过前期文献研究和初步调研，综合设计出针对在穗外籍受访者的调查问卷。本研究问卷由两部分构成，第一部分是有关外籍受访者背景资料的问题，主要包括性别、年龄、洲别、收入、来穗目的以及来穗频次；第二部分是在穗外籍受访者对广州城市形象感知评价的相关问题，包括外籍受访者来穗前与来穗后的信息获取渠道对比、对广州城市特征关键词的认知、对广州城市定位的认知、对广州城市地标的认知、对广州景点的偏好、对广州的分享意愿、对粤港澳大湾区的认知情况、对广州城市形象总体感知评价。其中，关于外籍受访者对广州城市形象总体感知评价与对粤港澳大湾区认知情况采用李克特5分制量表。本研究运用SPSS25.0分析软件，采用描述性统计分析、信效度分析、因子分析、交叉分析、相关分析、独立样本均值检验等方法，测量各个变量间的影响及关系，并对照研究假设进行检验。

2. 深度访谈法

此次深度访谈是问卷调查的补充，本课题深度访谈的对象是在穗的外籍人士，主要包括留学生群体、在穗经商或从事贸易的外籍人士、跨国公司工作的外籍人士以及来穗旅游的外籍人士。深度访谈的问题与问卷调查的内容基本一致，不过深度访谈是半开放式的提问，增加了一些关于大湾区对广州国际形象影响的问题。主要访谈内容包括：在穗外籍受访者媒介使用习惯、对广州城市特征关键词的认知、对广州城市定位的认知、对广州城市地标的认知、经常去广州哪些景点、是否愿意向亲朋好友分享广州，并且通过重点访问了解外籍受访者对广州城市形象感知的整体评价、对粤港澳大湾区战略的认知、大湾区战略是否对广州国际传播力带来提升、广州的国际形象相对于大湾区的香港与深圳来说存在哪些优势与不足。

3. 研究假设

根据上述文献探讨和问卷开发，本研究基于在穗外籍人士对广州城市形象的感知评价，考察不同因素对其感知评价的影响，具体可概括为：不同人口统计学背景在穗外籍人士对广州城市形象感知评价的区别；在穗外籍人士的粤港澳大湾区认知情况及其对广州城市形象的感知评价；在穗外籍人士广州城市形象感知评价的影响因素。

因此，本研究提出以下假设：

H1：在穗外籍人士人口统计学背景对其广州城市形象的感知评价有影响。

H1a：性别影响在穗外籍人士对广州城市形象的感知评价。

H1b：收入影响在穗外籍人士对广州城市形象的感知评价。

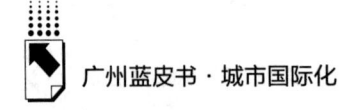

H2：在穗外籍人士的来穗频次影响其对广州城市形象的感知评价。

H3：来穗目的影响在穗外籍人士对广州城市形象的感知评价。

H4：受访者对粤港澳大湾区战略越认同，其对广州城市形象的感知评价越高。

（二）研究执行与受访者基本情况

1. 研究执行

本次研究执行主要分为两个阶段，分别为问卷调查和深度访谈。

在正式开展问卷调查之前，我们首先邀请了一些在穗留学生、高校中从事留学教育的老师帮忙对问卷内容进行审核，并根据他们的意见反馈进行调整和修改。在此基础上，我们对问卷进行了前测调研，此环节我们共发放了52份问卷，回收有效问卷52份，回收率100%。经前测检验，问卷的信度和效度良好，可以进行正式调研。正式调查分为线上和线下两个渠道，最终共回收问卷402份，剔除有缺失的样本，共回收396份有效问卷，回收率98.5%。另外，本次深度访谈作为问卷调查的补充研究方法，其访谈对象是在问卷调查的样本中产生的。问卷回收之后，根据问卷中留下的回访联系方式对一些愿意接受访谈的受访者进行进一步深度的访谈。

2. 受访者基本情况

由于条件限制，本次问卷调查仅有来自北美洲、大洋洲、非洲、亚洲、南美洲、欧洲六大洲的受访者，没有来自南极洲的受访者。

根据性别，受访者中男性为237人，女性为159人，分别占比59.8%和40.2%。总体来看，男女比例适当，适合进行下一步分析。

根据年龄段，本调查受访者的年龄分布为：16~25岁的受访者222人，占总样本的56.1%；26~35岁的受访者90人，占总样本的22.7%；36~45岁的受访者58人，占总样本的14.6%；46~55岁的受访者22人，占总样本的5.6%；56岁及以上受访者4人，占总样本的1.0%。本次调查的受访者年龄主要分布在16~45岁之间，各年龄段均有体现。表1为在穗外籍受访者基本情况。

表 1　在穗外籍受访者基本情况

单位：%

统计指标	分类指标	占比
大洲	亚洲	38.1
	欧洲	16.2
	北美洲	8.3
	南美洲	4.8
	大洋洲	4.3
	非洲	28.0
性别	男	59.8
	女	40.2
年龄	16~25 岁	56.1
	26~35 岁	22.7
	36~45 岁	14.6
	46~55 岁	5.6
	56 岁及以上	1.0
月收入	少于 $16000	55.3
	$16000~$35000	23.5
	$35000~$100000	13.6
	高于 $100000	7.6
来穗频率	1~3 次	51.8
	4~6 次	21.2
	7~9 次	9.6
	长居	17.4
来穗目的	求学	43.4
	工作	15.4
	旅游	28.5
	商务	9.3
	探亲	2.8
	其他	0.5

另外，本次深入访谈的样本数量是30人，其中，留学生14人，在穗工作的外籍人士8人，在穗从事商务的外籍人士6人，在穗旅游的外籍人士2人。受访者主要来自非洲、亚洲和欧洲等地区。其中，中亚地区的受访者9人、非洲地区受访者5人、俄罗斯受访者4人，韩国、老挝、越南、马来西亚、泰国与日本受访者各2人。

三 外籍人士对广州的城市形象感知

（一）在穗外籍受访者对广州城市形象感知的描述性分析

1. 互联网新媒体为在穗外籍受访者获取广州资讯的最主要渠道

经问卷调查，我们发现受访者来穗之前对广州的了解渠道主要为互联网新媒体和本国媒体，占比分别为63.90%和58.70%（见图1）。

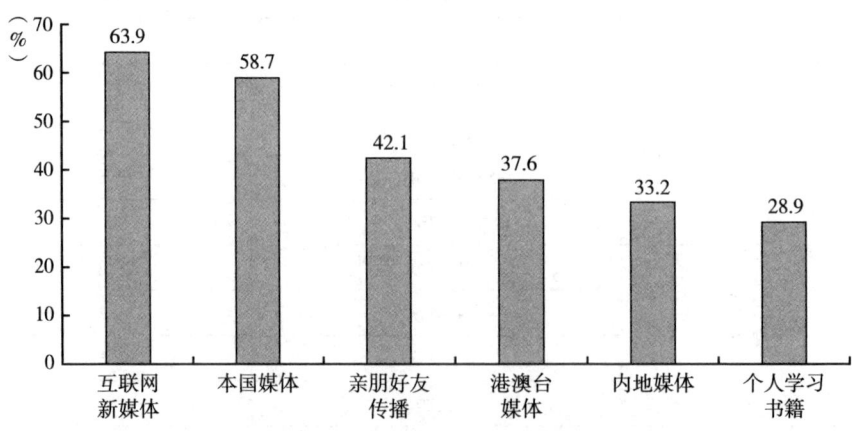

图1 外籍受访者来穗前的信息获取渠道分布

来穗之后，受访者了解广州情况、获取广州资讯的渠道开始转向多元化。经问卷调查，我们发现虽然在穗外籍人士获取广州资讯的渠道主要还是集中在"互联网新媒体"，共有66.30%的受访者选择了此项；但是"亲朋好友""报纸""电视"等渠道也逐渐成为其了解广州的重要渠道（见图2）。我们通过深入访谈，发现在穗外籍人士在来穗前与来穗后媒介使用情况存在差异。在深入访谈中，多数访谈对象表示自己来穗之前主要是通过互联网新媒体获取信息，其次是通过本国媒体获取信息；当他们来穗之后，互联网新媒体依然是他们获取信息的主要媒介，他们在穗已经无法获取本国媒体信息，来穗之后他们建立了自己的社交圈子，因而"亲朋好友"成为他们获取信息的次要来源。"来自不同区域"的外籍人士媒介使用不存在显著差异。

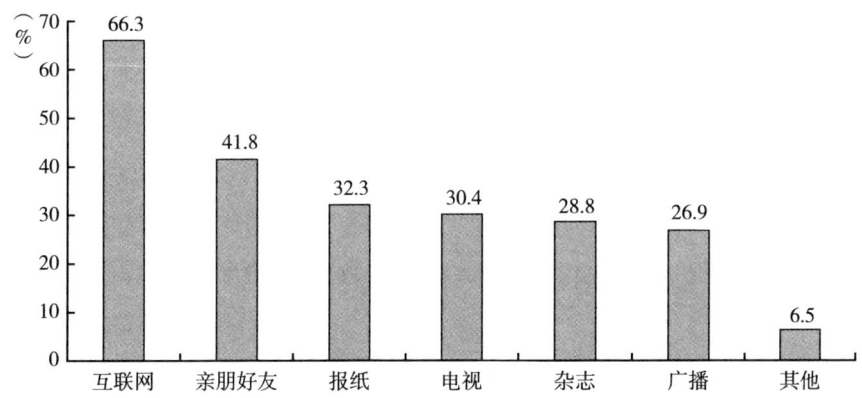

图2 外籍受访者来穗后的信息获取渠道分布

2. "开放"是在穗外籍受访者对广州城市的首要印象

在本次问卷调查中，我们提供了六个适配广州的关键词供受访者选择。从调查结果来看，"开放"是在穗外籍受访者对广州城市的首要印象，共48%的受访者选择了此选项。这可能是源自广州的"千年商都"形象。据相关数据，近年来广州在全球媒体中最突出的形象是"千年商都"，而商都则往往意味着开放和流通。随后，"自由"和"和谐"也是受访者对广州城市特征关键词认知的重要组成部分，分别有15.2%和13.9%的受访者选择（见图3）。

3. "国际贸易中心"是在穗外籍受访者对广州城市定位的首要认知

广州"十四五"规划对广州城市定位提出了更高的要求，并将"美丽宜居花城，活力全球城市"作为对广州的目标愿景。此外，广州还被列为

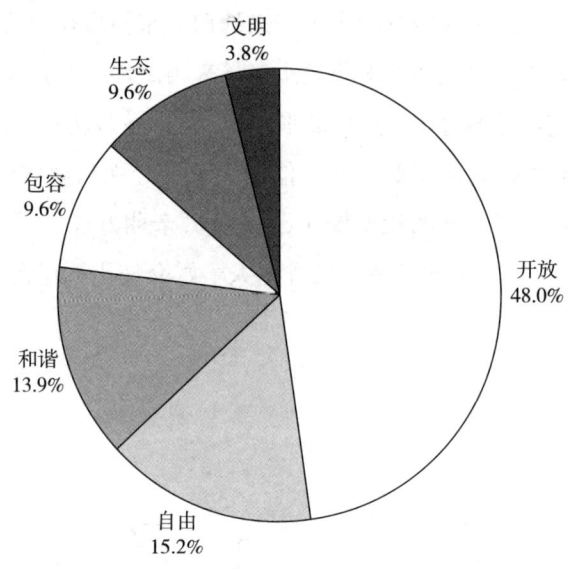

图3 在穗外籍受访者对适配广州关键词的认知情况

"国际贸易中心"、"国家中心城市"、"著名旅游胜地"、"历史文化名城"、迈向国际化的"枢纽城市"、"国际轻纺城"以及"粤港澳大湾区金融中心"。根据问卷调查,受访者对广州城市定位的认知相对分散,存在多元化的视角和观点,不过广州作为"国际贸易中心"是在穗外籍受访者对广州城市定位的首要认知,占比是61.6%;其次是对广州作为"国家中心城市"的认知,占比54.5%;再次是对广州作为"国际枢纽城市"的认知,占比也达到了44.9%,另外关于广州作为"历史文化名城"的认知占比也达到了43.4%(见图4)。

4."广州塔"是在穗外籍受访者对广州城市地标的第一认知

标志性建筑是城市形象的重要组成部分,能够与城市形成深刻的联结,并对城市形象的传播起到助推作用。经调查发现,在穗外籍人士对广州地标的认知第一位是广州塔,占比75.5%。广州博物馆、白云国际机场并列排在第二位,占比44.7%,随后是广州图书馆、广州大剧院、中山纪念堂等(见图5)。

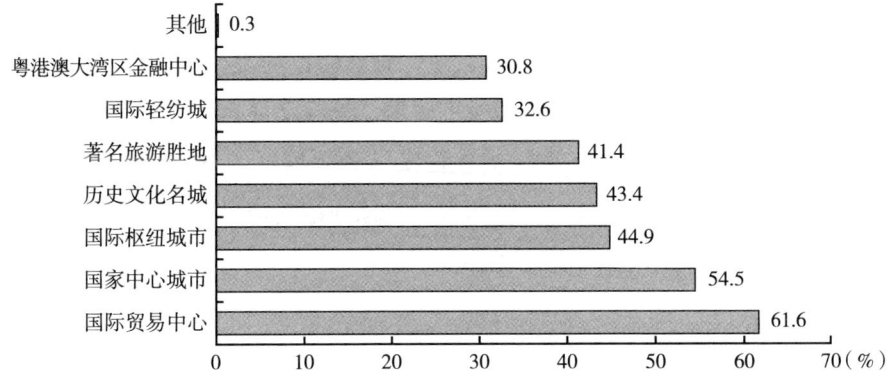

图4 在穗外籍人士对广州城市定位认知情况

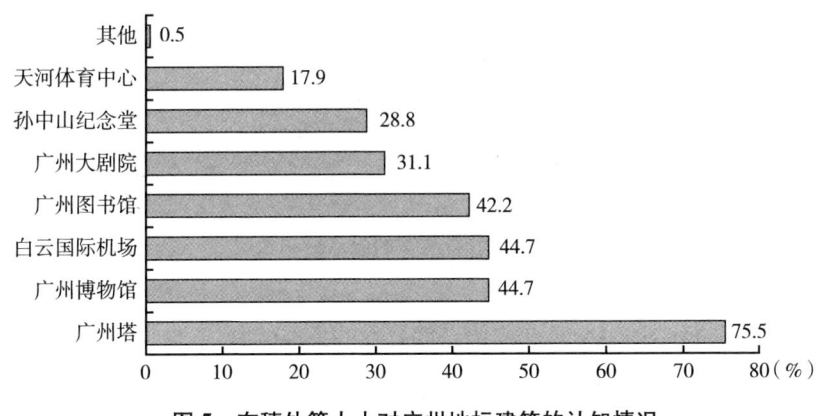

图5 在穗外籍人士对广州地标建筑的认知情况

5. 在穗外籍受访者旅游景点偏好多元

旅游景点是一个城市文化和历史的重要组成部分,在对受访者最喜欢的广州旅游景点进行调查后,我们发现,广州塔人气极高,不仅是外籍受访者对广州城市地标建筑的第一认知,同时也是受访者最青睐的旅游景点之一。

紧接着,白云山也是在穗外籍人士较为喜爱的旅游景点,有近半数的受访者选择了此项。随后是越秀公园、长隆游乐园及沙面公园等。通过对来穗不同目的的外籍受访者与喜欢的广州旅游景点交叉分析发现,来穗"求学"

的外籍人士除了偏好"广州塔",更偏好广州历史文化景点,比如越秀公园、圣心石室大教堂、黄埔军校旧址等。而来穗目的是"商务"的外籍受访者更偏好的旅游景点是珠江新城及广州塔、琶洲交易会会址一带以及上下九步行街。来穗目的是"旅游"的外籍受访者更偏好的景点是广州塔、长隆游乐园、越秀公园。不过,整体而言,在穗外籍受访者对广州旅游景点的偏好分布呈现出多元化的情况(见图6)。

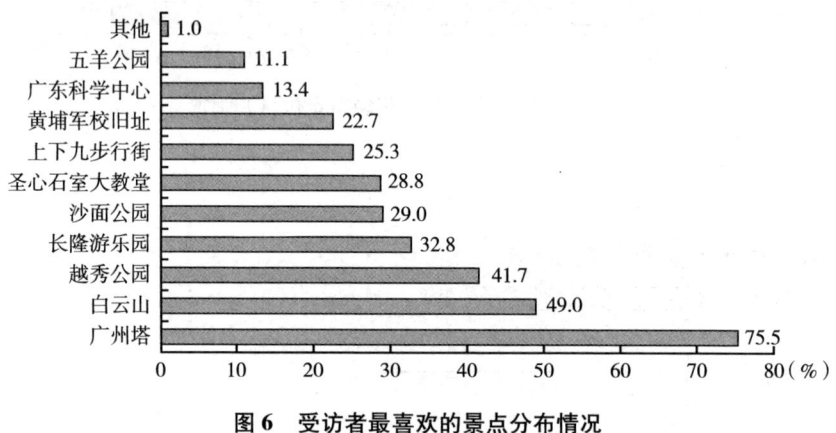

图6 受访者最喜欢的景点分布情况

6. 在穗外籍受访者分享广州给亲朋好友的意愿较强

分享欲是人与生俱来的一种浪漫情怀,当人们愿意向身边的亲朋好友分享某一事物时,也足以见得其对该事物的喜爱程度。经调查发现,绝大多数在穗外籍受访者"非常愿意"将广州分享和推荐给身边的人,占比58.8%,仅有17.2%的受访者表示不愿意或者不太愿意分享(见图7)。由此可见,在穗外籍受访者对广州还是相对满意,在广州的城市生活也较为愉悦,推荐广州的欲望也较为强烈。

(二)在穗外籍受访者对广州城市形象感知评价的差异分析

城市形象的形成是主观的、动态的过程。因此,受访者的各种背景因素都可能会对他们的广州城市感知评价产生影响。本研究在问卷中设置了受访者个人属性的相关题项。

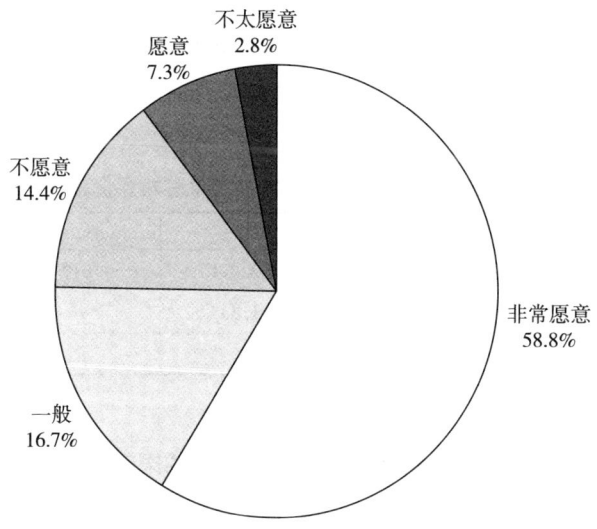

图 7 在穗外籍人士分享广州的意愿

1. 来自非洲的外籍受访者对广州城市形象正面评价要高于来自欧洲的受访者

通过以不同大洲的在穗外籍受访者为独立样本,我们对广州城市形象感知评价进行差异分析。经数据分析,我们发现各群组之间的显著相关性为0.001,小于0.05(见表2),说明"洲别"是影响在穗外籍受访者对广州城市形象感知评价的因素之一。通过进一步多重比较,我们发现,来自非洲和欧洲的外籍受访者对广州城市形象的感知评价存在较大差异,主要表现为来自非洲的外籍受访者对广州城市形象的感知要高于来自欧洲的外籍受访者,推测主要是欧洲、非洲与广州对比的经济水平、文化差异所致。这种推测在问卷调查的后续的深入访谈中得到了逐步证明。在访谈中,多位来自非洲的受访者,强烈表示他们很喜欢广州,他们认为广州经济很发达,并且充满活力和时尚。一些在穗做生意的非洲人士,普遍认为广州给他们带来了生意机会,是他们事业发展的重要组成部分。而对于在穗留学的非洲学生来说,他们中一部分是获得中国政府留学基金资助的,他们很享受在广州的学习与生活。在深入访谈中,同时发现在穗的欧洲人士也比较喜欢广州,喜欢发现不同于他们本国的异域文化，但是由于广州的管理文化以及中国的体制与欧洲的差异，他们对于本国的自由和文化还是拥有高度的自信，存在一定的优越感。

表2 洲别与在穗外籍人士对广州城市形象感知评价差异化分析

类别	平方和	自由度	均方	F	显著性
组间差异	12.357	5	2.471	1.612	0.001
组内差异	597.825	390	1.533		
总计	610.182	396			

2. 年龄与性别因素对广州城市形象感知评价的影响没有显著差异

通过数据分析发现，年龄与在穗外籍人士广州城市形象感知评价群组之间的显著相关性为0.836，大于0.05（见表3），说明年龄不是在穗外籍人士广州城市形象感知评价差异的重要影响因素，不同年龄组的在穗外籍受访者对广州城市形象的感知评价无显著差异。

表3 年龄与在穗外籍人士对广州城市形象感知评价差异化分析

类别	平方和	自由度	均方	F	显著性
组间差异	2.251	4	0.563	0.362	0.836
组内差异	607.90	391	1.555		
总计	610.182	396			

另外，性别与在穗外籍人士广州城市形象感知评价群组之间的显著相关性为0.736，大于0.05（见表4），说明不同性别的在穗外籍受访者对广州城市形象的感知评价也无显著差异。因此，研究假设H1a（性别影响在穗外籍人士对广州城市形象的感知评价），不成立。

3. 收入差异对广州城市形象感知评价的影响存在显著差异

当我们以不同"收入"的在穗外籍受访者为独立样本来分析广州城市形象感知评价差异时，群组之间的显著相关性为0.029，小于0.05（见表5），

表4　性别与在穗外籍人士对广州城市形象感知评价差异化分析

类别	莱文方差等同性检验		平均值等同性t检验					
	F	显著性	t	自由度	标准误差差值		差值95%置信区间	
							下限	上限
假定等方差	0.114	0.736	-0.554	394	0.128		-0.321	0.18
不假定等方差			-0.553	336.413	0.128		-0.322	0.181

表5　收入与在穗外籍人士对广州城市形象感知评价差异化分析

类别	平方和	自由度	均方	F	显著性
组间	5.081	3	1.694	1.097	0.029
组内	605.101	392	1.544		
总计	610.182	396			

说明不同收入的在穗外籍人士对广州城市形象的感知评价存在显著差异。通过进一步多重比较发现，不同收入组的受访者对广州城市形象的感知评价差异还较大。因而，收入是影响在穗外籍人士对广州城市形象感知评价的重要因素。通过独立样本均值检验分析，收入越低的在穗外籍人士对广州城市形象感知评价越高。因此，调查假设中H1b（收入影响在穗外籍人士对广州城市形象的感知评价）成立。通过深入访谈，我们发现，收入对在穗外籍人士对广州城市形象感知评价产生影响的原因有以下两个方面：一是本次调查的在穗外籍人士中"求学"的学生占43.4%，留学生依靠中国政府资助或家庭资助完成学业，故他们属于低收入的在穗外籍人士。虽然留学生收入不高，但是留学生对广州的城市形象感知评价相对较高，他们生活的环境相对单纯。二是高收入的在穗外籍人士多数是国际商务人士，他们中多数人在跨国公司工作，经常在欧洲与美国等国际化大都市出差，他们对广州城市形象的要求较高，时常会将广州与国际一线的大都市比较，甚至与国内的上海和北京比较，因此这群收入较高的在穗外籍人士对广州城市形象的感知评价要比收入低的在穗外籍人士的评价低一点。

4. 来穗次数对广州城市形象的感知评价的影响不存在显著差异

研究发现，来穗次数不同的受访者对广州城市形象的感知评价群组之间的显著性为0.687，大于0.05（见表6），这说明来穗次数对在穗外籍人士对广州城市形象感知评价的影响无显著差异。通过进一步多重比较发现，不同来穗频次的受访者对广州城市形象的印象和评价差异较小。由此可见，来穗次数不是影响在穗外籍人士对广州城市形象感知评价的重要因素。因此，H2（在穗外籍人士的来穗频次影响其对广州城市形象的感知评价）不成立。

表6 来穗频次与在穗外籍人士对广州城市形象感知评价系统差异化分析

类别	平方和	自由度	均方	F	显著性
组间差异	2.299	3	0.766	0.494	0.687
组内差异	607.883	392	1.551		
总计	610.182	396			

5. 来穗目的不同对广州城市形象的感知评价的影响存在显著差异

研究发现，来穗目的与在穗外籍人士对广州城市形象的感知评价群组之间的显著相关性为0.030，小于0.05（见表7），说明在穗外籍人士的来穗目的与其对广州城市形象感知评价之间存在显著差异。通过进一步多重比较、交叉分析发现，来穗目的不同的在穗外籍人士对广州城市形象的感知评价存在显著差异。其中来穗目的为"求学"的在穗外籍人士对广州城市形象的感知评价分数最高，其次是来穗目的为"旅游"的外籍人士，再次是来穗目的是"工作"的外籍人士，随后依次是来穗目的为"商务"和"探亲"的外籍人士。由此可见，H3（来穗目的影响在穗外籍人士对广州城市形象感知评价）成立。

表7 来穗目的与在穗外籍人士对广州城市形象感知评价的差异化分析

类别	平方和	自由度	均方	F	显著性
组间差异	14.205	5	2.841	1.859	0.030
组内差异	595.976	390	1.528		
总计	610.182	395			

6. 在穗外籍受访者对粤港澳大湾区战略的认同与广州城市形象感知评价

通过对在穗外籍受访者对粤港澳大湾区了解程度调查，我们发现，"粤港澳大湾区对广州的积极作用"、"对粤港澳大湾区战略持乐观态度"、"粤港澳大湾区对个人吸引力"以及"在大湾区生活、工作意愿"四项影响因素与在穗外籍受访者对广州城市形象的感知评价均具有显著相关性，且皮尔逊相关性系数均大于或者接近0.75（见表8）。我们可以得出以下结论：受访者对大湾区战略的认同度越高，其对广州城市形象感知评价越高的假设成立，因此验证了假设H4。

表8　粤港澳大湾区战略背景与在穗外籍人士对广州城市形象的感知评价相关性分析

类别	项目	广州城市形象的感知评价
粤港澳大湾区对广州的积极作用	皮尔逊相关性	0.760**
	Sig.（双尾）	0.000
	个案数	396
对粤港澳大湾区战略持乐观态度	皮尔逊相关性	0.761**
	Sig.（双尾）	0.000
	个案数	396
粤港澳大湾区对个人吸引力	皮尔逊相关性	0.823**
	Sig.（双尾）	0.000
	个案数	396
在大湾区生活、工作意愿	皮尔逊相关性	0.742**
	Sig.（双尾）	0.000
	个案数	396

说明：** 表示在0.01级别（双尾），相关性显著。

（三）研究结论

1. 在穗外籍受访者多数认为大湾区战略会提升广州城市国际传播力

通过本次问卷调查发现，80%以上的外籍受访者"听说过"粤港澳大湾区战略，70%以上的受访者认为粤港澳大湾区战略会促进广州国际传播力的提升。问卷调查的相关分析也发现，越认同"粤港澳大湾区对广州的积极作用"的外籍受访者，其对广州的城市形象感知评分越高；对粤港澳大湾区战略持乐观态度的外籍受访者对广州的城市形象感知评分也较高；粤港澳大湾区对个人吸引力越强的外籍受访者对广州的城市形象感知评分也越高；在大湾区生活、工作意愿越强的外籍受访者对广州的城市形象感知评分也越高。这表明粤港澳大湾区的国家战略对外籍受访者对广州的城市感知产生着重要的影响。在深入访谈中，我们也发现多数受访者认同"广州"是大湾区最重要的核心城市，而且认为湾区的发展战略对广州的国际形象提升是一个绝好的机会。

2. 多数外籍受访者偏好使用社交媒介，对本土媒介使用较少

通过媒介渠道和媒介使用的调查分析可知，来穗前或离穗后的外籍人士主要使用国际社交媒介，如 Facebook、推特等，同时也会使用他们本国的媒介。来穗之后，外籍人士受访者主要使用中国的社交媒介，比如微信等。同时，他们接触与获取信息也较多地依靠与亲人、朋友之间面对面的人际传播。但是，在穗受访者对中国本土媒体的使用率相对较低。其中的主要原因有语言阅读的障碍，受访者中绝大部分留学生汉语水平还可以，不过他们中多数人的英语水平比汉语水平要好，除了学习的需要，他们一般不会特意去使用汉语媒介。另外，受访者中从事商务工作以及旅游的群体汉语水平更低，对本地的汉语媒介无法使用。信息获取的习惯也有一定影响，多数受访者表示习惯利用社交媒介获取信息，这和他们在国内使用国际社交媒介的习惯是一致的。

3. 受访者对广州现代化地标建筑认可度高，但对城市历史文化了解不足

城市地标性建筑得到外籍人士的认可，一定程度上也体现了这座城市的国际化程度，因为一座城市的标志性建筑，反映了城市的社会文化发展水平和经济活力，它是衡量城市竞争力和吸引力的重要指标。通过对在穗外籍人士对广州城市标志性建筑的认可调查发现，在穗外籍人士对广州塔的认知最高，然而对那些有着悠久历史的建筑知之甚少。在深入访谈中，我们发现外籍受访者有主动了解广州城市历史文化的意愿倾向，但是苦于获取的手段不足。

4.受访者认同广州"开放"的国际形象,但认为广州国际形象不够鲜明

基于实证结果,本文分析了各要素在外籍人士感知广州城市形象过程中的作用,发现外籍人士认可广州的国家中心城市地位;外籍人士还对广州"千年商都"的称号有着很深的印象,即广州在这方面的地位获得了国际社会的认可,广州繁荣发展的商贸每年都吸引着世界各地的外资投入,进行深入的国际商业合作;而对于广州本地的岭南文化、交通旅游、美食文化在穗外籍人士也很感兴趣,并且深深地认同广州这座城市的开放性,认为广州是一座包容的城市,他们对于广州有着"开放包容,敢为人先"的评价。总的来说,在穗外籍人士认为广州的宜居程度很高,气候宜人、生态环境良好,历史底蕴丰厚,美食文化精致,经济的发展有着广阔的空间。

不过,他们认为广州的国际形象相对湾区的香港和深圳来说不够鲜明。在深入访谈中发现,多数外籍受访者也去过湾区内的香港和深圳,他们都认为香港经过多年的发展,早已经是国际化的大都市,而深圳作为中国改革开放最前沿的城市,其在科技创新与金融方面都在国际上获得了一定的声誉。这也和深圳比较早就开始注重城市形象的传播和国际形象的构建有着密切的关联。在深入访谈中被问到如何提升广州的国际形象,如何让更多的国际友人了解、认识和亲近广州,多数受访者表示,要创造他们愿意接受的内容和信息,同时要让他们能够接触到这些信息和内容。比如广州举办全球《财富》论坛就吸引了很多国际公众和媒介的关注。有多数受访者表示认同,广州要提升国际传播力,确实可以举办更多的国际性的会议和活动,比如"广交会",就是广州国际化一个最重要的名片。但是,一个"广交会"对广州的国际形象和传播力的提升还不够,还需要打造更多广州的"国际名片"。

四 粤港澳大湾区背景下提升广州国际传播力的对策建议

粤港澳大湾区战略对广州而言,是一个重要的发展契机,也是城市形象

与国际传播力提升的一次重要机会。要借助粤港澳大湾区发展的东风,进一步提升城市国际形象,提高广州在世界大都市中的知名度、影响力和竞争力。

(一)突出广州在粤港澳大湾区中城市定位的传播

国家从战略层面上来规划粤港澳大湾区,旨在推动广州、深圳与香港和澳门在经济、文化、教育、社会治理、城市规划等层面的互相交往与全面促进,并且发挥带头作用,带动其他城市的发展。《粤港澳大湾区发展规划纲要》指出了广州在粤港澳大湾区中的定位,即充分发挥国家中心城市和综合性门户城市引领作用,全面增强国际商贸中心、综合交通枢纽功能,培育提升科技教育文化中心功能,着力建设国际大都市。本次调查发现,目前在穗外籍受访者对于广州"国际贸易中心""国家中心城市"的城市形象已经有了较为深刻的印象,对于"历史文化名城""国际枢纽城市"等形象也有了基本的认知。因而,广州在国际传播中,一方面应当进一步强化国际贸易中心以及国家中心城市的形象认知;另一方面,在科技、教育、文化、历史以及国际枢纽城市等方面开展更深入的传播。

(二)加强广州与粤港澳大湾区其他兄弟城市的传播合作

建设粤港澳大湾区是国家发展战略,湾区内的城市品牌既有独立性和特色性,也存在天然的系统性联结。广州与粤港澳城市群有着显著的地缘关系和共同的文化基因,在广州城市形象的传播中要重视城市间文化、经济信息的流动和分享,推动公众的经济交流和文化认同。广州与大湾区其他城市,如香港、深圳、澳门合作传播,可以起到协同效应。

(三)促进广州与更多国际知名城市建立友好关系

在粤港澳大湾区战略背景下,广州可以与更多的国际知名城市,尤其是世界其他三大湾区的知名城市建立友好关系,加强双方在经济、文化、教育以及生态等方面的交流互动。在双方城市举办线上或线下的相关活动,邀请双方的商界、教育界、文化界等相关人士参加，传播广州城市文化与精髓，并做好线上和线下的立体化传播，吸引更多的外国公众参加与关注。以此构建广州城市良好的国际公共关系，从而提升广州国际传播力。

（四）构建基于外籍人士信息获取偏好的广州国际传播新格局

国际传播不是自说自话，而是双向性甚至多向性的对话和互动。若要提升广州国际传播力，必须针对外籍人士做出特定的传播。由于外籍人士语言的问题和获取信息的偏好，笔者认为要基于外籍人士信息获取偏好来进行传播，制定具体的传播策略，发布信息时注意引导，通过议程设置来发挥城市传播的作用，对广州的城市形象进行全面多元的宣传。

一方面，需要基于"Instagram+Youtube+Twitter"构建广州城市传播海外社交媒体平台。因为通过调查发现，在穗外籍人士经常使用国际社交媒体，要提升广州国际传播力，必须主动在国际社交媒体上发声，形成自身的话语权。同时，海外社交媒介可以实现随时互动交流，针对国际主流媒体对我国有关事件"污名化"的问题，我国可以在国际社交媒体上主动澄清和解释有关疑问。

另一方面，需要构建针对外籍人士的广州城市英语传播多媒体矩阵。从调查分析可知，在穗外籍人士对广州城市形象感知和评价主要是来自本国的媒体以及国际社交媒介平台上的信息。境外媒体对中国的相关报道出现与现实偏差的情况，甚至存在"污名化"报道现象，外籍人士对于广州城市的印象往往受到这些偏差信息的影响。广州若想要提升其在穗外籍人士中的城市形象，必须主动与外籍人士沟通。由于在穗外籍人士不精通中文，他们很少看本地媒体的信息。广州的本地媒体若要提升国际传播力，必须开设更多符合外籍人士需求的英文专栏和节目。这些传播广州城市文化的英文节目必须在多媒体平台上传播，比如有权威和影响力的公众号、抖音、微博等社交平台。同时，基于本城市相关的数据分析，进行可视化呈现，呈现方式包含图片、视频、动画等，用这种生动的形式帮助外籍人士充分地了解真实的广州城市文化与居民日常生活。

（五）举办国际性活动提升广州在国际传播领域的"注意力"

国际性赛事与活动是提高城市国际注意力较好的一个手段。比如，北京通过举办奥运会和冬奥会让世界公众重新认识北京，北京也成为唯一的"双奥之城"。广州曾经通过举办亚运会，提升了其在亚洲的媒体关注度与国际影响力。同时，通过举办《财富》全球论坛，广州在国际媒体的关注度也得到了较大提升。在粤港澳大湾区战略下，广州可以进一步举办具有国际影响力的体育赛事或其他活动，比如各类具有较大影响力的国际论坛与峰会等。在粤港澳大湾区，广州相对其他城市，拥有华南地区文教医疗中心优势，集中了华南地区最多、优质的高校资源，广州应当加大投入，支持当地高校承办各领域国际性学术会议。另外，目前驻穗领事馆数量较多，可以充分利用领事馆资源，举办国际性的区域论坛，与派遣国形成密切合作，发挥粤港澳大湾区城市相邻的区域交通优势，共同举办顶尖的国际会议。对于一个筹备国际赛事与论坛的城市而言，最重要的是要明确举办相关活动的投入以及带来的效果。同时，举办国际大型赛事和活动需要做好长期发展战略，才能使得影响持续深远，在国际传播上要做好相关主题的媒介议程设置。

（六）培养在穗外籍人士作为广州国际传播的意见领袖

重点关注社交媒体的信息传播，培养一部分在穗的外籍人士，通过他们对于广州城市形象建构的参与，吸引其他国家人群的注意力，纠正一些刻板印象和认知偏差。这些在穗外籍人士可以通过微博等社交媒体平台发布自己在广州的亲身见闻，讲述中国故事。作为社交媒体的意见领袖，他们的参与将有力推动城市在国际上的形象传播。另外，留学生是非常重要的一个群体，中国远赴他国的留学生可以向当地的朋友、同学和老师介绍自己的家乡，分享自己在广州发生的故事，拉近外国人与广州这座城市的距离，让他们真切地感受到广州这座城市的魅力，从而提升广州的国际形象。

参考文献

鲍雨：《广州："花城"城市品牌形象对外传播策略与经验》，《杭州》2019年第4期。

梁明珠、廖卫华：《论"广深珠"区域旅游品牌的构建》，《第十届全国区域旅游开发学术研讨会文选》，2004。

涂聂、谢美林、李英吉：《社会化媒体感知真实性、品牌依恋和品牌信任对城市品牌忠诚的影响》，《山西农经》2019年第8期。

刘毅、王云、李宏：《世界级湾区产业发展对粤港澳大湾区建设的启示》，《中国科学院院刊》2020年第3期。

张锐、张燚：《城市品牌——理论、方法与实践》，中国经济出版社，2007。

段淳林：《提升粤港澳大湾区的城市品牌综合竞争力》，《中国社会科学报》2019年8月12日。

刘晓英：《粤港澳大湾区品牌塑造中的三个关键点》，《中国社会科学报》2019年8月12日。

佘世红：《借鉴国际湾区经验 提升大湾区城市品牌形象》，《中国社会科学报》2019年8月12日。

Lynch, K., *The Image of the City*, The MIT Press, Cambridge, United States, 1960.

Miller Merrilees, & Herington, *Antecedents Of Residents' City Brand Attitudes*, in Journal of Business Research, Vol. 3, No. 62 (2009), pp. 362-367.

Bramwell Bill, & Rawding Liz, *Tourism Marketing Images Of Industrial Cities*, in Annals of Tourism Research, Vol. 23, No. 1 (1996), pp. 201-221.

国际化案例篇

International Cases Study

B.11
天英汇平台构建"雨林式"创新生态体系服务国际创新中心建设

联合课题组*

摘　要： 近年来我国大众创业万众创新("双创")热潮不断兴起,为经济社会高质量发展提供了有力支撑。广州作为国家中心城市和粤港澳大湾区核心引擎,深入实施创新驱动发展战略,出台一系列措施服务国际创新中心建设。作为广州经济强区的天河区,充分发挥自身科创优势,整合链接全球"双创"资源,以广州天英汇国际创新大赛、广州国际创新节、广州(国际)科技成果转化天河基地为创新内容,建设天英汇创新创业服务平台。平台集

---

* 课题组组长：段希（统稿），博士，天河区政府党组成员、副区长，研究方向：创新型城市建设及政府科技创新创业管理。课题组成员：宋爱平（执笔），天河区科技工业和信息化局党组书记、局长，研究方向：政府科技创新管理；周首（执笔），天河区科技工业和信息化局党组成员、副局长，研究方向：产业创新和企业服务；曾雷（执笔），天河区科技工业和信息化局党组成员、副局长，研究方向：区域创新创业管理与服务；刘琼（执笔），天河区科技工业和信息化局科技创新科科长，研究方向：创新创业服务平台运营管理；徐万君（执笔），博士，广州市社会科学院城市国际化研究所助理研究员，研究方向：国际经贸。

天英汇平台构建"雨林式"创新生态体系服务国际创新中心建设

合赛事、基地、载体、资金和专业服务，为创新创业群体提供创新要素融合发展的"雨林式"创新生态体系。天英汇平台作为广州链接国内外创新资源、服务双创项目落地、实现高科技成果转化的公共服务平台，致力于打造创新创业服务平台标杆，发挥天英智库专业智慧，推动环五山创新策源地建设，助力广州建设高水平创新强市和粤港澳大湾区国际创新中心。

关键词： 创新创业　服务平台　国际创新高地

创新是社会进步的灵魂，创业是推动经济社会发展的重要途径。2015年国务院印发《关于大力推进大众创业万众创新若干政策措施的意见》，此后一系列关于创新创业的优惠支持政策加快落地。"双创"催生了量大面广的市场主体，日益成为我国经济社会高质量发展的新引擎。广州作为国家中心城市和粤港澳大湾区核心引擎，深入实施创新驱动发展战略，出台了一系列政策创新举措服务"双创"项目落地，助力高科技企业实现技术突破，提升产业链位势，实现经济社会高质量发展。天英汇平台作为提供公共服务、整合各方资源、汇聚海内外创新要素的创新创业服务平台，发挥了显著作用。

一　天英汇创新创业服务平台成立的背景

（一）高水平"双创"带动高质量发展

党的十九大报告指出，创新是引领发展的第一动力，是建设现代化经济体系的战略支撑。现阶段我国经济由高速增长阶段转向高质量发展阶段，国务院2015年印发《关于大力推进大众创业万众创新若干政策措施的意见》，2017年印发《关于强化实施创新驱动发展战略进一步推进大众创业万众创新深入发展的意见》，2018年印发《关于推动创新创业高质量发展　打造

"双创"升级版的意见》，持续强调打造创新创业公共服务平台，增强"双创"平台对于经济高质量发展的支撑作用。近年来，国内各地政府通过搭建创新创业公共服务平台，加强"双创"信息资源整合，提供专业化、网络化服务，推动"双创"资源共享，实现了汇集全球优质创新创业项目，以政府公共服务促成项目落地实施，实现科技成果转化，助力行业实现技术突破，带动产业升级等，已成为实现经济高质量发展的优质路径，体现出其对于促进"双创"高质量发展的重要现实意义和实践价值。

（二）广州天河区开展创新创业的优势

广州作为国家中心城市和粤港澳大湾区核心引擎，深入实施创新驱动发展战略，落实粤港澳大湾区发展规划的工作部署，高水平建设国家创新中心城市，为经济高质量发展提供有力支撑。广州市拥有雄厚的经济基础、完备的产业体系、丰富的创新创业支持政策，开展国际合作历史悠久，吸引来自全球的创新创业资源的能力强大。其中，广州市天河区是全国唯一同时拥有国家级中央商务区和高新区的城市中心区，是广州的经济强区，也是华南地区总部经济和金融、科技、商务等高端产业集聚区。天河区2021年地区生产总值达6012.2亿元，连续15年位居全市第一。辖区拥有丰富的创新资源支撑体系，集聚了全省60%的双一流高校，省级以上重点实验室116家，工程技术研究中心432家，各类人才及在校大学生超30万人，全区高新技术企业总数2996家，国家科技型中小企业入库3378家，均位居全市第一。科技企业在天河区快速增长，2021年以来新增3.4万家，占全市新增量的38.2%，科技类企业总数达11.82万家，在全市占比超过三成。天河区打造"天河优创"孵化育成体系，打造科技创新载体高质量发展的"天河样本"。积极建设各类创新载体，连续五年省级以上创新载体数量排全市第一。2021年天河区新增市级孵化器和众创空间27家，总数达225家，总孵化面积超137万平方米；新增国家级孵化器4家，居全国各区（县）首位。为进一步加强和深化广州与全球在科技领域的交流与务实合作，充分发挥国际化资源平台优势，天河区邀请全球科创、投资、文化交流等领域的著名专家开展交流活动，提供公共服务、整合创新资源、汇聚创新要素的服务平台，为项目、人才、企业、机构提供全流程、全方位、全视角的多层次服务，面向全球服务"双创"、支持"双创"。

（三）天英汇创新创业服务平台概况

近年来，"大众创业、万众创新"持续向更广泛的覆盖范围、更高层次的创新创业需求、更深程度的产业融合推进。海外归国人才创新创业成为潮流，创业企业向高精尖端行业延伸，地区间和国际创新资源共享成为常态。面对新形势下创新创业人才对政策、资金、成果转化等方面的特殊需求，天河区着力打造了一个赛事、资金、人才、载体、服务"五位一体"的国际化平台——天英汇创新创业服务平台，充分发挥天河科创优势，整合链接全球"双创"资源，服务创新创业项目成果转化及企业成长，初步探索出一条规范明晰的品牌化、专业化、市场化的可行路径。

二 天英汇平台服务创新创业的雨林式生态体系

随着一系列鼓励创新创业的政策措施的推出，参与创新创业的人群规模逐渐扩大、创业活动涉及的产业边界不断拓展，创业活动主体对包含政策、资金、市场、基础设施等内容的创业生态环境要求日臻复杂化和多元化。建设创新创业服务平台，既要有政府参与和政策引导，统筹规划各方资源，也要在运作模式上遵循市场规律，以市场化运作提升平台服务效率。天英汇创新创业服务平台聚焦"创"字，充分整合国内外创新资源，集中发布相关政策信息，引入专业化服务团队，为创新创业人群提供项目优选、资源匹配和企业成长的全流程服务。

（一）广州天英汇国际创新创业大赛

国务院《关于大力推进大众创业万众创新若干政策措施的意见》提出，支持举办各类创新创业大赛，丰富创业平台形式和内容。从国家到地方开展

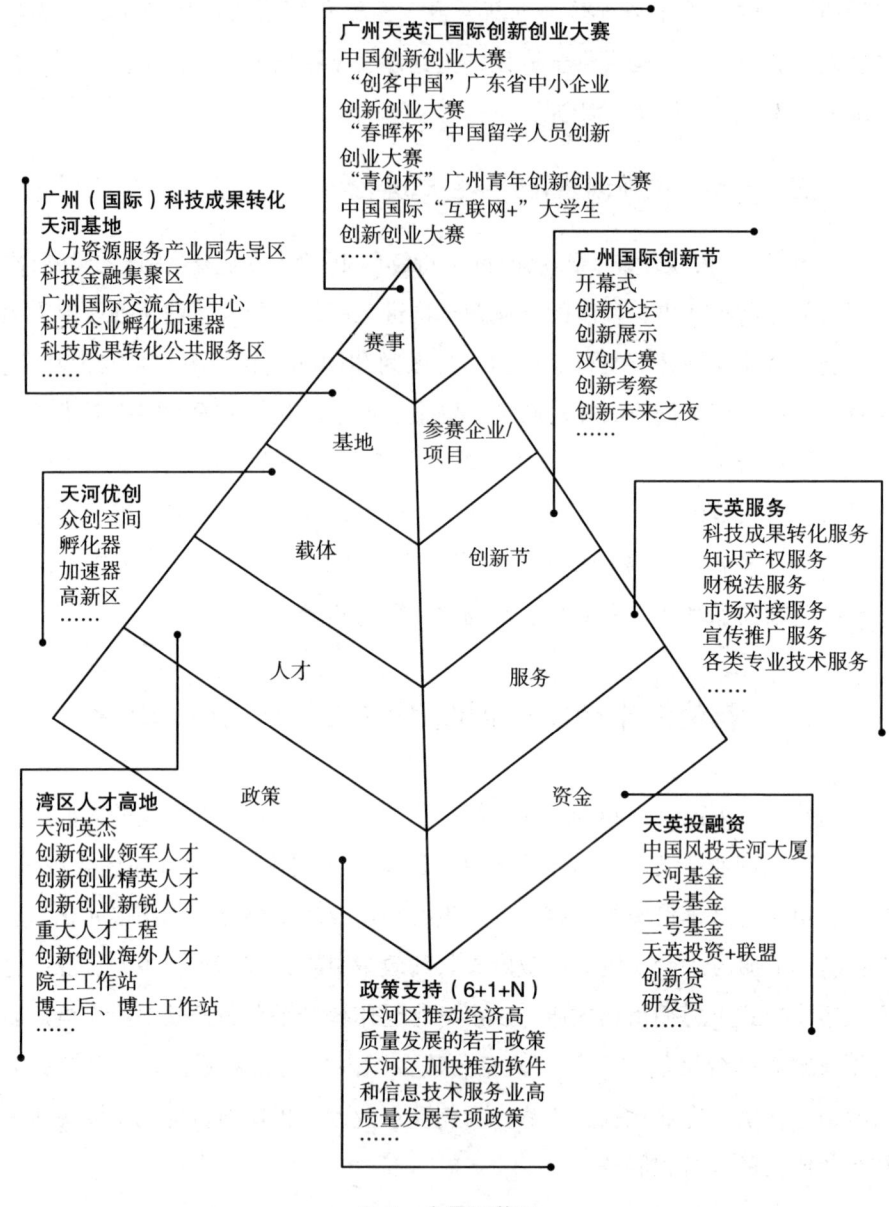

图1　全景天英汇

了一系列以推动科技创新、服务创新创业为主线的创业赛事。广州天英汇国际创新创业大赛创立于2015年,以专业的赛制设计、多样的服务体系、有力的落地支持，累计吸引全球超过12000个优质项目参赛，覆盖创新创业群体超过百万人次，已成为广州市对接全球科技创新资源的重要战略平台和城市新名片。

首届天英汇创新创业大赛通过市场化、专业化的手段，汇集了200家创投机构，从1249个报名项目中甄选出62个复赛项目，提供190万元大赛奖金，对接超过10亿元社会资本，扎根广州，服务本地创业者。2016年大赛在韩国首设国外赛区开启了国际化尝试。2017年广州天英汇国际创新创业大赛在美国硅谷、以色列特拉维夫等9个境外城市设置赛区，同时在北京、上海、深圳等国内一线城市设置分赛区，全面对接海内外优质创新创业资源，国际化特征进一步增强。2018年大赛国内赛区启用"线上+线下"结合的方式，征集项目超过2000个，在北京、上海、深圳、杭州等全国10大创新之城设置分赛区，项目涵盖互联网、文化创意等十多个热门行业，广泛整合100多家顶尖投资机构，汇聚创新创业资源，打造全方位创业服务生态圈。2019年，在全球化4.0的国际背景下，天英汇大赛优化赛程赛制，强化资金支持，大赛在全球三大洲9个海外创新城市和内地港澳12个城市展开。2020年天英汇大赛采用"1+N"赛事互联计划等手段，多渠道、广范围网罗高质量项目，其中，内地赛区共吸引37个城市707个项目，近六成项目获得过其他知名双创赛事奖项，超三成项目获得投资机构投资，近七成项目获得国家知识产权认证。2021年天英汇大赛内地、港澳台和国外三大赛区共计756个项目参赛，聚焦人工智能与数字经济，创新实施更为开放的"1+N"招募计划，持续优化创新生态，进一步强化大赛"3+X"服务，帮助创业者充分链接双创服务资源，助力企业成长。

天英汇创新创业大赛已举办七届，累计优选创新项目近200项，整合200多家投融资合作机构，融资额度超过40亿元，线上线下参与者超过200万人次，先后有65家国内外知名媒体进行报道，培育出国家级专精特新企业掌动智能以及包括极飞科技等在内的12家独角兽和未来独角兽企业。

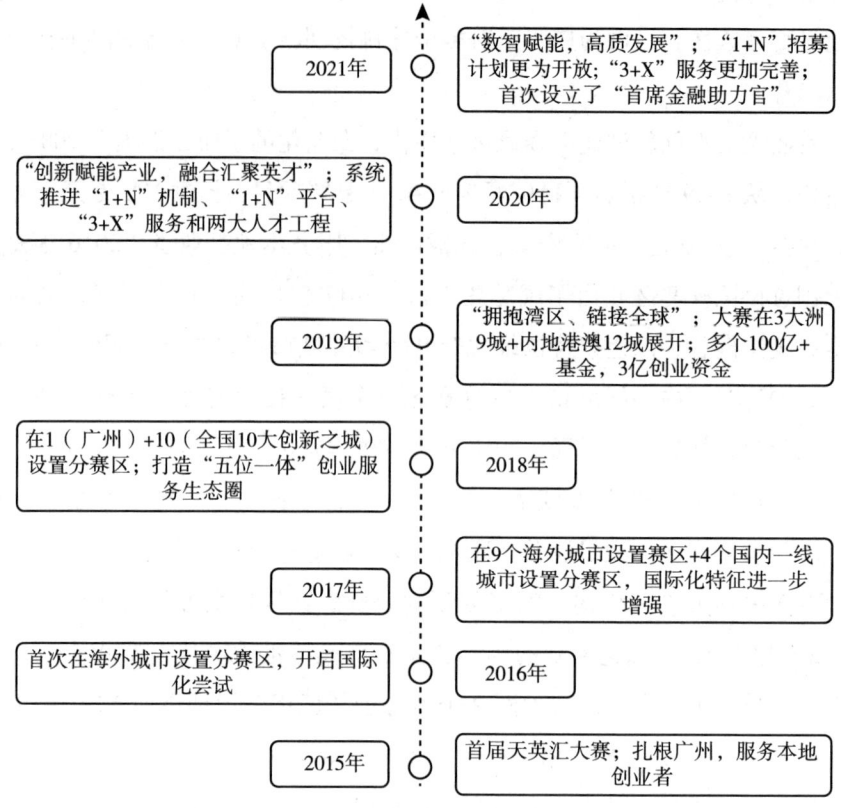

图 2 广州天英汇国际创新创业大赛演进示意

（二）广州国际创新节

国际创新节的概念始于特拉维夫创新节，尤西·瓦尔迪博士是以色列数字生活设计联合主席，有"以色列科技创业之父"之称。该活动先后在以色列、美国、英国、新加坡、韩国等国家的全球多个科技创新城市开展，汇聚300多个创新企业、跨国企业、科研机构、投融资机构等，形成服务创新创业的生态系统。2016年，广州国际创新节落户广州天河区。六年来，广州国际创新节（以下简称"创新节"）坚持国际化、专业化、高端化的定位，以打造全球创新资源聚集配置枢纽和粤港澳大湾区国际科技创新中心主引擎为目标，聚焦产业变革热点和前沿领域，并与广州尤其是天河主导性科技创新产业紧密结合，促成技术、人才、资本、载体、产业深度融合，助力经济高质量发展。创新节重点邀请在新一代信息技术、人工智能产业等领域领先的国内外院士、知名高校专家及学者、企业高管、投资人等专业人士以及企业、项目和团队共同参与。活动采取"6+N"的模式，举办创新论坛、创新创业大赛等活动，促进各界人士进行创新研讨与交流，构建高层次国际科技创新交流展示平台。

创新节已成为广州地标性的国际创新主题活动品牌。从第一届广州国际创新节举办以来，创新节的形式、内容、规模不断动态调整。首届广州国际创新节与第三届广州国际城市创新奖及 2016 广州国际城市创新大会合办，统称"一奖一会一节"。2017 年广州国际创新节进行品牌优化独立举办，成为天河区唯一的国际创新主场活动。2018 年创新节对"6+N"综合性资源对接平台进行了升级，在主题论坛之外，举办"众新云集创新秀"展示活动和创新项目路演，成功引入缤创、普华永道、阿里、腾讯、京东等"N"个国内外知名创新品牌合作伙伴，增设"项目对接"环节，促成了多项合作，助力超过 100 家广州企业开启国际化经营。2019 创新节邀请海内外 50 名专家学者、企业高管、投资人、初创企业代表参与，聚焦人工智能、5G、信息技术等前沿科技，成立了"天河 5G＋创新产业联盟"，发布《2019 人工智能商业落地研究报告》《打造全球科技创新交流平台 2020 行动计划》，为持续推动广州国际科技创新战略合作、共享全球范围科技创新资源奠定基础。2020 创新节创新办会方式，采取"政府搭台·企业唱戏"方式，围绕产业主题，结合本地特色，选择既有创新代表性又有国际创新合作经验的企业机构进行合作。2021 创新节聚焦协同创新主题，围绕打造环五山创新策源高地的主体展开，发布《关于诚邀加入环五山协同创新联合体及重点产业创新联合体的倡议书》，倡议企业充分发挥市场主体作用，高校和研究机构发挥科研优势，聚焦产业融合发展，推进科技创新成果共享机制。

表1 历届广州国际创新节情况介绍

时间	主题	场次规模
2016年12月5~7日	汇智广州智惠全球	来自中国、美国、以色列、新加坡、俄罗斯等32个国家和地区的432名嘉宾参与;共举办了2场国际论坛,20场沙龙活动;有56家国内外企业参与展示,两天活动累计吸引了5000人次参与
2017年11月25~27日	创新融入生活	来自全球30多个国家和地区的近500名嘉宾参与活动;举办了16场主题演讲、9场圆桌对话和2场互动访谈;共有63家企业参与展示,其中国际展位28个,国内展位35个;累计吸引了近50000人次参与
2018年12月3~5日	开放创新领跑未来	来自全球四大湾区和30余个先进国家和地区的50多名科技领军人物及1000多名嘉宾参与;共举办了23场主题论坛,8场路演;累计吸引了超过30000人次参与
2019年11月2~4日	汇智花城聚力创新	邀请了129名重磅行业专家、企业高管参与;共举办32场创新论坛,8场项目路演,逾100家企业参与了"众新云集"产品秀和创新展览;累计吸引了30000人次参与
2020年(以"线上+"形式举办)	新基建赋能数字经济	线下活动"小而精"有序开展;参会嘉宾来自21个国家和地区;35场主题分享和演讲;12名国际化背景专家新加入,智库专家总数达41人
2021年12月20~22日	数智赋能高质发展	累计举办了10场活动;共邀请了106家企业参与系列活动,其中36家单位参与天河区构建协同创新联合体专题座谈,17家参与线下创新产品专题秀

资料来源:广州市天河区科技工业和信息化局。

广州国际创新节通过多年运作,联系海外城市逐渐增加,参与人数和与会专家逐渐增多,举办活动规模逐步扩大,活动模式多元化特征明显。2019年以来,为应对复杂国际环境,创新节进一步撬动媒体资源扩大品牌效应。2021创新节采用视频直播、图文直播、短视频等多形态新媒体传播方式,央视频移动网、新华社、网易新闻对大会全程直播,以更加接地气的互联网话语体系接触受众,通过网络链接起成千上万观众,提高信息传播效率。多个直播平台累计线上观看人次达80万,其中主流新闻媒体如央视频移动网线上观看达17万人次、新华社12万人次、网易新闻51万人次。借助传统媒体和新媒体平台的广度和深度实现活动高强度曝光,让广州国际创新节得以发挥更大的社会效益。

(三)广州(国际)科技成果转化天河基地

创新项目涉及的科技成果普遍面临转化为现实生产力的挑战。科技成果转化的过程本质上是技术、资本和市场等要素资源整合的过程,实现资源整合、提供专业服务、匹配多方需求的科技成果转化服务机构和平台在此过程中起着举足轻重的作用。广州(国际)科技成果转化天河基地(以下简称"天河基地")是为高校、科研院所、科技企业提供科技成果转移转化服务的平台,通过提供发明评估、质量管理、市场分析、供需匹配、商业推广等专业性服务,实现创新链、产业链、资金链、政策链、服务链融合发展。天河基地前身是天河科贸园,建成于20世纪90年代中期,是天河软件园最早的园区。2018年,广州扩大原天河科贸园规模,建设广州(国际)科技成果转化天河基地,打造集科技成果转化、科技企业孵化、科技金融和人力资源服务于一体的综合性科技创新服务枢纽,探索科技成果转化的"广州经验"和"天河模式"。

为充分激发参与科技成果转化各类主体活力,天河区专门出台了《广州市天河区打造科技成果转化基地试行办法》,分别给予入驻基地孵化的创新企业、参与成果转化的企业、高校及科研院所场地配套、租金减免和资金奖励等激励,充分发挥天河基地成果转化"苗圃"功能。为提高基地运营效率,引进市场化运营机构,通过政府招标,引进广州市国企混改标杆企业——大湾区科技创新服务中心(广州)有限公司作为天河基地运营机构,开展专业化运营。政府每年除购买基本运营服务外,还额外增设绩效奖励,探索科技成果转化"无人区"。为提高平台的项目成果转化效率,天河区政府联合华南理工大学、暨南大学、华南师范大学、华南农业大学、中科院广州能源所和广东省农业科学院6家重点高校、科研院所作为发起单位共建天河基地,搭建"找技术、找资金、找市场、找人才、找场地"的"5个找"全要素创新创业服务体系，配套科技成果孵化加速器、科技成果转化公共服务区、科技金融集聚区以及人力资源服务产业园先导区4大功能区，委托大湾区科技创新服务中心、广州国际交流合作中心及IDG广州孵化中心3家服务机构开展专业化运营，借助"大湾区科技成果转化板"和"科技成果产业化引导基金"2个抓手，打造1个大湾区创新链、产业链、资金链、政策链、服务链融合发展的平台，形成天河科技成果转化的"654321"模式。

天河基地在服务项目落地、实现科技转化方面已取得诸多成效。发挥多层次资本市场的资源配置功能，结合科技成果在转化中不同阶段的资金需求特点，联合广东省股权交易中心发起设立全国首个科技成果转化板，引导社会资本力量参与科技成果转化，实现成果、技术、产业、资本有效配置，已吸引注册展示科技成果近300项，建立起需求导向型科技成果转化新模式。通过举办第五、六届中国创新挑战赛（广东·广州赛区），以"揭榜比拼"方式，从科创企业的技术需求出发，全程提供需求对接与跟踪服务，为企业找到最优的技术解决方案，建立常态化的需求对接服务机制，引进孵化了一批具有国际引领性、突破性的科技成果项目，累计遴选推荐七批共15个重点科技成果转化项目入驻天河基地，形成了一套成果转化利益共享机制。运营单位成立了湾创创投科技成果转化投资平台（以下简称"湾创创投"），建立"工具+服务"模式，实现科技成果转化—产业—资本赋能闭环，降低投资风险，提高转化成功率，实现多方共赢局面。湾创创投联合科技成果转化核心参与方，组成创新性投资孵化式投后管理，从项目遴选阶段开始，以"选、诊、投、管"路径为技术成功孵化提供全流程服务，以"专家之脑"转化重大战略需求的高水平科研成果、"市场之手"调节要素资源配置、"资本之腿"助力跑赢成长竞争。

（四）全链条综合服务

天英汇创新创业服务平台以全流程、全方位、全视角为主流双创用户提供专业化、精准化、平台化的多层级服务，已经成为粤港澳大湾区面向全球

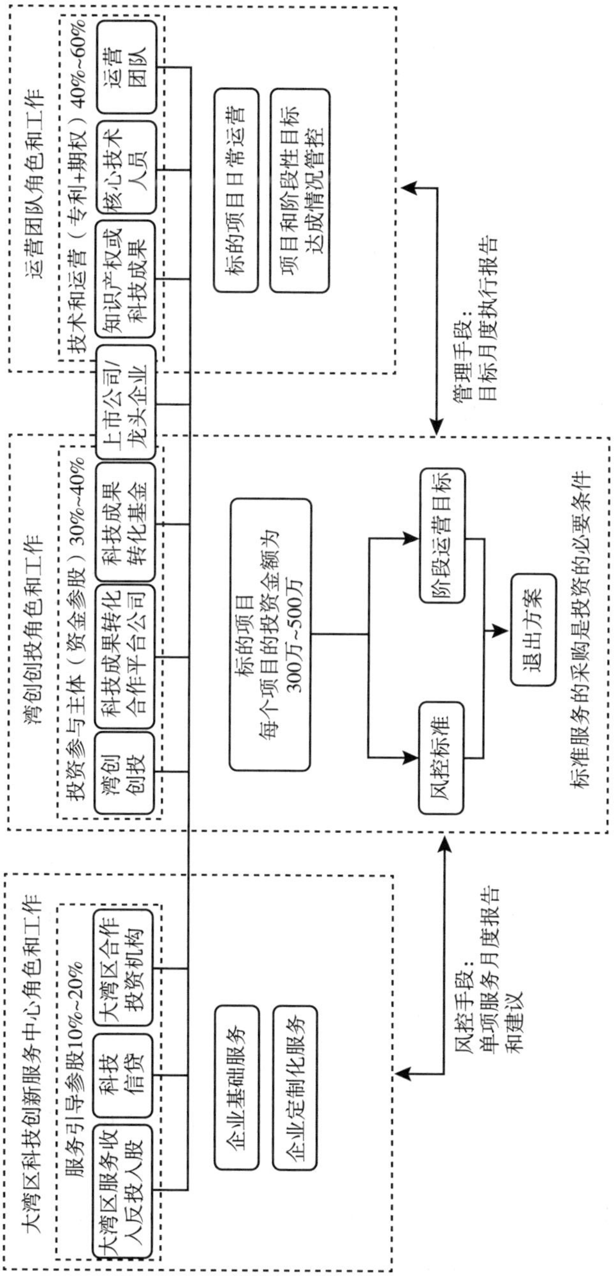

天英汇平台构建"雨林式"创新生态体系服务国际创新中心建设

图3 "工具+服务"模式

服务双创、支持双创、落地双创、招商引资、成果转化和促进经济社会高质量发展的优质公共服务产品。天英汇平台投资服务，以天河区战略性新兴产业创投引导基金带动社会化资本资金，形成创业投资、科技信贷、多层次资本市场融合互补的科技金融体系，推出"人才贷""研发贷""园区贷"，直击双创项目落地转化遇到的资金瓶颈。此外，天英汇自成立之初便自带媒体属性，经过多年运作，已形成包括传统媒体、新型视频媒体、互联网新媒体在内的全媒体矩阵，充分发挥媒体营造创新创业的舆论氛围、主推双创项目健康成长、塑造新时代创客的作用。

三 天英汇构建"雨林式"生态的创新举措

天英汇创新创业服务平台以"创"为中心，从汇集天河人才、服务本地创业发展到汇聚天下英才、服务海内外优质双创项目人才，构建雨林式双创服务生态，以国际化的视野，采取市场化运作的方式，提供专业化服务，打造数字化平台，品牌化运作提高知名度，成为广州市服务创新创业的"天河样板"。

（一）高目标定位

天英汇平台聚焦"创"字，通过"一赛一节一基地"充分整合国内外创新资源，实施"3+X"服务计划和两大创新人才工程，为创新创业群体构建人才链、资金链、技术链、产业链与服务链高度集聚，创新要素融合发展的"雨林式"创新生态体系。已经形成了天英汇平台主品牌，"一赛一节一基地"核心品牌，"天河优创"和"天英创业录"子品牌，大赛类和活动类的天英汇生态合作品牌等多层次品牌矩阵，积极推动双创要素国际协作，探索科技创新"一站式"成果转化闭环，打造创新创业的"天河模式"。平台以赛事、创新节、天河基地三大品牌的常态化活动为切入点，开展创业沙龙、赛事路演、宣讲会、研讨会、培训会、投资对接、创新调研走访、政参等一系列活动，促进各类创新要素广泛交往、全面交流、深度交融，实现高效流通和多方互利共赢，共促湾区经济高质量发展。面对"精英创业、海归创业、草根创业、学者创业"并存发展的双创文化大气候，天英汇正积极响应和调整服务方式，探索构建一套"雨林式"创新创业生态系统和生态要素融合发展、共生共赢的成长模型，借助数字化操作平台和智能化服务工具，完成人才链、资金链、技术链、产业链、服务链"五链合一"的创新雨林图景构建。

（二）国际化视野

天英汇平台以天英汇大赛作为面向全球创新创业优秀企业、项目、人才的选拔通道，以创新节作为国际创新展示、交流与合作的窗口和舞台，以天河基地为落地实体充分整合高校院所科研资源和科技企业产业转化力量，为创新创业提供持续动能，实现科技创新推动产业发展。其中，天英汇国际创新创业大赛从2017年开始升级为国际化双创赛事，分设内地、国外、境外（港澳、台湾）赛区，影响力遍及国内外35个科技创新中心城市，是面向全球创新创业优秀企业、项目、人才的选拔、培育通道。除大湾区青年群体，天英汇大赛品牌首创精神一路影响北上深杭的双创人群，进击全球双创腹地，形成科技创新资源双向促进的国内国外双循环发展格局。广州国际创新节，内接国内高端双创圈层、外联国际前卫创新文化，已成为粤港澳大湾区对接世界创新资源和国际创新创业文化交流的重要平台，是广州乃至粤港澳大湾区面向国际创新展示、交流与合作的开放窗口和重要舞台。

（三）市场化运作

天英汇大赛通过联合各个赛区的知名高校和科研院所、投资机构、创新载体、合作赛事和创新创业服务机构、媒体机构等资源，开展线下线上培训辅导活动，构建良好的创新创业服务体系。通过政府招标，引进广州市国企混改标杆企业——大湾区科技创新服务中心（广州）有限公司作为天河基地运营机构，开展专业化运营。政府每年除购买基本运营服务外，还额外增设绩效奖励，包括引进项目成长奖、企业融资奖、企业研发奖等，建立以结果为导向的激励机制，一方面要求运营机构必须紧扣科技成果转化主业不动摇，另一方面鼓励运营单位结合实际，探索科技成果转化"无人区"。

（四）专业化服务

天英汇创新创业服务平台自诞生以来，一直立足自身特色整合多方资源，精心打造服务产品和合作产品，努力打造创新创业的"服务平台"、"数据中心"和"全程基地"，寻求平台及旗下产品的品牌化、专业化和市场化运营路径。运营至今，天英汇平台的品牌化路径逐渐清晰，平台的品牌化目标得到市场高度认可，平台服务产品相继在细分领域取得了品牌运营的成果。从品牌角度看，天英汇平台已高度集聚创新资源，形成了"一赛一节一基地"品牌矩阵，包括天英汇国际创新创业大赛赛事品牌、广州国际创新节活动品牌、"天河优创"产业孵化载体品牌、专精特新的"天英服务"品牌。从服务角度看，天英汇可以全流程、全方位、全视角为主流双创用户提供专业化、精准化、平台化的多层级服务。从政务角度看，天英汇平台品牌已经成为粤港澳大湾区面向全球服务双创、支持双创、落地双创、招商引资、成果转化和促进经济社会高质量发展的优质公共服务产品。天英汇平台已初现品牌整合力和影响力，积累了较好的品牌口碑和忠实用户。

（五）数字化平台

天英汇充分利用大数据、云计算、云后台、人工智能等技术，将属于天英汇的人才、项目、载体、资金、赛事、服务等逐步进行数字化改造。初步搭建的天英汇双创数据服务平台，成为双创要素信息的"服务器"。为数字化改造具备条件的资源，逐步建立专属的数据库，以更好地提升天英汇平台的服务能力和服务半径。让未来的双创服务能够适应未来数字政府治理"用户中心、数据驱动、整体协同、泛在智能"的四大特点，让双创服务逐步呈现"用数据对话、用数据决策、用数据服务、用数据创新"的新治理格局。在数据服务平台的基础上，逐步设立天英汇项目数据库、载体数据库、人才数据库、资金数据库、服务数据库和智库数据库等，搭建天英汇大数据中心，把现有的人才、项目、载体、资金、赛事、服务等资源汇聚起来，充分发挥平台双创资源要素"蓄水池"的作用。

（六）品牌化传播

媒体在营造创新创业舆论氛围、助推双创项目健康成长、塑造新时代创客的层面扮演着举足轻重的角色。在天英汇品牌生态中，积极建设了包括传统媒体、新型视频媒体、互联网新媒体在内的全媒体矩阵，借助传统媒体和新媒体平台的广度和深度实现活动高强度曝光。2021天英汇联合广东最权威的移动主流媒体"南方+"，推出"南方+天英汇"专题窗口，深度解读天英汇赛事、活动、政策和服务，讲述创新创业故事，全面展示天英汇"一赛一节一基地"品牌活动和创新创业成果，输出天英汇品牌理念和价值主张，立体呈现天英汇创新创业服务平台特色。2021创新节多直播平台累计线上观众达80万人次，共有9家平台、17位媒体记者实地参与报道活动，全程媒体报道宣发超244篇次。已举办七届的天英汇创新创业大赛线上线下参与人次超过200万，先后有65家国内外知名媒体进行报道。借助传统媒体和新媒体平台，天英汇一系列活动得到了高强度、全方位、立体化曝光。

四 天英汇服务国际创新高地建设的未来展望

《国民经济和社会发展第十四个五年规划和2035年远景目标纲要》明确提出创新驱动发展，全面塑造发展新优势。《广州市国民经济和社会发展第十四个五年规划和2035年远景目标纲要》提出大力实施创新驱动发展战略、加快建设科技创新强市的发展目标。天英汇创新创业服务平台作为广州链接国内外创新资源、服务创新创业项目落地、实现高科技成果转化的政府公共服务平台，未来将致力于打造创新创业服务平台标杆，发挥天英智库专业智慧，推动天河环五山创新策源地建设，助力广州建设高水平创新强市和粤港澳大湾区国际创新中心。

（一）打造创新创业服务平台标杆

天英汇平台已初现品牌整合力和影响力，平台服务产品相继在细分领域取得了品牌运营的成果，可以全流程、全方位、全视角为主流双创用户提供专业化、精准化、平台化的多层级服务。平台覆盖面广，传播量大、服务项目人才规模突出，在国内创新创业服务平台中表现优异。面对"精英创业、海归创业、草根创业、学者创业"并存发展的双创文化大气候，天英汇积极响应调整服务方式，不断完善"雨林式"创新创业生态系统和生态要素融合发展、共生共赢的"成长模型"。平台将借助数字化操作平台和智能化服务工具，继续完成人才链、资金链、技术链、产业链和服务链"五链合一"的创新雨林图景构建。通过强化构建良性双创生态环境，赋予双创要素跨界融合、跨圈流动、跨区协作的能力，形成双创要素"自进化"能力；通过开创多源引水、多策支持、多维服务、多方协助的双创沃土环境，让优质创新创业项目落地，培育双创项目的"自滋养"能力；通过引导平台内的资源精准匹配不同阶梯、不同时段、不同规模、不同特点的创新创业项目，拓宽双创项目的"自发展"空间，将平台打造成为创新创业服务平台的标杆。

（二）发挥天英智库专业智慧

天英智库，是从天英汇国际创新创业大赛导师制度和沉淀的导师群出发，在天英汇"一赛一节一基地"的成长发育中，同步培育起来的一个以服务创新创业为主要特色的专业智库。天英智库通过近年来实践—理论—实践螺旋式发展，建立起三个层次具有代表性的智库圈层。第一圈层广泛聚集了创业领军人物、创新灵魂人物、行业专家、海归人才、学者教授、政研尖兵，构成天英汇最根本的核心智库圈层；第二圈层深度扩展天英汇创新创业智库人群，囊括数字人才、媒体代表、策划人才、创意人才、文创人才，构成了天英汇最具群众基础和最为坚实的智库圈层；第三圈层专题拓展天英汇创新创业服务海外智库人群，链接包括全球40多个国家和地区的顶级科研人员、行业学术领袖、国际组织代表、联盟协会代表、国际商会代表等，构成天英汇最具国际包容性和多样化的跨国协同智库。天英智库诞生于天河区创新创业的热潮中，未来要以专业力量服务广州区域创新创业、促进经济高质量发展和打造国际创新枢纽的大局。

（三）推动环五山创新策源地建设

位于广州天河的五山石牌高教区，链接了广深港澳科技走廊上的多个创新节点，创新要素众多，集聚了15所高等院校和科研机构，拥有20多家专业科技园区，园区内高技术产业近400家，其中多家企业涉及新一代信息技术、人工智能、生物医药等战略性新兴产业，创新优势明显。广州明确提出推进环五山创新策源地建设，以协同创新赋予老城市新活力。一直以来，天河以广州（国际）科技成果转化基地为主阵地，深度实施产学研协同创新，以各创新主体资源共享、机制相通、联合开发的模式，实现协同创新的"天河模式"。天英汇服务平台优选海内外优质项目，集聚超量政府及民间资本，汇聚企业科技攻关需求，通过配置必要资源，活化创新体系，加速各种创新资源的集聚，助力环五山创新策源地建设，进一步发挥环五山创新策源地优势，切实担负起广州市科技创新主阵地的职责，成为广东乃至全国的科技创新高地。

（四）助力广州建设高水平创新强市

《广州市国民经济和社会发展第十四个五年规划和2035年远景目标纲要》提出，未来5年广州将加快数字化发展，建成国际一流智慧城市。《广州市科技创新"十四五"规划》明确提出实施五大任务、十大工程，抓好技术发明，推进关键核心技术攻关，推进产业技术创新和科技成果转化平台建设工程。《广州市进一步加快智慧城市建设　全面推进数字化发展工作方案》印发，提出高标准打造数字政府、数字经济和数字社会"三位一体"智慧样板城市。天英汇大赛优选海内外优质创新创业项目，服务项目落地转化；天河成果转化基地孵化科技成果，助力高新技术企业创立及成长，带动天河区以及广州市创新水平整体提升。作为广州市创新引领区域，天河区制定《天河区加快发展数字经济若干措施》，推进数字产业化和产业数字化协同融合发展。诞生于政府公共服务体系的天英汇创新创业平台，也将成为天河区"数字政府"建设、公共服务数字化线上化转型的重要内容。

（五）服务粤港澳大湾区国际创新中心建设

广州作为粤港澳大湾区核心引擎，创新成果要服务于粤港澳大湾区乃至更广泛区域的城市和企业。《粤港澳大湾区发展规划纲要》提出要将粤港澳大湾区打造成"具有全球影响力的国际科技创新中心"。该《纲要》发布两年以来，穗港澳之间的科技交流合作不断加深，广深港澳科技创新走廊加速形成。为进一步加强产业竞争力，提高要素配置效率，最大程度上发挥创新要素集聚的优势，天河区提出构建"两轴两带多片区"的协同、错位、集聚发展新格局。其中，作为"两带"之一的中部科技带，连接起五山石牌高教区、天河智慧城、黄花岗科技园片区和中新（广州）知识城等多个关键创新节点，是广州科技创新轴和广深港澳科技创新走廊的重要组成部分。以天英汇为代表的创新创业平台联动大湾区创新资源，以湾区城市的资源禀赋和产业特征为立足点，充分考量区域范围内不同城市的功能定位，为双创企业提供包括项目落地、资金引入、成果转化、市场培育、品牌宣传在内的全要素服务，助力企业成长，实现产业升级，辐射带动上下游协同发展，服务粤港澳大湾区国际创新中心建设。

参考文献

黄彦菁、孙丽江：《众创空间创新创业服务平台建设的金融支持体系研究》，《改革与战略》2015年第11期。

师惠：《创新创业公共服务平台设计与实践》，《中国工业和信息化》2021年第3期。

蒋雯静、陈建新、彭祥佑：《粤港澳大湾区创新创业政策分析——基于广深两地的实践与展望》，《青年探索》2021年第6期。

刘毅、赵岩松、朱伟：《"互联网+"创新创业大赛数据分析与改革对策探究——以第五届中国"互联网+"创新创业大赛为例》，《创新方法》2020年第15期。

王灿、王春阳、马宁：《中国创新创业大赛：持续引导创新资源加速向科技型企业集聚》，《协同创新》2022年第1期。

B.12 广东—独联体国际科技合作联盟推动国际科技合作增效升级

郭凤志 张程紫 李进芳[*]

摘　要： 在经济全球化与科技全球化的背景下，国际科技合作进程加快，成为当今世界推动技术进步、促进产业升级、带动经济发展的重要驱动力。东欧独联体国家科技资源丰富、科技人才济济，在诸多工业领域的科技水平仍居世界前列，与我国产业、科技互补性强，成为我国科技领域的重要合作伙伴。广东—独联体国际科技合作联盟立足广州、面向广东、辐射全国，全力推进与东欧独联体国家的国际科技合作，在国际技术转移、高端人才引进、建立研发机构、推动重大项目落地、国际教育合作等方面提供全程服务，有效开展互利共赢的国际技术转移和科技创新，助力解决技术难题、推动产业升级、促进民心相通，取得良好的社会、经济和国际效益。作为广东国际科技合作的排头兵，广东—独联体国际科技合作联盟的发展经验包括推动制定国际技术转移政策，完善合作机制顶层设计；实行多样化合作模式，开展多领域国际科技合作；打造专业化服务工具，提供便捷化搜索资源；搭建多元服务平台，链接海内外科技合作资源；加强情感联系，打造可持续情感枢纽等，为国家创新驱动发展战略提供强有力支撑。

---

[*] 郭凤志，广东—独联体国际科技合作联盟秘书长，研究方向：国际科技合作；张程紫，广东—独联体国际科技合作联盟副秘书长，研究方向：国际科技合作；李进芳，广州国际城市创新研究中心研究助理，研究方向：国际关系。

广东—独联体国际科技合作联盟推动国际科技合作增效升级

关键词： 独联体 国际科技合合作 国际技术转移 广东—独联体国际科技合作联盟

21世纪以来，科技的全球化速度明显加快，信息、知识、技术、人才等科技创新资源的全球化趋势也日益凸显，世界创新格局与版图不断重塑，全球科技创新竞争激烈。在此背景下，越来越多的国家通过国际科技合作来整合全球科技资源，集聚创新要素，推动本国科技进步和经济可持续发展。我国高度重视国际科技合作的发展，通过一系列政策和措施深入部署，为新形势下开拓国际科技合作提供了新动力，为科技事业的发展创造了良好的社会氛围。"十四五"规划明确提出要积极促进科技开放合作，实施更加开放包容、互惠共享的国际科技合作战略，更加主动融入全球创新网络，支持北京、上海、粤港澳大湾区建设国际科技创新中心。各省市纷纷出台地方科技创新"十四五"规划，推动全方位、多层次、多领域的国际科技合作，为我国建设创新型国家和世界科技强国贡献力量。

一 加强国际科技合作的背景与东欧独联体国家的创新资源优势

加强国际科技合作，深度融入全球创新网络，是我国创新驱动发展战略的重要组成部分，也是加快建设创新型国家和世界科技强国的重要途径。然而，全球科技竞争的加剧使国际科技合作格局经历着复杂、深刻的变化，我国未来国际科技合作的广度和深度受到影响。东欧独联体国家因其丰富的科技创新资源、相对完备的科研体系和成果优势，以及与我国良好的国际关系，成为我国开拓国际科技合作渠道的重要来源。

（一）国际科技合作的重要意义

国际科技合作是指两个或两个以上国家的合作主体（如政府、企业、高校、科研院所等）借助一定的合作方式，对科学、技术、知识开展共享、借鉴、融合和创新的一种科技活动，其发展大体经历了技术扩散期、技术援助期、技术转移期、国际科技合作期等四个阶段。在全球经济市场化大趋势下，国际科技合作进程加快，呈现出合作与竞争并存、跨国技术创新活动增多、合作主体多元化、合作形式和渠道多样化、科技人才更受重视、科技与经济贸易一体化发展等趋势和特点。世界主要经济体都将国际科技合作作为推动创新发展的重要抓手，其中欧美发达国家仍占据主导地位，随着新兴经济体经济实力的增强，其国际科技活动热情日益高涨。近年来我国国际科技合作形态发生历史性转变，正全面融入全球创新网络。在国际联系度方面，国际合作"朋友圈"加速扩大，截至2020年，我国已与160个国家建立科技合作关系，参加国际组织和多边机制超过200个，签署政府间合作协议114项、人才交流协议346项，初步形成多渠道、多主体、宽领域、全方位的国际科技合作格局。在成果流动方面，国际技术贸易规模持续扩大，2014~2019年技术出口额由284.25亿美元增至321.37亿美元，年均增速2.49%；进口额由310.59亿美元增至352.01亿美元，年均增速2.54%。当前，我国正处在科技自主创新、创新驱动发展的重要时期，为了更好地整合全球科技资源、集聚创新要素，需进一步完善国际科技合作布局、创新国际科技合作模式、提升国际科技合作层次，为建设创新型国家和世界科技强国奠定坚实基础。

（二）加强与东欧独联体国家科技合作的特殊价值

近年来国际形势复杂多变，我国开展国际科技合作的传统模式受到挑战。在此背景下，与东欧独联体国家科技合作的重要性更加凸显，有利于弥补我国科技合作上的不足，对于解决我国科技"卡脖子"问题、填补科技空白、提高科技创新能力、促进产业升级，具有重要的战略意义。首先，东欧独联体国家科技创新资源丰富、科技力量雄厚、创新能力强，尤以俄罗斯、乌克兰和白俄罗斯最为突出，其完备的科研体系和世界领先的科研水平，是现阶段我国拓展国际科技合作的重要资源。其中，俄罗斯在高新技术领域处于世界领先地位，乌克兰拥有庞大的以军工为核心的科研生产体系，白俄罗斯拥有世界知名的民用和军用科研生产联合体。其次，中国与东欧独联体国家科技合作互补性强，发展潜力大。东欧独联体国家在科技创新领域拥有大量成果，但由于缺乏成熟的成果转化市场，前沿科技成果不能实现产值，迫切需要在国际市场寻求合作伙伴。中国拥有广阔的市场空间和成熟的产业体系，可为其科技成果提供转化场地，双方合作前景明朗。再次，中国与东欧独联体国家具有良好的情感基础。东欧独联体国家老一辈科学家对与中国开展科技合作和交流的接受度比较高，合作情感纽带稳固。因此，加强与东欧独联体国家国际科技合作符合参与方的利益需求，优势互补、互利共赢，对于提升我国科学技术水平，尤其是工业制造领域的科技实力具有极大的推动作用。

（三）中国与东欧独联体国家科技合作的基础与成效

中国与东欧独联体国家的科技合作具有深厚的历史积淀和坚实的合作基础。新中国成立之初，苏联曾给予中国各领域建设发展以巨大的科技和智力援助，帮助我国奠定了科研基础，培养了科技人才，有力促进了新中国科技创新体系的建立。苏联解体后，中国与东欧独联体国家继续开展科技合作与交流，与俄罗斯、乌克兰、白俄罗斯技术交流和合作最多，其中，俄罗斯和乌克兰分别是中国在该地区的第一、第二大贸易伙伴，中国是白俄罗斯第二大科技合作伙伴。中俄两国一直将科技合作视为双边合作的重要内容，两国政府先后签订了一系列科技合作协定，合作领域不断拓展并日益深化，形成了多层次、多领域、全链条的合作格局。2019年，随着中俄全面战略协作伙伴关系进入新时代，双方共同启动制定中俄中长期科技创新合作路线图，积极落实2019~2024年中俄创新合作工作计划，正式设立中俄联合科技创新基金，顺利启动"中俄科技创新年"等活动，科技合作逐渐成为新时代中俄关系提质升级的新亮点。中国与乌克兰在众多领域开展了一系列合作，并通过科技创新载体的合作共建，形成了以政府为主导、民间积极互动的良好氛围，已经由传统的单一项目合作逐步转向人才培养、联合研发、共建高新技术企业和联合研发中心等更加高效深入的合作模式。中国与白俄罗斯的科技合作建立起了多层次合作机制，如国家层面的中国—白俄罗斯政府间合作委员会科技合作分委会、中白高科技合作委员会等，地方层面的中国广东省—白俄罗斯科技合作联合委员会、广州—白俄罗斯国家科学院科技合作联合委员会等，以及中白科技园、中白工业园等合作园区，科技合作已成为维系两国关系最重要、最持久、最活跃的纽带之一。

二 广东—独联体国际科技合作联盟推动国际科技合作的举措

广东科技企业合作促进会（亦称"广东—独联体国际科技合作联盟"，以下简称"广东独联体联盟"）于2009年11月成立。在"政府引导、搭建平台、企业运作，面向产业化市场，大规模的国际科技合作"的原则指导下，广东独联体联盟坚持开拓广东对东欧独联体国家的国际科技创新合作，致力在新材料、信息电子、生物医药、节能环保、装备制造、新能源等领域为企业提供东欧独联体国家先进技术的引进、消化、吸收、再创新及产业孵化，促进独联体先进技术成果在广东实现产业化。广东独联体联盟坚持"项目—人才—基地"一体化战略，设立服务分支机构12个，业务领域包括国际技术转移、国际高端人才引进、建立企业国际重点实验室、推动重大项目落地、国际教育合作等，业务范围已覆盖珠三角、长三角、东北老工业基地，形成了立足广州、面向广东、辐射全国的国际技术和人才转移服务格局。由于突出的科技服务工作，广东独联体联盟先后被授予"国际科技合作基地""广东—独联体公共引智平台""广东省中小企业公共服务示范平台""广州国际科技孵化基地""广州市中小企业公共服务示范平台""国家国际科技合作基地信息管理系统"等资质和"广东省对外科技合作先进单位""广州市科技服务业示范企业（机构）""最佳跨境创新技术产业化平台案例"等荣誉。

（一）多渠道开拓合作资源，专业化推动国际技术转移

广东独联体联盟作为专业的国际技术转移服务机构，是政府、科研机构、企业等各种资源的交汇点。围绕企业技术引进需求，广东独联体联盟充分发挥国际技术供需的桥梁和纽带作用，通过"市场需求分析—确定产业目标—技术壁垒分析—凝练研发需求—整合科技创新资源"的路径，为企业开展国际技术转移和人才引进提供咨询、评估、洽谈、跟踪等全程服务，重点吸纳东欧独联体国家的技术、人才资源向企业汇集，促进独联体先进技术成果在广东实现产业化。为了开拓合作资源，广东独联体联盟先后与俄罗斯国家科学院远东分院、乌拉尔分院、西伯利亚分院和圣彼得堡科研中心等500余所东欧独联体国家科研机构及高新技术企业建立了密切的合作关系，与俄罗斯、白俄罗斯、乌克兰等10国100余家政府机构和商贸流通机构建立了密切的商贸合作关系。依托东欧独联体国家的科研院所和机构、国际技术转移对接合作平台以及一大批优秀的独联体各领域专家，广东独联体联盟积极推进广东省高新技术企业、科研院所与东欧独联体国家进行项目对接，广泛开展技术合作和技术转移，取得显著成效。据统计，广东独联体联盟成立以来，累计向广东省和全国推介了独联体各国的最新科技成果和项目4542项，实现项目对接1301项、签约661项、产业化68项。其中，累计向广东省企业推介了新材料、新能源、节能环保、生物医药、装备制造、信息电子等领域独联体各国的最新科技成果和项目1713项，实现项目对接200项、签约95项、产业化16项，产值达数十亿元。

（二）依托优质战略资源，开展国际高端人才引进

广东独联体联盟充分发挥平台引智功能，大力开展独联体国际高端人才的智力引进工作，助力我国技术进步和产业升级。为企业在研发设计上取得突破发挥关键作用，协助企业通过技术交流、咨询、讲座讲学、参与课题研发和担任课题负责人等多种方式开展合作。截至2021年底，广东独联体联盟累计为广东、江苏、辽宁、山东引进独联体高级专家1000多位，其中院

士150多位、高级研究员492位。累计邀请来自俄罗斯、白罗斯、乌克兰三国43家科学机构及高校的153位高层次专家来粤开展技术项目推介及人才交流活动，并将其转化为广东省国际合作和人才交流的优质战略资源。2009~2021年，由于突出的对华合作贡献，部分专家获得中国政府表彰奖励，其中乌克兰国家科学院奥坚科院士获颁2009年"中国政府友谊奖"；白俄罗斯国家科技园尤里·阿里克谢耶夫副总经理获颁2011年"中国政府友谊奖"；乌克兰国家科学院国际关系局安纳托利·米兰丘克副局长被广州市人民政府授予"2012年广州市荣誉市民"的称号；乌克兰国家科学院郭瑞·弗拉基米尔通讯院士获颁2015年"中国政府友谊奖"和2015年"羊城友谊奖"；乌克兰材料领域专家谢列茨基·亚历山大博士获颁2017年"中国政府友谊奖"；乌克兰国立技术大学校长米哈耶尔·兹古洛夫斯基院士获颁2018年"中国政府友谊奖"；乌克兰国家科学院巴顿焊接研究所副所长伊戈尔·克里夫出院士获颁2019年"中国政府友谊奖"。

（三）协助企业建立研发机构，推动技术和产业升级

广东独联体联盟积极协助企业和机构成立国际联合技术研发中心等技术服务平台服务区域技术创新，支持有条件的企业和科研机构"走出去"到东欧独联体国家建立研发机构，或依托东欧独联体国家的科研基础，结合企业及区域产业发展的需求，与东欧独联体国家共建联合研发中心，研发共性关键技术，服务企业和产业的体制升级。广东独联体联盟先后协助企业搭建了"中国—乌克兰联合研发和产业化中心""中国—白俄罗斯联合科研中心""中国—乌克兰粤北机械制造国际联合研发中心""中国—乌克兰特种焊接技术联合研发中心""广药集团（医工院）—独联体（白俄罗斯）心脑血管中药国际研究中心""白俄罗斯国家科学院广州创新中心"等研发中心。2018年，广东独联体联盟与白俄罗斯国家科学院、广州市海珠区携手共建"白俄罗斯国家科学院广州创新中心"，由白俄罗斯派驻专家在海珠区进行本地化技术开发，并根据中国市场需求分析，采取与中国企业联合研发、联合试验验证或单独技术创新开发的方式，开展新技术的开发，推进白

俄罗斯国家科学院在激光器、医疗设备、光声气体分析等12个领域的研究成果在广东省推广和产业化。

（四）推动重大项目落地，构建多元合作格局

广东独联体联盟积极推进中国企业、科研院所与东欧独联体国家进行项目对接，推动重大合作项目落地，建立起多领域、多形式的科技创新合作平台。2011年，广州市政府和乌克兰国家科学院成立了"中国广州—乌克兰国家科学院科技合作联合委员会"，由广东独联体联盟承担秘书处工作职责，负责广州市企业与乌克兰国家科学院项目合作的推动和督导工作，促成科技创新领域的一系列卓有成效的交流合作。2011年推动广东省工业技术研究院和乌克兰国家科学院建设中乌巴顿焊接研究院，具体开展现代焊接和相关技术领域的科学研究，并推动创新科技成果在中国的转化应用，这是我国首个中外科研机构间以共建平台方式带动技术嫁接和人才引进的创新合作典范。2016年推动广州万力集团成立广州万力中乌精细化工联合研究院，重点引进乌克兰在精细化工领域的技术成果，开展涂料、胶粘剂和低碳新材料等领域研发。2020年，与广州高新区、乌克兰国家科学院携手共建广州黄埔中乌国际创新研究院，以打造中乌科技合作新高地和粤港澳大湾区国际科创中心新平台，依托广州高新区内高水平创新研究院和乌克兰国家科学院下属科研院所及其基础研究体系优势，建立技术转移机制，助力攻克"卡脖子"技术难关，推动乌克兰科技成果在广州高新区转化应用。

为响应"一带一路"倡议，融入全球创新体系，广东独联体联盟分别与粤港澳大湾区、上海合作组织地方经贸合作示范区、长三角一体化等发展战略对接建设重大科技合作平台。广东独联体联盟牵头打造"粤港澳大湾区—俄罗斯创新投资中心"，依托以俄罗斯为主的东欧独联体国家在基础和应用研究领域的高端人才、教育和科研优势，以国际合作手段构建"一核一带一区"新格局，把广东省建设成为国际科技和金融合作的高地，为推动粤港澳大湾区的发展提供强有力的支撑，成为中俄科技创新年的重大落地项目，并将其打造成为中俄新时代科技金融合作新典范。

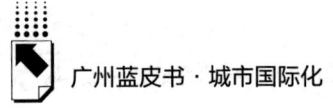

（五）搭建国际教育合作平台，推进教育国际化发展

广东独联体联盟搭建"一带一路"重要的国际教育合作平台，积极开拓东欧独联体国家教育资源，推动中外教育机构通过学历教育提升、国际联合办学、联合发表论文、共同组织国际学术研讨会、师生互访互换等方式开展合作。2017年，在广东独联体联盟协助下，广州铁路职业技术学院与白俄罗斯国立交通大学强强联合，高起点开办铁道交通运营管理专业，于2020年起开始招生。这是广东省内第一个与白俄罗斯合作办学项目，也是省内第一个中外合作办学项目，获得广东省海外名师项目立项4项，成为广东省中外合作办学项目典范。2020年，广东独联体联盟协助云浮技师学院与白俄罗斯国立工业大学开展国际联合办学，共建"广东技工"工程云浮国际教育培训示范基地，破解粤西北区域国际高端技工人才落地难题。基地充分发挥中白双方各自资源、人才、模式和规模优势，按照"广东技工"事业发展的总体目标，面向粤西北产业转型与升级需求，搭建集教学、培养、师资、实训等为一体的国际技工合作资源整合平台，成为广东省开展国际技工领域合作新典范。2021年，为深化中白两国在轨道交通领域的合作，保障国内相关行业出口东欧独联体国家的需求，提高设备出口认证的效率，广东独联体联盟推动广州铁路职业技术学院与白俄罗斯铁路运输检测认证中心、威凯检测技术有限公司共建独联体国家轨道交通进口设备检测认证（中国）中心，为中国铁路设备企业提供在中国即可享受的设备检测及出口资质认证服务，助力"一带一路"中国轨道交通设备"走出去"建设。

三 加强国际科技合作的经验与启示

当前，国际形势深刻变化，国际关系不断调整，开展国际科技合作的任务艰巨，同时也面临着许多挑战。广东独联体联盟深耕国际科技合作，依托东欧独联体国家高级科研院所和机构，以及一大批各领域优秀专家，探索出了一条"立足企业、项目切入、市场导向、层次递进"的国际科技合作服务的新路径。其国际科技合作模式可以为我国同类平台和企业提供参考借鉴，进一步推动国际科技互利发展，为建设科技强国做出更大贡献。

（一）推动制定国际技术转移政策，完善合作机制顶层设计

任何合作都需从顶层设计上统筹把握，为合作提供稳定的制度输出和机制保障。广东独联体联盟注重从顶层设计角度出发，积极推动国际技术转移政策的制定，为双边科技合作争取政府层面的支持，营造良好合作生态。一方面，通过平台力量推动政府成立专业化的合作平台，形成政府层面的国际技术转移和科技创新的长效协调和运行机制，为政策资源和科技资源提供有效对接。比如，先后推动成立中国广州市人民政府—乌克兰国家科学院科技合作联合委员会、中国广州—乌克兰国际科学院科技合作联合委员会、广州—白俄罗斯国家科学院科技合作联合委员会。另一方面，推动省、区、市设立独联体国家科技合作专项，为企业科技合作提供政策支持。比如，推动广州市在科技计划体系中专门设立了"对外科技合作专项"，分研发类和平台类两大类。研发类专项重点支持乌克兰等东欧独联体国家先进技术和成果的转化和产业化，在新材料、先进制造与装备技术、新能源与节能技术等重点领域开展实质性合作研发；平台类专项鼓励支持对乌克兰等东欧独联体国家合作建设国际科技服务中介机构，重点加强跨国技术转移中介服务机构的能力建设。该专项自2011年设立以来，累计投入财政资金总额数十亿元人民币，累计支持项目立项数千项，重点资助一批战略性新兴产业领域的国际合作项目，促进国外先进技术和成果向广州转移、集聚。

（二）实行多样化合作模式，开展多领域国际科技合作

企业作为创新驱动的重要行为体，善于捕捉真正的创新需求，在科技创新中的主体地位越发突出。广东独联体联盟倡导市场化科技服务模式，即通过向企业提供国际科技合作总体设计和国际合作服务外包来参与市场竞争，打造高端科技服务业，有效促进广东对独联体国际科技合作的快速发展。经过实践，广东独联体联盟探索出了八大国际科技合作模式，分别是联合研

究、联合实验验证、高科技成果转让、共建（海外）研发中心、教育合作、产业园区规划与运营、人才引进、孵化器（创客空间），初步形成了全方位、多层次、多渠道的国际科技合作体系。广东独联体联盟充分发挥企业在科技创新中的主体作用，能够根据企业创新发展需求、承接能力和项目本身的成熟程度有针对性地采取不同的合作方式，有效提升国际科技合作的广度和深度。比如，涉及企业工艺改进或研发一个全新的产品，采取联合研究的方式；针对外方较为成熟的项目，通过高科技成果转让的方式进行合作；而对于外方已有产品，需要对现有产品进行联合实验验证，检验产品是否符合当地的相关标准。

（三）打造专业化服务工具，提供便捷化搜索资源

在国际科技合作中，资源和信息的畅通是开展合作的重要基础和前提。为了有效整合资源，提高合作效率，广东独联体联盟先后开发了《国际科技合作资讯》"独联体国际科技合作资源数据库"《工作简报》"广东—独联体国际科技合作资源数据库""'一带一路'国际合作资源数据库"等科技创新信息化公共服务平台，为国际科技合作的专业、精细对接提供有效工具，为政府科技部门、研究院所和高科技企业提供常态化的国际技术转移服务和科技创新资讯，及时发布各研究机构的研究方向和研究领域分布、研究项目动态等信息，便于双方研究机构有针对性地开展合作。其中，"独联体国际科技合作资源数据库"作为东欧独联体国家科研院所、专家和技术信息资源交流平台，共收集东欧独联体国家最新技术项目成果2025项、领军人才和高级专家492位、有合作意愿的东欧独联体国家重点研究院所560家等相关信息，是目前国内对东欧独联体国家最权威、资料最齐全的国际科技合作资源数据库。通过独联体国际科技合作资源数据库，可以为促进独联体的先进技术和成果在广东的产业化、吸引独联体高端科技人才团队扎根广东、与东欧独联体国家相关机构建立联合研究中心、更快更准确地进行项目对接以及完善"功能互补、两边一体"的"哑铃"形合作模式提供最有力的基础资源保障。

（四）搭建多元服务平台，链接海内外科技合作资源

为了实现科创资源的高效集成和深度融通，广东独联体联盟注重搭建多元服务平台，以链接和整合国内外的"两种资源、两个市场"。在国外，广东独联体联盟通过设在海外的秘书处，打造了"乌克兰国家科学院""白俄罗斯国立技术大学""白俄罗斯戈梅利大学""俄罗斯远东科学院分院""俄罗斯乌拉尔科学院分院""乌俄科技园"等六个国际科技合作平台，与国内秘书处高效对接，实施国际技术转移，充分利用独联体高端科技资源，开展互利共赢的国际科技合作。在国内，广东独联体联盟注重在全国搭建国际技术转移和科技创新平台，实现平台功能的辐射延伸，以带动各省区市开展国际技术转移业务，推动本地科技创新升级。截至2021年底，广东独联体联盟已经在粤港澳大湾区、长三角、东北地区9市建立了十二个分中心，打造成区域国际技术转移示范机构，国际科技合作服务范围遍及全国，将链接更多国内科创资源，推动区域科技领域的创新发展。

（五）加强情感联系，打造可持续情感枢纽

在跨国流动过程中，情感因素是影响人才流动的重要内驱力。广东独联体联盟注重加强与东欧独联体国家专家学者的情感联系，以及加强中国和东欧独联体国家青年学者的互动，打造可持续的国际科技合作情感枢纽。由于我国与东欧独联体国家具有深厚的友谊，尤其是老一辈科学家对华友好，与中国合作态度积极，成为双方国际科技合作的重要驱动力。为了维系和稳固与东欧独联体国家的关系，广东独联体联盟架起合作友谊桥梁，广泛开展人文科技交流活动，进一步加固与国际合作伙伴的情感基础。比如2021年，广东独联体联盟在乌克兰国家科学院、白俄罗斯国家科学院、俄罗斯科学院等共建"一带一路"国家科研院所的支持下，开展"百名国际创新专家畅谈建党百年"活动，翻译《关于建党百年致国际专家的一封信》，发给与广东独联体联盟建立工作联系的国际合作伙伴，涵盖来自俄罗斯、白俄罗斯、乌克兰、哈萨克斯坦、格鲁吉亚、立陶宛等八国68个合作伙伴的200余位

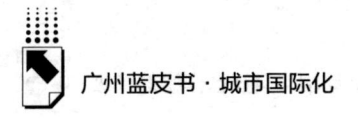

专家。活动得到国际合作伙伴专家的积极响应，双方合作友谊得到进一步巩固。

参考文献

习近平：《努力成为世界主要科学中心和创新高地》，《求是》2021年第6期。

习近平：《在科学家座谈会上的讲话》，《人民日报》2020年9月12日，http：//politics.people.com.cn/n1/2020/0912/c1024-31858786.html。

张世专、王大明：《关于实质性国际科技合作的理想模型》，《中国科学院院刊》2011年第5期。

甄树宁：《"一带一路"战略下国际科技合作模式研究》，《国际经济合作》2016年第4期。

孙海燕：《科技外交提出的国际科技合作背景研究》，《科学管理研究》2019年第1期。

王智新：《国际科技合作融入全球创新网络研究评述与展望》，《科学管理研究》2021年第1期。

姜少敏：《以科技合作促进中国与"一带一路"沿线国家的经贸往来》，《全球科技经济瞭望》2017年第10期。

温军、张森、王思钦：《"双循环"新发展格局下我国国际科技合作：新形势与提升策略》，《国际贸易》2021年第6期。

高际香：《中俄科技创新合作：模式重塑与路径选择》，《俄罗斯东欧中亚研究》2021年第3期。

富景筠：《俄罗斯科技创新能力与创新绩效评估》，《俄罗斯学刊》2017年第5期。

李自国、李琰：《中俄科技外交与实践》，《俄罗斯学刊》2021年第11卷总第64期。

苗雪婷：《乌克兰国家战略创新领域技术转移能力分析》，《科技中国》2021年第7期。

郭凤志：《广东—独联体国际科技合作联盟：广东国际技术转移和科技创新的生力军》，《金卡工程》2017年第4期。

B.13
广药集团加强科技合作推动中药国际化创新发展

宁娜 王楠楠 韩凝凝 王宁*

摘 要： 深化中医药国际交流合作，是构建人类卫生健康共同体的有效途径。广州医药集团有限公司多年来致力于打造独具中国特色和优势的中药产品，加强国际科技合作，积极推进中药国际化布局，不断开拓海外市场，于2021年成为全球首家以中医药为主业进入世界500强的企业，为中药国际化做出积极贡献。通过科学研究、国际认证、学术交流、联合推广等国际化发展战略，其代表性产品"华佗再造丸"已在29个国家或地区注册或销售，连续11年位居全国中成药出口前列。广药集团为我国中药国际化创新发展提供了宝贵经验，包括加大科技攻关投入，积极参与国际认证，因地制宜选择产品，强强联合共创双赢等。展望未来，我国中药产业应加强国际科技合作、对接国际标准体系、推动中医药文化传播，为深化中医药国际交流、构建人类卫生健康共同体贡献力量。

关键词： 中药国际化 广药集团 华佗再造丸

---

* 宁娜，广州白云山奇星中一药业有限公司常务副总经理，研究方向：中成药现代化、产业化；王楠楠，广州白云山中一药业有限公司时尚中药研究院院长助理，研究方向：中成药研发；韩凝凝，广州白云山奇星药业有限公司国际贸易部部员，研究方向：中成药国际化；王宁，广州市社会科学院城市国际化研究所博士后，研究方向：国际经贸。

中药文化是中华民族在数千年治病防病实践中积累的宝贵经验，其独特的整体观、辩证观、系统观凝聚着深邃的中国传统哲学智慧，既是重要的医疗卫生资源，也是具有原创优势的优秀文化资源。推动中药国际化发展，深化国际交流合作，与世界共享中药医疗价值，"美美与共"，发展惠及世界、造福人类的优质健康医疗服务，是构建人类卫生健康共同体的重要途径。

一 中药国际化的机遇和挑战

国际社会对传统医药的接受度不断提高，世界卫生组织对传统医学的重视程度逐渐凸显，传统医学呈现蓬勃生机，为中药国际化带来重大机遇。我国中药产业具有良好的资源基础、完善的制度保障和持续的科技创新动力，应主动把握传统医学发展的重大机遇，积极应对国际市场竞争对手强劲、国际标准体系对接不足、中医药国际化传播尚存文化壁垒等挑战，稳步推进中药国际化创新发展。

（一）中药国际化发展的基础

我国具有悠久的中医药历史和极为丰富的中医药资源。多年来，我国制定中医药产业发展与国际化发展的相关政策、加大中医药科研力度，为中药国际化提供政策保障、打下创新基础，推动中药国际化稳步发展。

中药资源规模不断扩大，为中药国际化提供资源基础。第三次中药资源普查统计显示，我国已拥有12807种中药资源，包含11146种药用植物、1581种药用动物及80种药用矿物。多年来，我国中药材种植规模不断扩大，种植面积逐年上升。据不完全统计，2020年，我国的中药材种植总面积已高达8339.46万亩。

中医药发展政策持续完善，为中药国际化提供制度保障。近些年，我国陆续出台一系列政策措施，在积极推动中医药产业发展的同时，推进中医药国际化进程。早在2006年，《中医药创新发展规划纲要（2006—2020）》业已提出中医药国际化发展目标。之后，《中医药国际科技合作计划》

(2007年)、《关于扶持和促进中医药事业发展的若干意见》(2009年)、《中医药对外交流与合作中长期规划纲要(2011—2020)》及《中医药发展战略规划纲要(2016—2030年)》陆续发布,要求加强中医药对外交流和国际科技合作,增强中医药国际标准化工作,以及加快中医药文化国际传播等。2019年,《关于促进中医药传承创新发展的意见》将中医药纳入构建人类命运共同体和"一带一路"国际合作重要内容。2022年3月,国务院办公厅印发《"十四五"中医药发展规划》,从助力构建人类卫生健康共同体、深化中医药交流合作、扩大中医药国际贸易等方面,再次强调加快中医药开放发展。

中医药科研格局初步形成,为中药国际化提供创新动力。2020年,我国已有44所高等中医药院校、有150所高等西医药院校和250所高等非医药院校设置中医药专业,还有96个独立的中医药科研机构。此外,大批著名综合性大学的科研人员、专家学者也参与到中医药相关的科研活动之中。多层次、宽领域、跨学科的中医药科研格局已经形成,为中医药创新提供动力源泉,为中医人才培养和中医国际化人才输出提供重要保障。

(二)中药国际化发展的机遇

20世纪末以来,国际社会对传统医药的接受度不断提高,世界卫生组织呼吁各国正视传统医学,现代科学技术为传统医药创新发展提供新的手段和途径,中药国际化迎来重大发展机遇。

人类健康理念改变,传统医药接受度普遍提升。一方面,医学发展重心的转变,为中医学文化在国际社会的传播带来了发展机遇。随着人类社会的发展和疾病谱的转变,高血压、糖尿病、心脑血管病等慢性病成为困扰人类健康的主要问题,医学发展的重心已由单纯的疾病治疗模式转变为预防、保健、治疗、康复相结合的医疗模式。中医学重视人体的总体作用、注重发挥人体自身系统调节能力,其"未病先防""不治已病治未病"的预防保健思想、辨证论治的诊治方法以及"整体观",在预防、保健、治疗、康复相结合的医疗模式方面有着西医不具备的优势,逐渐获得国际医学界的认同。另一方面，国际社会对医药认识的转变，使得传统医药的接受度普遍提升。20世纪80年代开始，随着药源性疾患的增多，国际社会对化学药品的毒副作用有所感知，使用天然药物代替某些化学药品成为国际医药发展的普遍动向和趋势，"回归自然、回归绿色"和"重新重视天然药物"的呼声使得国际社会对天然药物的需求日益扩大。发展至90年代，天然药物在国际药品市场上的占比已达30%。对天然药物的需求使得国际社会对各国传统医药和民族医药的接受度普遍提升。人类健康理念的改变及国际医药认识的转变，为中药国际化发展提供了良好环境。

国际组织日渐重视，呼吁各国正视传统医学。自2002年开始，世界卫生组织（WHO）开始公开支持传统医学。近年来，WHO逐步看重传统医学在疾病预防和治疗过程中的作用，并于2013年颁布了《2014—2021世界卫生组织传统医学战略决议》，确定"利用传统医学对健康、以人为本的卫生保健的潜在贡献进行研究"，呼吁各国政府正视传统医学，鼓励各国政府尽快拟定传统医药发展策略并建立完善制度。西医对传统医学的态度渐转正面，WHO会员开始制定草药法规，开设中医诊所，建立中医药机构，将针灸纳入医疗保险。2019年，认可传统医药在本国提供服务的国家已有170个，实施草药监管的国家数增至124个，针灸的应用国家数达到113个（在所有传统医药系统与技术类别中名列第一）。2019年，《国际疾病分类第十一次修订本》经第72届世界卫生大会审议通过，首次纳入起源于中医药的传统医学章节。2022年4月，WHO发布《世界卫生组织中医药救治新冠肺炎专家评估会报告》，明确肯定了中医药救治新冠肺炎的有效性和安全性。WHO对传统医学的重视及对中医药的肯定，是中药国际化发展的重要机遇。

科学技术发展迅速，中药研究出现新方法。当今时代，新技术革命广泛深入生产生活的各个领域，现代生物学、化学、物理学等学科的蓬勃发展，为中药的药效、药理分析与临床研究等提供了新的技术手段，从传统中药材中筛选活性成分成为可能。历代书籍中屡有使用传统中药青蒿治疗疟疾的记载，但一直难以被国际社会接受。利用现代科技手段从青蒿中提炼的青蒿素，则成为抗疟疾治疗的重要用药方案，被世界卫生组织列为"基本药物"。科学技术进步带来的中医药研究现代化、科学化、标准化发展，是中医药走向国际化的重要途径。

（三）中药国际化面临的挑战

近年来，我国中药产品的出口规模不断增长，但从结构上看，高利润、高附加值的中成药占比不高，通过海外注册进入国际药品市场的中药产品占比偏少。我国的中药国际化进程，仍面临国际市场竞争激烈、国际标准对接不足、中医药文化传播尚存壁垒等问题。

国际市场竞争激烈。人类健康理念和现代医学模式的转变，使得中医药的国际地位逐渐提升，越来越多的国家和地区投入中医药的研发和竞争中。国际市场上，我国既要应对国际资源资金雄厚、生产开发销售能力强大的美国、欧盟等竞争对手，也要应对产品结构相似但产品质量控制技术先进的韩国、日本等竞争者。韩日两国生产的"韩药"和"汉方药"在全球天然药物市场中占到了95%。国际主要竞争对手积极申请国际知识产权保护，致使"洋中医""洋中药"等驰名海内外，而我国优秀的古籍，如张仲景的《伤寒杂病论》《金匮要略》等少为人知，中国在国际中医药贸易中的主导地位面临巨大挑战。需提高科研投资、加强科研合作、开展学术交流活动，尽快把握参与国际竞争的主动权。

国际标准对接不足。世界已进入由标准与知识产权规范制约市场的时代，ISO（国际标准化组织）成立的中医药技术委员会出台了20余项中医药国际标准，主要发达国家采用化学药物要求来管理中药药品的上市注册，并对中药材种植、中药研发及生产各个环节提出管理规范要求。现阶段，中药仍未建成贯穿种植、研发、生产、销售全过程的质量指标管理体系，不利于中药产品的海外注册进程。需积极参与科研开发，用科技手段论证传统药物价值，并完善药品种植（GAP）、非临床及临床（GLP、GCP）、生产过程（GEP、GMP）以及销售（GSP）的标准化链条，积极与国际标准对接，为海外注册和药品认证等扫清障碍。

中医药文化传播尚存壁垒。怎样把抽象深奥的中医药理论准确翻译为他国语言，是影响中医药文化传播的重要问题。我国传统中医药书籍，蕴涵着深邃的中国古代哲学思想。因文化壁垒的存在，很多翻译只能传达中医药理论的字面内容，难以准确表述其丰富哲理和内在含义。在翻译过程中，如果一味迎合现代医学体系的语言结构和对应词汇，就会失去中医药本身的语言特点，导致中医药术语理解偏差，阻碍中医药的国际传播和使用。翻译出中医药术语的准确内涵，展示中国传统医学独特的哲学理念和治疗方式，是中医药国际交流和发展的前提条件。

二 广药集团与中药国际化

广东省具有悠久的中医药历史和深厚的中医药文化土壤，在我国中药产业发展中常年占据重要地位。广东多年来持续完善中药发展政策体系、培育中药产业竞争实力、加大中药科研资金投入，鼓励中药企业开拓国际市场，在中药国际化发展中发挥重要作用。广东排名第一的中药企业——广州医药集团有限公司（以下简称广药集团）是全球首家以中医药为主业进入世界500强的企业。广药集团紧跟《"十四五"中医药发展规划》与《广东省中医药发展"十四五"规划》布局，加速中药国际化步伐，助力中医药高质量发展。

（一）广东推动中药国际化的基础

广东省是我国南药的主产地之一，中药材资源丰富，中医药历史悠久，在我国中药产业中一直占据重要地位。广东省大力发展中医药事业，深入完善中医药发展相关政策，稳步提高中医药产业竞争力，持续培养实力雄厚的中医诊疗机构，不断提升中医药研究开发实力，在推动中药国际化发展中发挥重要作用。

政策体系建设优。广东持续进行中医药发展顶层设计，完善产业发展政策，于2006年在全国率先实施建设中医药强省战略，并出台一系列举措，描绘"施工蓝图"。《广东省推进中医药强省建设行动纲要（2014~2018

年）》和《广东省促进中医药"一带一路"发展行动计划（2017～2020年）》相继发布，鼓励中药企业积极开拓国际市场、扩大中医药产品和服务出口。2021年，《广东省中医药条例》颁布实施，《广东省中医药发展"十四五"规划》制定完成，提出要充分发挥广东省中医药特色和优势，建设优质高效中医药服务体系，建设国家中医药综合改革示范区，持续提高对外交流合作水平。

产业竞争实力强。多年来，广东省中医药产业发展持续取得优异成绩。2020年，在中成药类医药流通市场，广东地区销售额排名全国第一，高达379.24亿元，占全国总销售额的11.11%。2021年，广东中药工业总产值突破600亿元，产业规模和竞争力居全国前列。此外，广东拥有全国综合实力最强和规模最大的中成药、中药饮片、中药配方颗粒、中药破壁饮片生产企业。

中医诊疗覆盖广。"十三五"期间，广东全省21个地级以上市中医药管理机构实现全覆盖。2021年，广东已建成2.3万个中医医疗机构，192家中医医院（含36家三级甲等中医医院，72家二级甲等中医医院），并建成1715个基层医疗卫生机构中医诊疗区（中医馆），实现粤东粤西粤北地区全覆盖。

研究开发能力强。2021年，广东建成我国首个中医类省部共建中医湿证国家重点实验室。当前，广东省已有19个国家区域中医（专科）诊疗中心建设项目，建成2个国家中医临床研究基地和14个国家中医药管理局重点研究室，数量居全国首位。广东省已形成以中国中医科学院广东分院、省中医临床研究院、省中医药工程技术研究院、省中医骨伤研究院、省代谢病中西医结合研究中心等省重点实验室为引领的中医药科研格局。

（二）广药集团与中药产品

广药集团是广东省排名第一的中药企业，也是全球首家以中医药为主业进入世界500强的企业，对我国的中药国际化进程具有重要意义。

广药集团源于1600年（明朝万历二十八年）创建的"陈李济"，经过多年发展沿革，于1996年成立集团公司，主要从事中西药品、大健康产品、医疗器械、生物医药、医疗服务等与医药整体相关的产品研制开发、生产销售以及医疗健康养生服务。2021年，广药集团登上《财富》世界500强榜单，成为全球首家以中医药为主业进入世界500强的企业。广药集团进入世界500强，让中医药在世界强企行列实现"零"的突破，在中医药产业发展史上具有里程碑式的重大意义。

广药集团的中药业务别具特色，是南派中药的集大成者，拥有悠久的中医药历史和文化软实力。旗下拥有12家中华老字号制药企业，其中奇星药业、中一药业、陈李济药厂、潘高寿药业等10家拥有超过百年历史，数量占据全国医药行业老字号的半壁江山，广药集团被誉为中医药的"活化石"。其骨干子公司广州白云山奇星药业有限公司（以下简称奇星药业）有147年历史，被国家中医药管理局评为全国十大"传统名优中药生产与保护示范基地"之一，是国内第一家进行"欧盟中成药注册与GMP认证"的中成药生产企业。

（三）广药集团推进中药国际化的基本情况

广药集团积极布局中医药国际化发展，不断开拓海外市场，培育中医药国际化品牌荣誉，取得国际化优异成绩。广药集团旗下公司奇星药业明星产品"华佗再造丸"的国际化成果尤其显著。华佗再造丸是治疗心脑血管疾病、防治卒中及卒中后遗症的经典名优中成药，是新中国成立以来首个国家科委中成药科技攻关成果，也是我国国家保密品种和中药名牌产品，已被纳入国家基本药物目录和国家医保目录。

华佗再造丸于20世纪90年代进入国际市场，以药品身份在国外注册、出口，经过多年的海外市场开拓与发展，成功迈进国际心脑血管疾病预防和治疗用药主流市场。华佗再造丸海外销售规模连续16年位居国内中成药第一，累计销售量达1300万瓶，成为我国首个以正式药品身份在国际市场突破亿元销售额的中药品种；海外销售已布局至全球6大洲的29个国家和地区（见表1），销售国家（地区）以越南与俄罗斯为主，分别占比达55%和30%。

表1 华佗再造丸出口区域分布

洲别	国家（地区）
亚洲	阿联酋、菲律宾、格鲁吉亚、哈萨克斯坦、韩国、柬埔寨、马来西亚、缅甸、泰国、土耳其、新加坡、印度尼西亚、越南、中国香港、中国澳门
非洲	加纳、毛里求斯、尼日利亚
欧洲	白俄罗斯、保加利亚、俄罗斯、乌克兰
北美洲	加拿大、美国
南美洲	秘鲁、厄瓜多尔、哥伦比亚
大洋洲	澳大利亚、新西兰

资料来源：广州白云山奇星药业有限公司。

三 中药国际化典型"华佗再造模式"

为推进国际化布局，广药集团发展出以国际科技合作为重要特征的"华佗再造模式"，深化中药科学研究、加强国际学术交流、积极参与国际认证、推动中医文化传播，对我国中药国际化事业具有重要借鉴意义。

（一）深化研究提供科学支撑

自华佗再造丸上市以来，广药集团与多国医学研究机构合作，围绕"质量稳定、安全、有效、经济可及"的研发主题，开展了多项确证性和探索性的研究，针对华佗再造丸的原材料质量把控、生产技术改造、药物安全性再评价、药物临床新应用、药物作用机制等方面展开深入的研究和探索，先后开展了一系列科技攻关项目。多项高证据级别的循证医学研究和现代药效作用机制研究成果，进一步明确了华佗再造丸多靶点、多途径的作用机理，为华佗再造丸临床治疗脑卒中及认知障碍疾病的效果提供了有力的证据。在此基础上发表的多篇SCI论文（见表2），极大地促进了西方医学对华佗再造丸的认可和肯定。通过构建中医药真实世界研究关键方法体系，产生高质量的中药真实世界证据,促进证据高效使用与决策转化,对提升中成药的国际公认性、促进中药的出口及中医药事业的国际发展具有重大意义。

表2 与华佗再造丸相关的SCI论文

研究分类	研究内容	年份	期刊名称/专利	影响因子
药理研究	华佗再造丸在凝血功能、脑缺血损伤的神经保护、改善认知功能障碍及减轻动脉粥样硬化方面的作用及机制;华佗再造丸的潜在靶点与有效成分研究	2013	Biomedical Reports	4.91
		2014	Interdisciplinary Sciences Computational Life Sciences	2.233
		2017	BMC Complementary and Alternative Medicine	3.659
		2018	BMC Complementary and Alternative Medicine	3.659
临床研究	华佗再造丸在急性缺血性脑卒中的疗效及安全性评价,在临床中的应用及展望	2010	Journal of Chinese Integrative Medicine	3.034
		2013	International Integrative Medicine	2.446

资料来源:广州白云山奇星药业有限公司。

(二)国际认证确保依法合规

在持续提高科研含量和产品质量的基础上,广药集团采用第三方国际认证方法,积极接轨国际医药市场。2009年,广药集团奇星药业成为国内第一家进行"欧盟中成药注册与GMP认证"的中成药生产企业。当前,奇星药业已通过白俄罗斯GMP认证和加拿大海外场地认证,并先后7次通过澳大利亚药物管理局(TGA)的GMP认证。TGA的GMP认证享有极高的国际声誉,通过此认证,意味着奇星药业不但获得澳大利亚政府对其质量体系和生产环境设施的认可,也获得英国、法国和加拿大等20多个PIC/S成员的认可。通过国际认证方式,奇星药业的名优产品华佗再造丸稳步进入国际药品主流市场(见表3)。

表3　华佗再造丸国际认证情况

年份	认证情况
1999	在俄罗斯获得药品注册,入选俄罗斯《国家基本用药目录》
2000	列入《俄罗斯卫生部国家药品目录》,并纳入医生用药指南
2003	列入越南《国家医保药物目录》
2006	取得韩国进口药品注册批文
2010	取得俄罗斯药品永久注册证书
2021	"华佗再造丸的高效液相色谱特征图谱及其构建方法及应用"被授予澳大利亚专利权

资料来源：广州白云山奇星药业有限公司。

（三）学术交流扩大专业影响

广药集团遵循"政—产—研—转"相结合的科研模式，通过国际学术平台进行华佗再造丸相关的学术交流，派出国内专家、邀请国外专家，以学术交流提升华佗再造丸国际化形象，不断提升华佗再造丸的国际竞争力。通过学术交流活动，广药集团不断邀请或聘请国际知名专家作为科学顾问，以先进的理论技术指导和参与华佗再造丸药理科学研究和临床医学研究，对华佗再造丸进行持续深入研发、循证医学研究及国际化临床应用等方面的学术交流和研讨；积极组织医药专家、学者、药政官员等来访考察交流，使其对广药集团当前的质量控制体系、现代化生产体系有更深刻的印象和更充分的认识，树立对产品疗效和安全性的信心。国际学术交流活动的举办，有助于加强中医药文化在国际社会的传播，加快中医药产品在国际市场的推广，加深国际社会对中医药文化的了解，提高国际市场对中医药的认可度，提升中医药在国际主流医学的话语权。

（四）联合推广进入主流市场

华佗再造丸的国际市场开拓，常采用独家代理或经销方式，以单个国家为推广区域，与当地合作伙伴联合推广，打开当地销售市场。广药集团奇星药业选择认同中国文化和中医药药理、熟知当地药政法规、具有一定社会地位、有一定实力开拓当地市场的企业作为华佗再造丸的国外合作伙伴，与其签订产品注册（销售）代理协议，并通过这些国外合作伙伴在国外寻找有实力、认可中成药的客户，挑选1~2个产品进行试注册（销售），辅以电视、报纸、杂志以及学术推广等形式的宣传活动，打开销售局面。在成功进入所在国药品销售市场后，给予合作伙伴一定的优惠激励政策，激励其不断扩大市场份额，在当地逐步建立完善的市场销售网络。选择具有影响力、有文化认同的合作伙伴进行推广，有助于实现强强联合，尽快打开主流市场。

（五）全面合作传播中医药文化

中药推广离不开中医药文化的传播。广药集团自开拓国际市场之初，就不断向医生及消费者宣传中医理论和中医药传统文化，努力提高服务质量，让外方认可中医药和企业自身，进而提高产品附加值。广药集团综合研判中医药文化国际传播情况，发现许多近邻国家（地区）广泛受到中华文化的影响，对中华文化较为认同、对中医药接受度较高，因此优先布局此类国家（地区）的产品市场，取得明显成效。比如，华佗再造丸在越南等东南亚国家、俄罗斯等独联体国家的销量更高，无疑有着重要的文化认同因素。与国际社会全面合作传播中医药文化，有助于加强国际社会对中医药的了解，提高国际社会对中药的接受度，为推广中药产品提供文化基础。

四 中药国际化的借鉴与展望

中药要走向国际化，需把握人类健康理念改变、传统医药接受度普遍提升、世界卫生组织高度重视及科学技术迅速发展的机遇，积极借鉴广药集团的"华佗再造模式"，以国际科技合作为核心，加大科技投入，参与国际认证，因地制宜选择差异化产品，持续宣传中医药文化等，实现中药国际化创新发展。

（一）加大科技攻关投入，出口科技双轮驱动

中药走向国际化，必须在循证临床疗效、药物作用机制和安全性等方面下功夫。广药集团多年来不断加大科技投入，完善自身科研创新体系，为国际化发展提供创新动力。2021年，广药集团研发费用达8.75亿元，入选《2021中国药品研发实力排行榜TOP100》榜单。当前，广药集团已形成以国家级、省级、市级研发机构、技术中心及重点实验室为依托的多层次、宽领域研发格局。我国中药企业应借鉴广药经验，围绕中药的"有效、安全、可控"加大科技攻关投入，实现现代医学与中医药学共融发展，出口科技双轮驱动，为中药国际化提供科技保障。

（二）加强国际合作开发，积极参与国际认证

中药产品若要进入国际主流市场，需开展药品相关注册认证，取得产品销售许可证。为进入国际药物市场，广药集团与"中俄医科大学联盟"等国际医疗科研体系开展密切合作，主动对接国际标准体系，积极参与国际认证，为中药产品进入国际市场打造制度基础。广药集团与"中俄医科大学联盟"展开密切合作，结合最新的国际指导原则及评价标准，对华佗再造丸进行药理、临床等国际级试验研究。在循证研究、临床研究、药理研究等科研基础上，广药集团认真学习各国药品注册认证规章制度，积极开展药品注册认证，持续推进"国际认证"发展战略，探索以药品身份实现中药国际化的重要途径。我国中药企业可借鉴广药集团经验，在加强科技研究的基础上，主动寻求跨国合作开发，积极参与国际认证，对接国际标准，争取进入国际主流市场，扎实推动国际化进程。

（三）因地制宜选择产品，强强联合共创双赢

因地制宜选择差异化产品，并在当地选择具有影响力的企业进行合作，是尽快打开国际市场的重要途径。广药集团针对不同国家的人种、地

理气候、饮食生活习惯、文化传统与疾病特点，选择适合当地人的中药产品并加以推广。比如，俄罗斯地处欧洲东部的边缘地带，气候寒冷，当地民众喜饮烈酒，心脑血管疾病高发。广药集团重点推出的华佗再造丸，因其治疗心脑血管疾病的优良效果，在俄罗斯成为明星产品。目前，俄罗斯成为华佗再造丸的海外热销地区之一，出口量已超400万瓶。理想的合作伙伴能够使药品在国外的注册及销售工作事半功倍，广药集团积极寻找在当地市场具有相当实力、熟悉掌握当地的药政法规及市场情况、认可中药产品的合作伙伴，由当地合作伙伴负责当地的终端销售和价格制定，实施强强联合策略，打开当地销售局面。我国中药企业可借鉴广药经验，根据不同国家的差异化特点因地制宜选择针对性产品，选择当地有影响力并认可中药文化的合作伙伴联合推广重点产品，打造品牌效应，循序渐进开拓市场。

（四）坚定中医药文化自信，持续宣传中医药文化

中成药能被当地人接受并使用是决定药品海外市场份额的关键点。具有较高中医药文化认同及较高中药接受度的国家（地区），常成为我国中药产品的主要出口市场。华佗再造丸的国际化布局，离不开中医药文化传播。广药集团自开拓国际市场之初，便通过国际学术交流、举办宣传讲座等方式，不断向医生及消费者宣传中医理论和中医药传统文化，努力扩大中药文化的影响力。广药集团旗下全国首家半开放式中医药博物馆——神农草堂已接待全球游客超250万人次，成为国际社会了解中医药文化的重要窗口。广药集团还将依托神农草堂建设岭南中医药博物馆，进一步展示岭南地区传统中医药特色资源。广药集团曾向多国捐赠包括奇星华佗再造丸、白云山复方丹参片和脑心清片在内的中药产品，让中药产品造福全球更多人群，提高国际社会对中药的认可度。我国中药企业可借鉴广药经验，积极参与国际抗疫合作计划，通过组织中医专家团队、捐赠中药产品等方式，向世界各地宣传中医理论和中药文化，提高中药文化的普及度和认可度，为中药国际化打造文化基础。

参考文献

高敬书、马红丽、王宇、朱梦一、吴效科：《推动中医药临床研究国际化的思考与策略》，《中华中医药杂志》2020年第11期。

李屹龙、刘祎、卞跃峰、宋欣阳：《传统医学全球发展浅析》，《中华中医药杂志》2020年第7期。

王硕、孟凡英、周瑛桃：《"一带一路"背景下中药产品海外注册发展研究》，《世界中医药》2021年第9期。

吴玲霞、高山、翟菲：《全球价值链视角下我国中药产业国际化问题及策略分析》，《商业经济》2022年第3期。

B.14
广州归谷科技园构建"哑铃式"孵化载体服务国际科技人才创新创业

范群 黄腾 陈浩然*

摘　要： 在经济全球化的背景下，跨国企业加快在全球布局研发及生产机构，中国作为主要新兴市场备受青睐，吸引了一批科技企业落地。随之，国内的科技企业孵化载体也需迈向国际化，以承接日益频繁的国际科技交流合作。广州归谷科技园通过聚焦国际人才的科技创业需求，构筑双湾"哑铃"格局、塑造良好创业氛围、链接国内重要平台、举办科技交流活动等创新举措，打造行业领先的全维度标杆性科技企业孵化载体，服务粤港澳大湾区建设广深港、广珠澳科技创新走廊和全球科技创新高地，助力广州坚持创新驱动高质量发展。

关键词： 科技企业孵化载体　科技园区　国际人才创新创业　留学回国人员

《国务院关于大力推进大众创业万众创新若干政策措施的意见》出台以来，全国各地"双创"政策及活动蓬勃发展，有效激发了市场创新潜力和活力，对于推动经济结构调整、走创新驱动发展道路做出了重要贡献。人才是"双创"的主体，党中央做出全方位培养、引进、使用人才的重大部署，深入

---

* 范群，博士，广州归谷科技园总裁，广州国际合作交流中心理事长，研究方向：国际创新；黄腾，广州归谷科技园品牌部专员，研究方向：国际创新；陈浩然，广州国际城市创新研究中心研究助理，研究方向：人文地理。

实施新时代人才强国战略成为建设社会主义现代化强国的基础支撑。如何加快服务高层次人才参与创新创业，进一步增强发展新动力，成为当前城市建设的重点难点。科技园区作为双创资源、高层次人才的双重载体，在加快服务国际人才创新创业、对接高水平人才高地建设工作上迎来了巨大的时代机遇。

一 国际人才交流合作与创新孵化载体

扩大国际人才智力开放合作、实现互利共赢是当今世界的普遍共识。中国在迈入新发展阶段、贯彻新发展理念、构建新发展格局的过程中，实施更为开放的人才政策，把自身与全球发展更加紧密地结合在一起，为全球合作提供更加广阔的平台、更加广阔的市场、更加丰富的发展机遇。

（一）国际人才交流合作与海归人才回国创业的新特征

随着引才用才体系的不断完善，中国正逐步从世界最大人才流出国转变为主要人才回流国，并成为世界第三、亚洲第一的留学目的地国，逐渐成为创新人才高度集聚、创新要素高度整合、创新活动高度活跃的全球高水平人才高地。人才发展和产业发展存在相互依存、相互影响的关系，产业在一定区域的集聚将吸引人才集聚，而人才集聚又将推动人才资源向人才资本转变，进而促进产业集聚。近年来，中国的高科技事业进入战略机遇期，实施更加积极、更加开放、更加有效的国际人才交流合作政策部署，面向全球引进处于国际产业和科技发展前沿、具有世界眼光和深厚造诣的各类优秀国际人才。在全球创业精神的鼓舞下，当代海归人才呈现"踊跃创业"的鲜明特征，积极投身于高新科技创新创业之中。巨大市场机遇和优渥的工作条件吸引了一批技术导向型海归人才回流中国，促成一批高科技中小微企业快速成长发展。教育部《2019年度出国留学人员情况统计》指出："在1978年至2019年，各类出国留学人员累计达656.06万人，其中490.44万人已完成学业，423.17万人在完成学业后选择回国发展，占已完成学业群体的86.28%。"智联招聘《2020中国海归就业创业调查报告》显示，约有2.5%

的海归选择自主创业,结合教育部公布的相关数据,可以推算当前至少有10万名高水平海归人才活跃在各类创新创业工作中。以华侨华人创业发展洽谈会("华创会")为例,截至2021年,共有来自100多个国家和地区的2万余名海外华侨华人专业人士、工商界人士参会,大会主会场共签订引进人才和技术项目两千余项,并促成其在全国多个城市落地,提升了城市的现代化国际化水平。

(二)国际人才科技企业孵化载体的发展历程

为进一步吸引留学回国人员并充分发挥其作用,1994年,南京率先成立留学人员创业园"金陵海外学子科技工业园",而后广州等城市陆续成立同类机构。2000年,国家科技部、人事部、教育部组织认定首批国家留学人员创业园示范建设试点,将建设工作推到新的高度。国家留学人员创业园与中国高新技术产业的指导性计划"火炬计划"的关系十分紧密,从诞生以来就肩负着作为面向留学回国人员的科技企业孵化载体之职责,在宣传国家政策、吸引海外人才、促进高科技成果转化等方面发挥积极作用,成为聚集海外高层次人才和培育高科技企业的高地。

随着中国经济结构转型和劳动力素质提升,创新在我国现代化建设全局中上升到核心地位,面向更多各类国际人才的科技企业孵化载体愈发完善,形成三个主攻方向:一是继续深耕留学回国人员创业生态,如"海归小镇"。从2018年起,欧美同学会在全国筹建10个海归小镇,首个"欧美同学会海归小镇(广州·生物医药)"已经落户广州黄埔。中国海外人才交流大会("海交会")授牌建设的"留学人员创业服务合作园区"也明确指出专注于留学归国人员创新创业服务。二是服务范围向华侨华人扩展。例如,中华全国归国华侨联合会认定一批"新侨创新创业基地"①,

---

① "新侨创新创业基地"与国务院侨务办公室打造的"侨梦苑"定位不同。侨梦苑是一个涵盖所有产业类型的华侨企业集聚平台,而非仅仅关注海归人才科技企业。东部地区建设的侨梦苑强调领域技术突破、科技改革和推广运用;中部地区强调依据区域自身特色,发展相近或类似产业;西部地区则立足于利用侨商优势促进创新合作。

这些基地是中国侨联在高科技园区、高等院校、科研机构、侨资侨属企业等新侨人才聚集度高、创新创业成效好、持续发展潜力足的单位打造的优质服务平台。部分地方归国华侨联合会效仿发起"侨创基地""侨创空间"等，打造侨界创新要素集聚空间和创新创业服务阵地。三是把外籍人才也纳入服务范围。中国留学人才发展基金会推动"国际人才港"建设，将其打造为国际人才创新创业、商务生活的集聚区。随后，全国各地加快自主建设当地的国际人才港或国际人才服务港，着力打造开放型、创新型的国际人才服务综合体和人力资源配置枢纽。其中，北京、上海、广州等地依托自由贸易试验区优势打造 CBD 国际人才港、浦东国际人才港、临港新片区国际人才服务港、南沙国际人才港，武汉和广州等部分城市还依托高新技术产业开发区着手建设打造"国际人才自由港"，广州出台全国首个建设措施《中新广州知识城国际人才自由港聚集人才若干措施（试行）》，以更加积极、开放、有效的措施面向世界汇聚知识型人才，大力吸引国际创新型人才。中国科学技术协会提出建设"国家海外人才离岸创新创业基地"，支持海外人才离岸研发，积极建设离岸创新中心、离岸合作基地、离岸孵化载体等，按照"基地内注册、海内外经营"的模式打造国际化综合性创新创业平台。

面向国际人才的科技企业孵化载体不断扩展服务群体，从最初吸引留学回国人员开设高新科技企业，助推"火炬计划"，到如今逐渐把华侨华人和外籍人士也纳入服务范围，加快加强激发国际人才的创新创业活力。科技企业孵化载体的建设部门更为多样，从广度和深度两个维度实施各类创新服务措施，共同打造多层级、宽领域的科技企业孵化服务空间。

（三）国际人才科技企业孵化载体的发展趋势

科技园区是科技企业孵化载体的主要形式。中国在学习美国硅谷高新科技园区发展模式的基础上，结合自身特色和阶段需求发展出促进科技园区发展的中国模式。从结构单一、服务单一的传统型产业园区 1.0 时代，逐步发展为复合型产城融合园区的 4.0 时代。在 4.0 时代，科技园区的建设重点主要聚焦构建创新创业生态。园区创新驱动力至少包括以下五方面：第一，鼓励创新创业，创业者数量、孵化器数量和面积是衡量科技园区成功的根本数据标准；第二，坚持开放吸引全球创新资源，引导全球企业尤其是新物种、独角兽企业落地园区，凸显园区创新创业的多样性；第三，与大学和研发机构合作，共同建设科技园区，与高校、科研院所建立密切联系；第四，引导投资机构入驻科技园区，活跃的投资成为园区科技创新企业快速成长、推动科技园区迅速成熟的关键；第五，培育专业科技服务机构，为企业提供各类专业化科技服务。在经济全球化的背景下，全球科技转化速度、专利申请速度不断加快，知识产权交易市场持续扩大，国际科技交流合作已成为时代趋势。越来越多的跨国企业在全球各国布局研发中心，重点发展战略性高新技术产业，抢占科技和产业发展的制高点。这也对国际人才科技企业孵化载体提出更高要求，亟待集聚配置全球高端要素资源，以更好地服务科技企业在全球的发展和成长。

二 归谷科技园构建"哑铃式"科技企业孵化载体的创新举措

近年来，广州市提出要打造科技和产业创新高地。《广州市科技创新"十四五"规划》提出，"成为世界重大科学发现和技术发明先行之地、国际科技赋能老城市新活力的典范之都、全球极具吸引力的高水平开放创新之城"。《广州市黄埔区、广州开发区科技创新"十四五"专项规划（2021—2025年）》提出，"把黄埔区、广州开发区建设成为国内一流的原始创新新标杆、国际领先的产业创新新典范、全球引领的创新创业先锋地，打造全国一流的硬科技创新先行区和区域创新高地"。在这一背景下，广州归谷科技园（Grand Tech Park）作为广州开发区重点产业项目，于2014年成立，坐落于广深港澳科技创新走廊十个核心创新平台之一的广州科学城，建筑面积达30万平方米，构建集总部办公、科技孵化加速、生活配套于一体的科技生态服务体。通过实施多项创新举措，归谷科技园逐渐成为国内科技园区

4.0时代的全维度标杆性科技企业孵化载体，成为服务地区科技产业发展的重要力量。

（一）聚焦科技创业需求，构筑双湾"哑铃"格局

归谷科技园根据广州科学城加快"IAB"（新一代信息技术、人工智能、生物医药）、"NEM"（新能源、新材料）产业发展的定位，充分发挥国际创新资源集聚和配置作用，积极打造"境外孵化器、国内创新平台、政府支持"的科技创新孵化模式。在境外孵化器方面，以"哑铃式"国际平衡孵化器实现国内外资源高效对接，促进国际资源"引进来"和"走出去"，构筑综合性跨境孵化服务专业平台；与全球领先的创投孵化器 Plug and Play (PNP) 建立全球基石合作伙伴，融入国际创新生态；整合创投资源，引入红杉资本、新风天域、星图资本等国际投融资机构，构建完整的孵化链条。在国内创新平台方面，积极链接国内外科技创新资源，与国内外顶尖行业专家保持紧密联系，筛选并引入一批国家重大人才工程计划入选者的创业项目；与上海交通大学弗劳恩霍夫协会智能制造创新中心等国内外知名科研机构和协会建立友好联盟，共享和引流高端要素资源；参与投资北京海创产业技术研究院，引入海创产业技术研究院落地广州，聚焦科创技术与成果转化，致力于解决从技术到产业的"最后一公里"难题。在政府支持方面，归谷科技园承接运营广州国际交流合作中心和广州对外交流发展中心硅谷办公室，通过加强各领域和多维度的国际交流与合作，推动广州的机构企业"走出去"，促进有意回国发展的高层次人才与企业"引进来"。

归谷科技园加强搭建国际资源对接平台，加快配置全球高端发展要素，已基本形成美国旧金山湾区（硅谷）—中国粤港澳大湾区（广州）的双湾区"哑铃式"招才引智新格局。依靠美国硅谷科技咨询委员会、美国硅谷科技协会、美国硅谷2665离岸孵化器，以及承接运营的广州对外交流发展中心硅谷办公室，归谷科技园着力打造一个在美国旧金山湾区的海外发展矩阵，形成了"寻项目—前孵化—引回国"的全链条海外服务工作新模式。归谷科技园积极撬动海外市场资金的动力和活力，探索优质境外项目前置孵

化以后再回国落地的高效便捷渠道，协助国际人才创新创业项目寻找合适的落地时机。对于暂时难以回国但有强烈意愿打开中国市场的优质境外项目，也能提供境外离岸孵化专业服务。

（二）优化科技人才服务，塑造良好创业氛围

截至2021年，归谷科技园共引进了8家专业服务机构，持续完善创新创业服务体系，为园区创业者提供包括基础创业服务、投融资服务、咨询服务、创新服务、申报服务等在内的相关企业服务，激活园区内部生态，进行产业链两端适配，助力企业合作与落地。通过打造专业化的运营团队和孵化模式，构筑"干事创业，快乐生活"的美国硅谷式创业氛围，为海外归国项目和人才落地提供各项便利条件，使其能在短时间内迅速适应回国的生活环境。其中，归谷科技园承接政府委托运营的广州国际交流合作中心为国际组织、工商协会、高校机构、跨国企业等各类境外主体在广州的投资贸易、技术转移、文化交流、项目孵化提供多方面的支持和服务。在归谷科技园的支持下，该中心已成为帮助国内外人才与企业"引进来"与"走出去"的有力支点，为服务机构和归谷科技园争取最大化的国际交流资源。

（三）链接国内重要平台，拓宽引才引智渠道

归谷科技园持续发挥平台载体作用，积极组织开展海内外高层次人才创新创业投融资、人才交流引进、技术转化推广、项目合作对接等活动，凝聚国际人才创新创业力量，荣获多项国内外荣誉资质。归谷科技园受区政府委托，建立首个粤港澳大湾区海归之家，整合留学人员广州创业园等海归人才服务平台，集中展示黄埔区人才落户和创新创业等政策及产业优势；承接中国海交会创新创业示范园区、广东省首批"南粤侨创基地"、广州开发区"引才工作站"、广州市黄埔区"新侨工作站"等多项工作平台。持续举办各类国际科技人才交流、分享、对接活动，包括中国海外人才交流大会（"海交会"）海外分会场，深圳侨交会海外创新创业项目路演活动，PNP广州国际创新中心跨境行活动，中、英、美、澳生物科技优质资源项目路

演,美国"硅谷科技论坛"等,加深与拓宽招才引智道路,提高国内外人才、企业、技术对接的精准度与便捷性。除了链接重要合作平台,归谷科技园还积极协助组织各类活动,从2016年至2018年连续三年被评为中国海外人才交流大会暨中国留学人员广州科技交流会"最佳组织奖",2016年还曾获"最佳海外发动奖"。

表1 广州归谷科技园的工作平台

时间	授牌名称	授牌单位	建设侧重点
2016年12月	广州开发区引才工作站	中共广州开发区工作委员会组织人事局	搭建链接全球的引才网络,与海外高校、华人团体、企业协会、工商协会、知名高校校友会建立广泛合作关系,通过定期开展人才交流活动协助广州开发区招才引智
2016年12月	中国海交会创新创业示范园区	中国海外人才交流大会、中国留学人员广州科技交流会组委会	撬动海交会在海外招才引智的服务能力,为海外人才在广州创新创业构筑服务平台,共同打造永不落幕的海交会
2019年2月	新侨工作站	黄埔区归国华侨联合会	以侨架"桥"、引侨聚侨,助推广州与全球高端资源的有效对接,积极为海外华侨创造更好条件,使海外侨胞继续发挥自身独特优势,助力广州实现老城市新活力
2019年8月	欧美同学会(广州·生物医药)海归小镇·起步区	广东留学人员联谊会、广州欧美同学会	以生物医疗产业资源为依托,集聚一批业界领军人物,以生物医药、健康产业为主,形成国际领先的"医药特区",将对国内生物医药行业制定规则、标准起到旗帜作用
2020年9月	广州市菁英计划留学人员回国服务联谊会	广州市留学人员服务中心	延伸和拓展广州市"菁英计划"留学项目的回国服务,推动留学回国人员扎根广州、报效祖国
2020年10月	南粤侨创基地	广东省归国华侨联合会	充分发挥侨界优势、凝聚侨创力量,在推动侨界创新创业方面发挥重要作用
2021年10月	粤港澳大湾区海归之家	广州市黄埔区区委统战部	为加强团结和服务留学回国人员而打造的一项海外引才工作创新项目
2021年9月	广州归谷科技园有限公司科学技术协会	广州市科学技术协会	着力加强对科技工作者的思想政治引领,积极履行科学普及的社会责任

续表

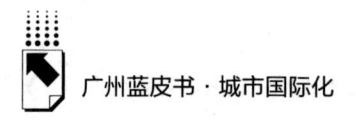

时间	授牌名称	授牌单位	建设侧重点
2021年11月	留学人员创业服务合作园区	广州科技金融集团有限公司	帮助企业解决科技金融投融资方面的问题
2022年3月	粤港澳大湾区(广东)人才港战略合作伙伴	广东省人力资源和社会保障厅	这是落实人社部和省政府战略合作协议的重要项目,也是全国人才服务平台建设的重要创新。将打造在全球极具影响力的大湾区人才新平台,建成"实体+云端"的"人才超市"
2021~2022年	中国创新创业成果交易会成果转化基地	中国创新创业成果交易会办公室	积极开展各类"双创"活动,建设"双创"服务平台与网络,推进大众创业、万众创新蓬勃发展,共同打造"永不落幕"的创交会
2021~2024年	中国创新创业成果交易会成果转化投融资联盟会员单位	中国创新创业成果交易会成果转化投融资联盟	架构投融资机构与创新创业成果项目之间的沟通桥梁,提升投融资行业服务水平和对接效率,打通科技成果转化"最后一公里"

资料来源：广州归谷科技园。

（四）举办科技交流活动，扩大服务品牌效应

"双十二归谷科技荟"是归谷科技园打造的高端专业科技交流服务品牌，旨在开展高质量的科技交流活动，加强各界创新协作。第一届"双十二归谷科技荟"的主题为"2019·智见价值——前沿科技风潮会"，邀请了上海交通大学弗劳恩霍夫协会智能制造项目中心（简称"上海项目中心"）介绍德国工业4.0的智能制造业发展现状，以及上海项目中心助推中国实体企业技术效率升级转型的成效；设立"前沿科技通融：未来科技项目展示"环节，邀请国家重大人才工程多名入选者携带各自团队最新研发的尖端技术亮相，康桥科技、乾函科技、小亮点科技等前沿科技公司也在活动中进行科技项目路演，展示了国内各领域最尖端的科技成果。第二届"双十二归谷科技荟"围绕"广州开发区智能制造与'德国工业4.0'对接交流研讨会"和"广州开发区科创企业育成孵化联盟倡议发起仪式"开展活动，集结珠

三角地区特色重点企业，行业领军人物荟萃，聚焦企业技术痛点，加速科技成果落地转化。为深入了解企业产业化发展过程中的技术难点及痛点问题，归谷科技园联合上海项目中心走访广州相关企业，基于各企业发展阶段与现状，结合德国工业4.0技术，导入上海项目中心功能特色，共同探讨针对性解决方案，助推企业发展迈上工业数字化新台阶。

归谷科技园通过吸引和服务一批高新科技企业落户广州，形成品牌效应。华为、飞腾信息、麒麟系统技术、新松机器人等大企业相继入驻园区，广州文远知行科技有限公司（以下简称文远知行）等大批重点企业项目落户广州开发区。以文远知行为例，2017年10月，美国硅谷科技咨询委员会举行主题为"人工智能下的智慧出行"的硅谷科技论坛，通过该论坛，归谷科技园成功在12月引进文远知行。2019年，文远知行推出了中国首个全对外开放的Robotaxi运营服务项目，覆盖广州市黄埔区144.65平方公里的核心城市开放道路。2021年，文远知行的中国首款Robovan面世并开始商业试点运营；2021年5月，文远知行宣布完成C轮融资，投后估值33亿美元；同年，文远知行入选广州独角兽创新企业榜单。国际科技人才在广州踊跃落户创业，有效支撑广州加快建设具有全球影响力的高水平人才强市。

三 广州归谷科技园服务国际人才创新创业的经验启示

创业维艰，尽管高层次国际人才掌握世界前沿的科学技术，具有引领市场结构性变革的潜力，但是他们要成功创业也需要大量的配套专业服务和政策支持。当前，全国各地积极打造面向国际的科技企业孵化载体，加快吸引集聚国际人才。归谷科技园深耕国际人才交流合作，以双湾区"哑铃式"新格局引领科技企业孵化载体的国际化新模式，为中国其他城市的科技企业孵化载体升级转型提供良好的经验模式。

（一）强调载体走出海外，打造海外人才飞地

随着全球高新科技企业发展愈发重视国际交流合作，中国科技企业孵化

载体不能仅局限于把国际人才"引进来",也要适时加快"走出去",争取在海外主要科技创新集聚区建设孵化载体海外分部,构筑内引外联的科技企业孵化载体新格局。一方面,科技企业孵化载体可以加强与高新技术产业开发区、经济技术开发区、自由贸易试验区等重要对外开放平台合作,争取成立形式更为丰富、层次更为多样的海外创新创业机构,与国际组织、工商协会、高校机构、跨国企业等各类境外主体在海外共建海外协同创新中心等,从而更好地链接海外高端发展要素资源,优化利用外资结构、强化开放平台功能,促进国内经济大循环,连接国内国际双循环。另一方面,科技企业孵化载体要加强离岸孵化载体的功能建设,在发达国家和地区建设海外孵化器、研发机构或产业园区,将其打造为科技企业孵化载体的海外延伸平台,以此构建一批海外人才飞地,激发国际科技人才创新创业活力。促成国内孵化载体与海外人才飞地同频共振,对国际人才的创业需求和服务需求及时做出响应,引导优质企业项目落户中国,争取将国内孵化载体建成海外人才离岸创新创业基地。对于离岸发展的科技型中小微企业,要实时摸底、积极支持,提高企业发展的稳定性、积极性和主动性,引导更多社会资本参与科技创新,形成国内国外双向良性互动发展。

(二)组建专家顾问团队,"把脉问诊"企业发展

归谷科技园瞄准业界和学界的顶尖人才,集聚一批包括国家重大人才工程入选者等在内的跨学科、多领域的高层次人才,汇聚来自国内外不同行业领域的近50名高水平专家,以此构建了一支高质量高标准的特聘专家顾问队伍,并与其建立起长效常态合作机制。一方面,依托特聘专家顾问队伍打造归谷科技园决策咨询平台,为园区内的企业和个人提供具有全球性、引领性、创新性和前瞻性的决策建议,分享其对行业市场前沿发展的深刻见解,推动企业深度融合产业链与创新链,赋能园区在源头创新、成果转化、企业培育、人才发展等多环节高质量发展。另一方面,特聘专家顾问队伍还从国际化、网络化、专业化和多元化的角度,为园区的服务水准和服务机制提供前瞻性高水平建议,推动归谷科技园不断优化品牌营销、客户服务等高附

值环节,增强园区综合国际竞争力,以服务科技工作者实现个人和社会价值,为广州实施创新驱动发展战略提供强有力的人才支撑和智力保障。

(三)联结海外科技协会,发挥资源转换效应

海外科技协会具有全球视野广、参会群体多、市场运作好等优势,能带来前沿的科技信息,吸引全球资本和科技人才。归谷科技园与美国硅谷科技协会、美国硅谷科技咨询委员会等海外科技协会密切联动,致力于服务国内招才引智工作,以全面提升园区科技服务水平。另外,归谷科技园还联结北美半导体协会、华美半导体协会、中国旅美科技协会、美国华裔教授学者协会、德国弗劳恩霍夫协会等海外科技协会,塑造"全球智脑",共同探讨新型科技创新交流的新思想、新路径。归谷科技园通过联系一批发达国家的顶尖科技协会,充分发挥海外专业协会的资源势能与转换效应,在推动国际技术转移转化、聚集全球科技资源、加强人才交流对接等方面发挥重要作用。

(四)政产学研用一体化,科研链条协同融合

归谷科技园致力于促进政产学研用的一体化合作和内生性发展,充分发挥政府引导作用,形成全链条全领域协调融合的科技创新驱动经济社会发展新模式,围绕产业链部署创新链,围绕创新链布局产业链,实现科技知识的投资者、生产者、传播者、使用者高效分工协作。归谷科技园投资参建北京海创产业技术研究院,并且推动广州海创产业技术研究院落地广州开发区,发挥海归创新创业人才主体力量,致力于为园区企业提供更为广泛的科技成果转化对接渠道。目前,海创产业技术研究院聚焦材料、生命、信息、能源、环境五个方向的基础前沿科学研究和行业共性关键技术研究,已经形成以北京为前沿技术中心、以广州为产业转化中心的深度合作模式,广州成为该院打造具有全球影响力的前沿技术策源地和产业技术转化基地的重要节点。归谷科技园还与汕头大学共建汕头大学(广州)归谷商学院。归谷商学院引入跨学科融合的创新创业教育模式,强化实战型创业领军人才的培养,同时联合产业侧和教学侧的师资资源,坚持以专业实践为导向,打造高

水平的产教融合平台以及创新创业教育培训服务体系。目前，归谷商学院正在开展 EE 高层管理教育及 MBA 硕士研究生教育，与汕头大学（广州）校友会、汕头大学商学院建立互动机制，已经成功举办"汕头大学（广州）归谷商学院校友之家走访论坛""汕头大学商学院品牌营销课程'广州企业参访论坛'"等一系列活动。

（五）服务政府营造生态，构建发展重要支点

归谷科技园服务黄埔区、广州市国际人才创新创业生态系统建设工程，协助政府在国际科技创新合作方面深度融入粤港澳大湾区战略和"一带一路"倡议，构建科技创新领域的重要发展战略支点。一方面，政府需要营造在活动、载体、服务、资金、政策等方面协调统一的创新创业服务生态，以更好地吸引国际人才科技创新企业落户发展。归谷科技园作为黄埔区、广州市乃至粤港澳大湾区之中重要的科技企业孵化载体，积极搭建企业与政府之间的交流互动桥梁，既帮助企业申请申报各类优惠政策和荣誉资质，也帮助政府及时了解并动态调整现有服务政策之中不充分不合理的部分。另一方面，归谷科技园作为重要的高新科技集聚园区，链接全球高端要素资源，有利于服务政府加快融入区域发展战略。目前，黄埔区全面启动建设中新国际科技创新合作示范区，区内中欧、中以、中乌等合作持续深化，实际利用外资（不含外商投资企业再投资）连续 3 年位居全国经济开发区第一。与此同时，归谷科技园已经搭建起面向美国、德国等多个欧美国家的科技交流合作的桥梁，并正在积极延伸布局"一带一路"科技对接合作，与广东—独联体国际科技合作联盟建立战略合作伙伴关系。归谷科技园与粤港澳大湾区产业链研究院、澳门大学等港澳机构展开交流合作，积极参与广东省与新加坡双方高层共同倡导和推进的战略对话平台"中新知识论坛"。此外，归谷科技园还鼓励园区企业加快构建或参与"一带一路"科技对接合作平台，以点带面逐步构建起全球科技伙伴合作关系网络；深化与欧亚国家在科学传播、技术服务、科技创新等方面的交流合作，扩大与欧亚国家在科技界的交汇点。通过与多个国家高新科技企业的合作交流，归谷科技园有望打造成为

黄埔区、广州市的科技发展重要支点，把握并对接好广深港、广珠澳科技创新走廊的发展机遇。

参考文献

艾启平、刘中兴、闵爱华：《踊跃创业成为第五代中国留学生最鲜明的时代特征》，《华声报》2006年6月29日。

潘庆中：《国际人才引进、激励、融入战略探析》，《人民论坛·学术前沿》2021年第24期。

李季涛、刘茹、孟宇、刘雪松：《发达国家生物科技企业培育孵化特点及对我国的启示》，《世界科技研究与发展》2021年第43期。

陈文：《科技孵化器如何助力企业成长》，《联合日报》2022年1月5日。

赖晓南、万文博、李宗娜：《迈向国际化的科技企业孵化体系》，《高科技与产业化》2015年第9期。

李晓锋：《基于科技型中小企业成长视角的新型科技服务平台——科技企业孵化转化载体建设研究》，《科技与经济》2011年第6期。

周述章、朱婧、胡品平：《广东孵化育成体系国际化的实践与探索》，《科技创新发展战略研究》2019年第3期。

Abstract

The year 2021 marks the 100th anniversary of the founding of the Communist Party of China, and it is also the year embarking on the new journey toward fully building a modern socialist country. China has maintained a leading position on economic development in the world, and the "14th Five-Year Plan" has achieved a good start. In the crisis, international cooperation has injected impetus into global development. In particular, global cities have shown strong developmental resilience and become the "leaders" of world economic recovery. *The Guangzhou City International Development Report*, one of The Guangzhou Blue Book Series, edited by the Institute of International Studies of the Guangzhou Academy of Social Sciences, has been published for ten years. *The Report* has witnessed the process of Guangzhou marching to, and firmly standing in the ranks of "first-tier global cities" in the past ten years; it also takes Guangzhou as a typical sample to build a normalized academic platform for the research on the international development of Chinese cities. The research shows that in 2021, Guangzhou actively integrated into the new development paradigm, and effectively responded to the impact of multiple unfavorable factors, such as epidemic fluctuations. The foreign trade continued to stabilize and improve, and the quality of foreign investment has been improved, outbound investment was accelerating; the three-dimensional transportation network has been gradually improved. High-end international conference activities have been held in Guangzhou, and the "Hundred Cities Plan" of international friendship cities was successfully completed, and diversified exchanges and cooperation have been carried out with international organizations; city communication channels have been fully expanded, the cultural and sports event brands have been globally spread, and the city's competitiveness and

Abstract

international influence have leaped to a new level. Guangzhou is actively planning a grand blueprint for international transformation and building an international metropolis.

This book consists of six chapters: *General Report*, *Special Reports on International Talent Highland*, *City Evaluation*, *International Economics and Trade*, *Exchanges and Communication*, and *International Cases Study*. In addition, the Top Ten Concerns about Internationalization of Chinese Cities is designed as a preface to sort out and summarize the major events of Chinese cities' internationalization in 2021, so as to understand the latest practice and research trends of Chinese cities' internationalization.

The General Report sums up the present situation of Guangzhou's internationalization in 2021, including Guangzhou's current status and achievements in areas, such as foreign trade, FDI and ODI economic cooperation, transportation hubs, high-end international conference activities, international partners, exchanges with international organizations, international communication ability construction, cultural exchange activities etc.. The report analyzes Guangzhou's performance in global city research ranking, forecasts international development in 2022, and proposes suggestions on promoting the internationalization of Guangzhou combining with the main development tasks of Guangzhou.

The Special Reports on International Talent Highland focuses on the aim to build the world's important talent centers and innovation highlands proposed by the central government. This chapter is based on Guangzhou's positioning of building a talent-friendly city, combined with the development advantages of Guangzhou's international talent gathering, discusses how Guangzhou can improve policies, strengthen services, attract and make good use of international talents, from the terms of creating an entrepreneurial ecology, optimizing an international living environment, and enhancing the attractiveness of the brand "Studying Abroad in Guangzhou", and help the construction of an international talent highland in the Guangdong-Hong Kong-Macao Greater Bay Area.

"The City Evaluation" concentrates on Global Cities Indexes, including Global Cities Outlook, Global Power City Index, Global Financial City Index, Global Innovation Cluster Ranking, analyzes the changes of methods and results of the international authoritative global city ranking, summarizes the development trend of global cities and the performance of Chinese cities in the global city system, and provides references for the recovery of global urban development under the epidemic.

"The International Economics and Trade" discusses the development of key economic and trade areas, such as the development of foreign investment of Guangzhou enterprises, the countermeasures for accelerating the innovative development of foreign trade under the new trade environment, and the high-level opening of the Nansha Comprehensive Bonded Zone, respectively.

"The Exchanges and Communication" talks about the construction of Guangzhou's international language environment from the perspective of promoting international communication, and evaluates the effect of Guangzhou's international communication capacity through a survey aimed at foreigners in Guangzhou and puts forward development strategies.

"The International Cases Study" focuses on the Guangzhou's international innovative center construction, and selects cases which promote city internationalization by various non-governmental entities, including the "rainforest-type" innovation ecosystem provided by T-Hero international innovation and business startup service platform, the upgraded international scientific and technological cooperation provided by Guangdong-CIS international technological cooperation union, the internationalization of Chinese Traditional Medicine promoted by Guangzhou Pharmaceutical Holdings Limited, and the "dumbbell" incubation carrier provided by Guangzhou Grand Technology Park to serve the international technological talents.

Keywords: City Internationalization; Global City; International Talents; International Talent Highland; Guangzhou

Contents

I General Report

B.1 Analysis on Guangzhou's Internationalization in 2021 and
Prospect for 2022
Research Group of Guangzhou Academy of Social Sciences / 001

Abstract: In 2021, Guangzhou has effectively responded to the impact of multiple unfavorable factors, such as epidemic fluctuations. The economic growth was stable, the city's core competitiveness continued to strengthen; the foreign trade continued to stabilize and improve, and the trade structure has been optimized; multiple measures have been taken to stabilize foreign investment, and the quality of foreign investment has been improved; outbound investment was accelerating, and the role of hubs was increasing; the function of the international comprehensive transportation hub has been significantly enhanced, and the three-dimensional transportation network has been gradually improved; high-end international conference activities continued to gather, and the card of well-known conference destinations was re-polished; the "Hundred Cities Plan" of international friendship cities was successfully completed, and the relations with international partners have reached a new stage; diversified exchanges and cooperation have been carried out with international organizations, and the leadership of urban governance has been further upgraded; city communication channels have been fully expanded, and the international city image has been significantly improved; cultural exchange activities have been carried out through multiple channels, and festival brands have been shown to the world. In the major rankings of global cities, Guangzhou's performance was relatively stable and making progress. Looking forward to 2022, international cooperation injects impetus into global development to push it moving forward. Guangzhou is going to integrate into the new development paradigm and comprehensively promotes the transformation of city internationalization. The Report proposes that the focus of Guangzhou's internationalization is to promote a higher level of opening-up, to accumulate the core internal driving force of the city, to create a friendly environment for the international talents and to enhance the attraction of an international metropolis, to build a more solid hub for consolidating the comprehensive capacity of the city, to link a wider network of partners to strengthen the radiation of the city, to polish a more exciting city brand for enhancing the city's communication influence.

Keywords: City Internationalization; Global City; Guangzhou

Ⅱ Special Reports: International Highland of Talents

B.2 Research on Maintaining an Entrepreneurial Ecosystem to Serve Technological Innovation Overseas Returnee in Guangzhou　　　　　　　　　*Xu Wanjun, Chen Haoran* / 052

Abstract: Under the background of implementing the innovation and development strategy all over the country, it has become a new trend that overseas returnees start up innovative entrepreneurship. In recent years, the overall quality of returnee talents has been steadily improved, and they have an international vision, cutting-edge scientific achievements, and have great potential to carry out technological research. Innovative entrepreneurship started by overseas returnees not only enhances industrial competitiveness, but also radially influences the development of upstream and downstream industries. Compared with local entrepreneurs, returnees have complex and diverse needs for innovation and entrepreneurship. Factors such as policy environment, financial support, fertilizing carrier, innovation atmosphere and comprehensive services all constitute the entrepreneurial ecology that supports innovative talents. Guangzhou should create an entrepreneurial ecology, provide effective policy support, offer full-life-cycle financial support, improve quality and efficiency of incubation system, optimize the exchange and display platform, build a convenient and efficient service environment, and strive to build a strategic highland for international innovative talents with sufficient competitive advantages and radial and driving ability.

Keywords: Overseas Returnees; Innovation Ecosystem; Technological Innovation; Guangzhou

B.3 Optimize the International Living Environment and Build a Talent-friendly City *Bao Yu, Zhao Chenshuang* / 072

Abstract: With the in-depth development of globalization, the transnational flow of high-level talents has become more and more frequent, and they have become the key target of competition from all over the world. Building a talent-friendly city is not only an objective requirement for attracting international talents, but also an internal driving force for promoting economic transformation and enhancing social cohesion. A good international living environment is a far-reaching factor in attracting and retaining talents, including good collaborative management mechanism, government service efficiency, living facilities, public information supply and livable environment atmosphere, etc. Facing new development requirements, Guangzhou should take measures in terms of system design, administrative efficiency, supporting facilities, information supply, external cooperation and quality of life, then implement these measures to optimize the international living environment, strive to build a talent-friendly city, and play an active role in attracting more outstanding international talents and accelerating the

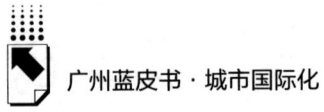

construction of an international metropolis.

Keywords: International Talents; Talent-friendly City; Living Environment; Guangzhou

B.4 Improving the Attractiveness of "Study Abroad in Guangzhou" and Building an International Talent Highland

Xie Xiaozhen / 084

Abstract: Momentous changes unseen in a century are accelerating its evolution globally. The technological revolution and industrial transformation are being reshaped, reconstructed, and reorganized. Technological innovation and high-level talents become the main resources of international strategic game. International students are a special group of talents, who are extremely valuable for scientific and technological development in a city, a country, and a region, and constitute one of the main sources for Guangzhou to build an international talents highland. Guangzhou urgently needs to improve the attractiveness of "Study Abroad in Guangzhou" at all levels, in order to improve the ability of scientific and technological innovation, drive the development of new high-tech industries, and ensure the vitality of technological innovation-based economy. Guangzhou has the potential advantages of attracting international students on a large scale, and the education of international students in Guangzhou is very effective. However, there is a "gap" between Guangzhou's development strategy of building an international center and the reality. Hence, practical and effective actions should be taken to enhance the attractiveness of "Studying Abroad in Guangzhou" in government and college level, and Guangzhou should seek international "talent dividend" from the "demographic dividend" which is disappearing within the country, build Guangzhou into a "gathering place" for global excellent talents, and create a technology Innovative city with global influence.

Keywords: International Students; International Education; International Talent Highland

III City Evaluation

B.5 Analysis on the Global City Rankings in 2021

Hu Hongyuan, Yang Jingxuan / 095

Abstract: The COVID-19 pandemic continued to profoundly affect the world situation. The development of global cities has been greatly dragged down, but they have also shown strong development resilience and have become the "leader" in the recovery of the world economy. Global Cities Index of A. T. Kearney, Global Power City Index of MMF, Global Financial Centers Index and Global Innovation Cluster Ranking of WIPO have respectively updated and released research reports. The basic data covers the first year of the global epidemic, which directly reflects the impact of the epidemic on major cities around the world, and clearly reveals the recovery choices of different cities. Global urban development must achieve a balance between epidemic prevention and sustainable development, attach importance to the application of technological innovation, and choose a development path that suits its own characteristics.

Keywords: Global City; City Ranking; City Evaluation

IV International Economics and Trade

B.6 A Study on the Characteristics, Effects and Development Strategy of Guangzhou's Foreign Investment Cooperation

Wu Qing, Hu Hongyuan, Wu Zijin and Luo Shiqing / 122

Abstract: Since 2011, the Guangzhou's investment abroad has developed rapidly, which has played a positive role in stimulating the local economic and social development. Macro data show that from 2011 to 2020, Guangzhou's overseas investment has grown rapidly, and investment methods have been diversified. In terms of location, an investment layout centered on Asia and radiating to the world has been formed, especially the closing development of investment relations with Hong Kong, the RCEP region and emerging economies along the "Belt and Road"; in terms of industrial layout, business investment is prominent, manufacturing investment and high-tech cooperation are rising, and resource investment promotes green development. The survey conducted on key enterprises shows that the competitiveness of Guangzhou enterprises in the international market has been enhanced in an all-round way, and that the efficiency of resource utilization has strengthened the domestic circulation. The quality of production capacity cooperation and participation in international circulation has been greatly improved. Vivid practice of building a community with a shared future for mankind are provided. However these enterprises still face some problems. To promote the high-level development of Guangzhou's OFDI under the new situation, it is necessary to promote the establishment of a strategic system, to implement the global industrial layout optimization strategy, the investment entity's joint development strategy, the docking platform function strategy, and the comprehensive management service strategy to escort the company's foreign investment and cooperation.

Keywords: Outward Foreign Direct Investment; Investment Location; Investment Industries; Guangzhou Enterprises

B.7 Countermeasures to Speed Up the Innovative Development of Guangzhou's Foreign Trade Under the New Trade Environment *Hu Caiping* / 142

Abstract: The world is undergoing momentous changes unseen in a century. The new round of technological revolution and industrial transformation is developing in depth. The external environment of the foreign trade has undergone profound and complex changes. On the basis of summarizing the development achievements of Guangzhou's foreign trade in recent years, this research focused on the new development paradigm featuring dual circulation, in which with the domestic economy and international engagement providing mutual reinforcement, with the domestic market as the mainstay. And it combined with the "14th Five-Year Plan" of business development, high-quality development of foreign trade plans. It is proposed to speed up the innovative development of Guangzhou's foreign trade, by optimizing international market layout, improving the quality of products, accelerating the development of foreign trade in new forms, to upgrade trade promotion platforms, cultivating the trade of characteristic service and optimizing the business environment, to stimulate new driving force of foreign trade, so as to speed up the overall competitiveness of Guangzhou's foreign trade.

Keywords: New Trade Environment; Foreign Trade; Innovative Development; Guangzhou

B.8 Research on Countermeasures to Accelerate the High Level of Opening-up and High Quality Development of Nansha Comprehensive Bonded Zone *Zeng Yujuan, Xiao Kai* / 157

Abstract: Accelerating the opening and development of Nansha Comprehensive Bonded Zone is of great significance to promoting the develo-pment of Guangzhou's open economy, promoting the high-quality development of the Guangdong-Hong Kong-Macao Greater Bay Area and implementing the innovation-driven development strategy. Nansha Comprehensive Bonded Zone has achieved excellent developments: cross-border e-commerce hub base is shaping; vehicle access to the sea is unchoked; its aircraft bonded financial leasing is booming; Asia-pacific engineering plastic distribution center is growing rapidly; international transit collection businesses are agglomerated; the scale of bonded exhibition trading center is broader. Nansha Comprehensive Bonded Zone has become an important platform for port regulatory innovation. Nansha and even

Guangzhou need to further play to the policy trial advantages of Nansha Comprehensive Bonded Zone, promote research and planning systematically, innovate regulatory mode, make the new commerce forms stronger and larger, strengthen the linkage of ports, strengthen the construction of hardware and software facilities, upgrade the level of comprehensive service, so as to speed up the high level opening-up and high quality development of Nansha Comprehensive Bonded Zone.

Keywords: Comprehensive Bonded Zone; Port Supervision; Cross-border Trade

V Exchanges and Communication

B.9 Create an Excellent International Language Environment For Guangzhou's Construction of International Exchange Center　　　　　　　　　　　　　　　　　　*Liu Bo* / 169

Abstract: The international language environment is an important part of Guangzhou's international service environment, an important part of the construction of public service system in line with international standards, and it is also the basic work for Guangzhou to build an international exchange center. The construction of the international language environment is facing various challenges due to the complexity of construction itself. In order to create an excellent international language environment and enhance the city's international exchange functions, Guangzhou should focus on coordinating the language environment building with key development tasks of the city; promoting local legislation for the construction of an international language environment as soon as possible from the experience of other provinces and cities; strengthening source prevention and control by taking various centralized error correction actions; making use of modern scientific and technological achievements to promote the construction of international language environment big data system; practicing the governance concept of "co-construction, co-governance and sharing" and improve the social awareness of foreign language signs; building a platform to give full play to the role of volunteers, industry associations and expert teams.

Keywords: International Language Environment; International Exchange Center; Foreign Language Identification

B.10 Research on the Strategies to Improve the City's International Communication Ability of Guangzhou in the Background of the Greater Bay Area
—*Based on the Survey of Foreigners in Guangzhou*
She Shihong, Zhang Xinjin and Li Chunhua / 179

Abstract: This study takes the perception and evaluation of Guangzhou's urban image by foreigners in Guangzhou as the research object, comprehensively uses the theories of communication, journalism and sociology, deeply analyzes the current situation of the external communication of Guangzhou's city image through questionnaires and in-depth interviews with foreigners in Guangzhou. Research shows that most foreign respondents in Guangzhou think the GBA strategy will enhance the international communication ability of Guangzhou; most of the foreign respondents prefer to use social media, while use local media less; respondents can well recognize Guangzhou's modern landmark but the understanding of urban history and culture is insufficient; the respondents agree with Guangzhou "open" international image while considering Guangzhou's international image is not bright enough. Countermeasures and suggestions are given to enhance the international communication ability of Guangzhou under the strategic background of the Guangdong-Hong Kong-Macao Greater Bay Area, including highlighting the spread of Guangzhou's urban positioning in the Guangdong-Hong Kong-Macao Greater Bay Area, strengthening the communication cooperation between Guangzhou and other brother cities in the

Guangdong-Hong Kong-Macao Greater Bay Area, promoting the establishment of friendly relations between Guangzhou and more internationally renowned cities, constructing a new pattern of international communication based on foreigners' information acquisition preference, holding international activities to enhance Guangzhou's "attention" in the field of international communication, cultivating foreigners in Guangzhou as international communication KOL, etc. These also provide reference for the city image dissemination of other cities in Guangdong, Hong Kong and Macao and even mainland cities.

Keywords: Guangdong-Hong Kong-Macao Greater Bay Area; Guangzhou; City Image; International Communication Ability

Ⅵ International Cases Study

B.11 Thero Platform Builds a "Rainforest-style" Innovation Ecosystem to Serve the Construction of International Innovation Center *Joint Research Group / 202*

Abstract: The upsurge of mass entrepreneurship and innovation has continued to rise in China resently, providing strong support for high-quality economic and social development. As one of the central cities of China and core engines of the Guangdong-Hong Kong-Macao Greater Bay Area, Guangzhou has implemented the strategy of innovative development and introduced a series of measures to serve the construction of an international innovation center. As an important economic district in Guangzhou, Tianhe fully leverages its own advantages of technology innovation to connect and integrate to the global innovative resources, and takes Thero Global Startup Competition, Guangzhou International Innovation Festival, Guangzhou (International) scientific and technological achievements transformation Tianhe base as its innovative content, constructs the Thero innovation and entrepreneurship service platform. The platform integrates events, bases, carriers, funds and professional services to provide innovative and entrepreneurial groups with a "rainforest-style" innovation ecosystem that integrates and develops innovative elements. As a public service platform for Guangzhou to link domestic and foreign innovation resources, serve the implementation of entrepreneurship and innovation projects, and realize the transformation of high-tech achievements, in the future, Thero platform will be committed to creating a benchmark for innovation and entrepreneurship service platforms, promoting the construction of innovation sources around the Wushan area, and helping Guangzhou to build a high-level innovation city and an international innovation center in the GBA.

Keywords: Innovation and Entrepreneurship; Service Platform; International Innovation Highland

B.12 Guangdong-CIS International Technological Cooperation Union Promotes Efficiency and Upgrading of International Technological Cooperation

Guo Fengzhi, Zhang Chengzi and Li Jinfang / 222

Abstract: Under the background of economic and technological globalization, the process of international technological cooperation has been accelerated, and it has become an important driving force for promoting technological progress, industrial upgrading and economic development in today's world. The Eastern European and CIS countries are rich in technological resources and abundant in technological talents, and their technological level in many industrial fields is still in the forefront of the world. They are highly complementary with our country's industry and technology, and has become an important cooperation partner in technology field. Guangdong-CIS international technological cooperation union is based in Guangzhou, facing Guangdong, and radiating the whole country, and fully promotes international technology cooperation with Eastern European and CIS countries. It provides full services in international technology transfer, introduction of high-end talents, establishment of R&D institutions, promotion of major projects, international education cooperation, and effectively carries out mutually beneficial and win-win international technology transfer and technological innovation, which has achieved good social, economic and international benefits in helping to solve technical problems, promoting industrial upgrading, and promoting people-to-people bonds. As the vanguard of Guangdong's international technology cooperation, the development experience of the Guangdong-CIS international technological cooperation union includes promoting the formulation of international technology transfer policies to improve the top-level design of cooperation mechanisms; implementing diversified cooperation models to carry out multi-field international technology cooperation; creating professional service tools to provide convenient search resources; building multiple service platforms to link domestic and overseas technological cooperation resources; strengthening emotional maintenance to create sustainable emotional hubs, which has provided a strong support for the national innovation-driven development strategy.

Keywords: CIS; International Technological Cooperation; International Technology Transfer; Guangdong-CIS International Technological Cooperation union

B.13 GPHL Strengthen Technological Cooperation to Promote the International Innovation and Development of Traditional Chinese Medicine

Ning Na, Wang Nannan, Han Ningning and Wang Ning / 235

Abstract: Deepening international exchanges and cooperation in traditional Chinese medicine is an effective way to build a global community of health. For many years, Guangzhou Pharmaceutical Holdings Limited (GPHL) has been committed to creating traditional Chinese medicine products with Chinese characteristics and advantages, strengthening international technological cooperation, actively promoting the international layout of traditional Chinese medicine, and constantly exploring overseas markets. In 2021, GPHL has become the world's first Fortune 500 company with traditional Chinese medicine as its main business, which is making positive contributions to the internationalization of traditional Chinese medicine. Through several international development strategies such as scientific research, international certification, academic exchanges, and joint promotion, GPHL's representative product "Huatuo Zaizao Pills" has been registered or sold in 29 countries or regions, and has been at the forefront of Chinese patent medicine exports for 11 consecutive years. GPHL has provided valuable experience for the international innovation and development of Chinese medicine, including increasing investment in scientific and technological research, actively participating in international certification, selecting products according to local conditions, and creating a win-win situation with strong alliances. Looking forward to the future, traditional Chinese medicine industry should further strengthen international technological cooperation, connect with international standard systems, promote the spread of traditional Chinese medicine culture, so as to contribute to deepening international exchanges of traditional Chinese medicine and building a global community of health.

Keywords: Internationalization of Traditional Chinese Medicine; GPHL; Huatuo Zaizao Pills

B.14 Guangzhou Grand Technology Park Builds a "Dumbbell" Incubation Carrier to Serve the Innovation and Entrepreneurship of International Technological Talents

Fan Qun, Huang Teng and Chen Haoran / 250

Abstract: In the context of economic globalization, multinational companies are accelerating the deployment of R&D and production facilities around the world. China, as a major emerging market, has attracted a lot of technology companies to settle down. Subsequently, domestic technology business incubation carriers also need to move towards internationalization and modernization to undertake increasingly frequent international technological exchanges and cooperation. Guangzhou Grand Technology Park focuses on the technological entrepreneurship needs of international talents, through several innovative measures such as building a double bay "dumbbell" pattern, creating a good entrepreneurial atmosphere, linking important domestic platforms, and holding technology exchange activities. GTP has created an industry-leading and all-dimensional benchmarking technology business incubation carrier, served the Greater Bay Area to build the Guangzhou-Shenzhen-Hong Kong and Guangzhou-Zhuhai-Macao Technological Innovation Corridors and global technology innovation highland, promoting Guangzhou to keep innovation-driven and high-quality development.

Keywords: Technology Business Incubation Carrier; Technology Park; International Talents Innovation and Entrepreneurship; Overseas Returnees

权威报告·连续出版·独家资源

皮书数据库
ANNUAL REPORT(YEARBOOK) DATABASE

分析解读当下中国发展变迁的高端智库平台

所获荣誉

- 2020年,入选全国新闻出版深度融合发展创新案例
- 2019年,入选国家新闻出版署数字出版精品遴选推荐计划
- 2016年,入选"十三五"国家重点电子出版物出版规划骨干工程
- 2013年,荣获"中国出版政府奖·网络出版物奖"提名奖
- 连续多年荣获中国数字出版博览会"数字出版·优秀品牌"奖

皮书数据库

"社科数托邦"
微信公众号

成为会员

登录网址www.pishu.com.cn访问皮书数据库网站或下载皮书数据库APP,通过手机号码验证或邮箱验证即可成为皮书数据库会员。

会员福利

- 已注册用户购书后可免费获赠100元皮书数据库充值卡。刮开充值卡涂层获取充值密码,登录并进入"会员中心"—"在线充值"—"充值卡充值",充值成功即可购买和查看数据库内容。
- 会员福利最终解释权归社会科学文献出版社所有。

数据库服务热线:400-008-6695
数据库服务QQ:2475522410
数据库服务邮箱:database@ssap.cn
图书销售热线:010-59367070/7028
图书服务QQ:1265056568
图书服务邮箱:duzhe@ssap.cn

卡号:955145332942
密码:

S 基本子库
SUB DATABASE

中国社会发展数据库（下设 12 个专题子库）

紧扣人口、政治、外交、法律、教育、医疗卫生、资源环境等 12 个社会发展领域的前沿和热点，全面整合专业著作、智库报告、学术资讯、调研数据等类型资源，帮助用户追踪中国社会发展动态、研究社会发展战略与政策、了解社会热点问题、分析社会发展趋势。

中国经济发展数据库（下设 12 专题子库）

内容涵盖宏观经济、产业经济、工业经济、农业经济、财政金融、房地产经济、城市经济、商业贸易等 12 个重点经济领域，为把握经济运行态势、洞察经济发展规律、研判经济发展趋势、进行经济调控决策提供参考和依据。

中国行业发展数据库（下设 17 个专题子库）

以中国国民经济行业分类为依据，覆盖金融业、旅游业、交通运输业、能源矿产业、制造业等 100 多个行业，跟踪分析国民经济相关行业市场运行状况和政策导向，汇集行业发展前沿资讯，为投资、从业及各种经济决策提供理论支撑和实践指导。

中国区域发展数据库（下设 4 个专题子库）

对中国特定区域内的经济、社会、文化等领域现状与发展情况进行深度分析和预测，涉及省级行政区、城市群、城市、农村等不同维度，研究层级至县及县以下行政区，为学者研究地方经济社会宏观态势、经验模式、发展案例提供支撑，为地方政府决策提供参考。

中国文化传媒数据库（下设 18 个专题子库）

内容覆盖文化产业、新闻传播、电影娱乐、文学艺术、群众文化、图书情报等 18 个重点研究领域，聚焦文化传媒领域发展前沿、热点话题、行业实践，服务用户的教学科研、文化投资、企业规划等需要。

世界经济与国际关系数据库（下设 6 个专题子库）

整合世界经济、国际政治、世界文化与科技、全球性问题、国际组织与国际法、区域研究 6 大领域研究成果，对世界经济形势、国际形势进行连续性深度分析，对年度热点问题进行专题解读，为研判全球发展趋势提供事实和数据支持。

法律声明

"皮书系列"(含蓝皮书、绿皮书、黄皮书)之品牌由社会科学文献出版社最早使用并持续至今,现已被中国图书行业所熟知。"皮书系列"的相关商标已在国家商标管理部门商标局注册,包括但不限于LOGO( )、皮书、Pishu、经济蓝皮书、社会蓝皮书等。"皮书系列"图书的注册商标专用权及封面设计、版式设计的著作权均为社会科学文献出版社所有。未经社会科学文献出版社书面授权许可,任何使用与"皮书系列"图书注册商标、封面设计、版式设计相同或者近似的文字、图形或其组合的行为均系侵权行为。

经作者授权,本书的专有出版权及信息网络传播权等为社会科学文献出版社享有。未经社会科学文献出版社书面授权许可,任何就本书内容的复制、发行或以数字形式进行网络传播的行为均系侵权行为。

社会科学文献出版社将通过法律途径追究上述侵权行为的法律责任,维护自身合法权益。

欢迎社会各界人士对侵犯社会科学文献出版社上述权利的侵权行为进行举报。电话:010-59367121,电子邮箱:fawubu@ssap.cn。

社会科学文献出版社